Né à Stockholm le 3 février 1948, Henning Mankell a passé son enfance dans le Härjedalen (nord de la Suède). Romancier, essayiste engagé, auteur de pièces de théâtre et d'ouvrages pour la jeunesse, il partageait son temps entre son pays et le Mozambique, où depuis 1996, il dirigeait à Maputo la troupe du théâtre Avenida, « la passion de sa vie ». Il avait d'ailleurs écrit ses premiers textes pour le théâtre à l'âge de dix-neuf ans. Mais ce sont ses romans policiers, traduits dans une trentaine de langues, qui lui valent une immense célébrité. De nombreux prix littéraires – Grand Prix de l'Académie suédoise, Deutsche Krimi-Preis allemand, CWA Gold Dagger anglais, prix Mystère de la critique, prix Calibre 38 et Trophée 813 en France – ont récompensé la série d'enquêtes menées par Kurt Wallander et son équipe du commissariat d'Ystad, en Scanie. Henning Mankell est l'auteur tout aussi remarqué de dix romans qui ont trait à l'Afrique, à des questions de société et aux mystères de l'âme humaine, notamment *Les Chaussures italiennes*, qui ont enthousiasmé les lecteurs. Il est décédé en octobre 2015.

Henning Mankell

LES CHAUSSURES ITALIENNES

ROMAN

Traduit du suédois
par Anna Gibson

Éditions du Seuil

TEXTE INTÉGRAL

TITRE ORIGINAL
Italienska skor
ÉDITEUR ORIGINAL
Leopard Förlag, Stockholm

ISBN 978-2-7578-8143-9
(ISBN 978-2-02-094465-6, 1re publication)

Quand la chaussure va, on ne pense pas au pied.

TCHOUANG-TSEU

Le contraire d'une vérité banale, c'est une erreur stupide.
Le contraire d'une vérité profonde, c'est une autre vérité profonde.

NIELS BOHR

L'amour est une main douce qui écarte lentement le destin.

SIGFRID SIWERTZ

La glace

1

Je me sens toujours plus seul quand il fait froid.

Le froid de l'autre côté de la vitre me rappelle celui qui émane de mon propre corps. Je suis assailli des deux côtés. Mais je lutte, contre le froid et contre la solitude. C'est pourquoi je creuse un trou dans la glace chaque matin. Si quelqu'un, posté sur les eaux gelées avec des jumelles, me voyait faire, il me prendrait pour un fou. Il croirait que je prépare ma mort. Un homme nu dans le froid glacial, une hache à la main, en train de creuser un trou ?!

Au fond je l'espère peut-être, ce quelqu'un, ombre noire dans l'immensité blanche qui me verra un jour et se demandera s'il ne faut pas intervenir avant qu'il ne soit trop tard. Pour ce qui est de me sauver, en tout cas, c'est inutile. Je n'ai pas de projets de suicide.

Dans un autre temps, juste après la catastrophe, il m'est arrivé, oui, de vouloir en finir. Pourtant, je ne suis jamais passé à l'acte. La lâcheté a toujours été une fidèle compagne de ma vie. Maintenant comme alors, je pense que le seul enjeu, pour un être vivant, est de ne pas lâcher prise. La vie est une branche fragile suspendue au-dessus d'un abîme. Je m'y cramponne tant que j'en ai la force. Puis je tombe, comme les autres, et je ne sais pas ce qui m'attend. Y a-t-il quelqu'un en bas pour me recevoir ? Ou n'est-ce qu'une froide et dure nuit qui se précipite à ma rencontre ?

La glace se maintient.

L'hiver est rude, en cette année des débuts du nouveau millénaire. Quand je me suis réveillé ce matin, dans l'obscurité de décembre, j'ai cru entendre la glace chanter. Je ne sais pas d'où me vient cette idée que la glace chante. Peut-être de mon grand-père, qui est né sur cette île ; peut-être est-ce quelque chose qu'il me racontait quand j'étais petit.

Le bruit qui m'a réveillé ne venait pas de la chatte, ni de la chienne. J'ai deux animaux qui dorment plus profondément que moi. Ma chatte est vieille et pleine de courbatures ; ma chienne est sourde de l'oreille droite et elle entend mal de l'oreille gauche. Je peux passer à côté d'elle sans qu'elle s'en aperçoive.

Mais ce bruit ?

J'ai écouté dans le noir. Vu la provenance du son, ce devait être la glace qui bougeait, malgré tout – bien qu'ici, au fond de la baie, elle ait une épaisseur d'au moins dix centimètres. Un jour de la semaine dernière où j'étais plus inquiet que d'habitude, je suis parti à pied vers l'endroit où la glace rencontre la mer. J'ai vu alors que la glace s'étendait sur plus d'un kilomètre au-delà des derniers îlots. Ici, au fond de la baie, elle ne devrait donc pas être en mesure de bouger. Pourtant, ce matin, elle bougeait. Elle se soulevait, s'abaissait, craquait et chantait.

Tout en écoutant le bruit, j'ai pensé que la vie avait défilé très vite. Je suis ici maintenant. Un homme de soixante-six ans, solvable, porteur d'un souvenir qui le taraude en permanence. J'ai grandi dans une pauvreté impossible à imaginer aujourd'hui dans ce pays. Mon père était serveur de restaurant – un serveur humilié et obèse –, ma mère s'évertuait à faire durer l'argent du ménage. Je me suis extirpé de ce puits. Enfant, je passais mes étés à jouer ici même, sur l'île de mes grands-parents, sans la moindre idée de ce temps qui rétrécit sans cesse. À cette époque, mes grands-parents étaient des gens actifs, la vieillesse ne les avait pas encore réduits à une attente immobile. Lui sentait le poisson et elle, il lui manquait toutes les dents. Elle était toujours gentille, pourtant c'était effrayant de voir son sourire s'ouvrir comme un trou noir.

Il y a un instant, j'en étais encore au premier acte. Voilà que l'épilogue a déjà commencé.

La glace chantait dehors dans l'obscurité, et moi je me demandais si je n'allais pas avoir un infarctus. Je me suis levé et j'ai pris ma tension. Tout était en ordre : 15/9, pouls normal, soixante-quatre pulsations-minute. Je n'avais mal nulle part, excepté un élancement à la jambe gauche. C'est habituel chez moi, et ça ne m'inquiète pas. Mais la glace, là-bas dans le noir, me remplissait de malaise. On aurait dit un chœur de voix indistinctes. Je suis descendu à la cuisine, je me suis assis à la table et j'ai attendu l'aube. Les murs en rondins craquaient. À cause du froid, ou peut-être parce qu'une souris courait dans l'un de ses passages secrets.

Le thermomètre extérieur indique dix-neuf degrés au-dessous de zéro.

Je vais faire aujourd'hui ce que je fais tous les jours en hiver. J'enfile un peignoir de bain et des bottes coupées, je prends la hache et je descends jusqu'au ponton. Il me faut peu de temps pour creuser mon trou, vu que la glace n'a jamais le temps de bien se reformer à cet endroit. Puis je me mets nu et je m'immerge. Ça fait mal, mais à peine suis-je ressorti de là que le froid se transforme en chaleur intense.

Je descends dans mon trou noir pour sentir que je suis encore en vie. Après le bain, c'est comme si la solitude refluait un peu. Un jour, je mourrai peut-être sous le choc du froid. J'ai pied là où je m'immerge ; je ne disparaîtrai donc pas sous la glace, je resterai debout dans le trou d'eau, qui regèlera rapidement autour de moi, et c'est Jansson qui me découvrira. Jansson est le type qui distribue le courrier par ici, sur les îles.

Il ne comprendra jamais, jusqu'à la fin de ses jours, ce qui a bien pu se passer.

Ça m'est égal. J'ai organisé ma maison comme une forteresse imprenable, sur cet îlot dont j'ai hérité. Quand je grimpe en haut du rocher qui est derrière la maison, je vois la mer. Il n'y a rien d'autre, de ce côté, à part quelques îlots, des gros cailloux en réalité, dont le dos noir et luisant hérisse à peine la surface de l'eau ou la couverture de glace. Si je me retourne, sur mon rocher, je vois l'archipel intérieur, qui est nettement plus dense. Mais nulle part je n'aperçois d'autre maison que la mienne.

Bien entendu, ce n'est pas ainsi que j'avais imaginé les choses.

Cet endroit était censé devenir ma maison de campagne. Pas cette espèce d'ultime bastion où je vis reclus. Chaque matin, après m'être trempé dans mon trou – ou, l'été, dans la mer –, je m'interroge. Comment ai-je pu en arriver là ?

Je sais ce qui est arrivé. J'ai commis une faute. Et j'ai refusé d'en assumer les conséquences. Si j'avais su ce que je sais aujourd'hui, qu'aurais-je fait ? Aucune idée. Mais une chose est sûre : je ne serais pas forcé de rester ici comme un prisonnier du bout du bout de l'archipel.

J'aurais dû suivre le plan établi.

La décision de devenir médecin m'est venue très tôt : ça s'est fait le jour de mes quinze ans, quand mon père m'a invité au restaurant, à ma très grande surprise. Lui qui était serveur et qui livrait, pour préserver sa dignité, un combat opiniâtre pour ne travailler que le midi, jamais le soir – si on prétendait l'obliger à travailler le soir, il refusait, et je me souviens encore des larmes de ma mère les fois où il revenait à la maison en annonçant qu'il avait démissionné de son travail –, voilà qu'il voulait soudain m'emmener dîner dehors. Ils se sont disputés, ma mère et lui, elle ne voulait pas que j'y aille, et pour finir elle s'est enfermée dans leur chambre. C'était son habitude, quand on la contrariait. À certaines périodes particulièrement difficiles, elle y restait presque tout le temps. Il flottait en permanence dans cette chambre une odeur de lavande et de larmes. Moi, dans ces cas-là, je dormais sur la banquette de la cuisine et mon père, avec de grands soupirs, étalait un matelas par terre.

Dans ma vie professionnelle, j'ai eu affaire à beaucoup de gens en pleurs : des gens qui allaient mourir, d'autres qui devaient accepter le fait qu'un proche était atteint d'une maladie incurable. Mais leurs larmes n'ont jamais exhalé un parfum semblable à celles de ma mère. En route vers le restaurant, mon père m'a expliqué qu'elle était trop sensible. Je me demande encore ce que j'ai répondu à cela. Que pouvais-je dire ? Mon premier souvenir d'enfant, c'est ma mère en pleurs, et capable de pleurer pendant des heures, à cause de l'argent qui manquait, de cette pauvreté qui grignotait chaque jour de notre vie. Mon père paraissait ne pas l'entendre. S'il la trouvait de bonne humeur quand il rentrait le soir, tout allait bien ; si elle pleurait enfermée dans sa chambre qui sentait la lavande, tout allait bien aussi. Mon père consacrait ses soirées à ranger sa collection de soldats de plomb, puis à les aligner de telle ou telle façon pour reconstituer quelque bataille historique. Juste avant que je ne m'endorme, il lui arrivait de venir s'asseoir sur le bord de mon lit ; il me caressait la tête et me disait sur un ton de regret que ma mère était si sensible qu'il était malheureusement impossible de me donner un frère ou une petite sœur.

J'ai grandi en terrain inhabité, entre larmes et soldats de plomb. Et avec un père qui s'obstinait à répéter que le point commun entre un serveur et un chanteur d'opéra, c'est qu'il leur faut de bonnes chaussures pour bien travailler.

Sa volonté l'avait donc emporté sur celle de ma mère et nous étions attablés au restaurant. Quand le serveur s'est approché pour prendre notre commande, mon père lui a posé une foule de questions précises au sujet du rôti de veau sur lequel il a finalement arrêté son choix. Moi, j'ai pris le hareng de la Baltique. Les étés sur l'île m'avaient appris à aimer le poisson. Le serveur s'est éloigné.

Pour la première fois de ma vie, j'ai été autorisé à boire un verre de vin. Ivresse immédiate. Le repas fini, mon père m'a souri, et m'a demandé ce que je voulais faire plus tard.

Je n'en avais aucune idée. Mon père s'était saigné aux quatre veines pour me payer le collège, mais ce bâtiment sinistre, avec ses professeurs miteux et ses couloirs qui sentaient la laine mouillée, n'offrait aucun espace pour réfléchir à un avenir. Là-bas, l'enjeu était de survivre un jour après l'autre, de ne pas se faire surprendre à négliger ses devoirs, de ne pas s'attirer d'observations. Le lendemain était toujours très proche ; imaginer un horizon au-delà de la fin du trimestre relevait de l'impossible. Aujourd'hui encore, je n'ai aucun souvenir d'avoir jamais parlé d'avenir avec mes camarades.

– Tu as quinze ans, a insisté mon père. Le moment est venu de choisir un métier. Que penses-tu de la restauration ? Tu pourrais gagner de l'argent en faisant la plonge et te payer un voyage en Amérique après ton brevet. C'est une bonne chose de voir du pays, à condition d'avoir de bonnes chaussures.

– Je ne veux pas devenir serveur.

Ça avait fusé malgré moi. Je n'ai pas réussi à interpréter la réaction de mon père : était-il déçu ou soulagé ? Il a bu une gorgée de vin et caressé du bout du doigt l'arête de son nez. Ensuite il m'a demandé si je n'avais réellement aucun projet.

– Non.

– Tu dois bien avoir une idée. Quelle est ta matière préférée ?

– La musique.

– Tu sais chanter, toi ? Première nouvelle.

– Je ne sais pas chanter.

– Tu as appris un instrument en cachette ?

– Non.

– Alors pourquoi la musique ?

– Ramberg, le prof de musique, ne s'occupe pas de moi.

– Que veux-tu dire ?

– Il ne s'intéresse qu'à ceux qui savent chanter. Les autres, il ne les voit même pas.

– Tu veux me dire que ta matière préférée, c'est celle où tu n'existes pas ?

– La chimie, ce n'est pas mal non plus.

Mon père était perplexe. Un moment, il a paru se perdre dans les souvenirs de sa pauvre scolarité à lui, pour tenter de se rappeler s'il existait à l'époque une matière nommée chimie, et moi, pendant ce temps, je le regardais, comme ensorcelé. Je voyais mon père se transformer sous mes yeux. Auparavant, je n'avais jamais noté le moindre changement chez lui à part sa tenue vestimentaire, ses chaussures, et ses cheveux qui devenaient de plus en plus gris. Là, il se produisait sous mes yeux une chose totalement inattendue. Comme si, dans sa soudaine impuissance, je *voyais* mon père pour la première fois. Malgré tout le temps qu'il avait passé sur le bord de mon lit, ou à nager avec moi quand nous étions dans l'archipel, il m'avait toujours paru très lointain. Voilà que je le découvrais, désarmé et étonnamment proche. J'ai compris que j'étais plus fort que l'homme qui me faisait face, de l'autre côté de la nappe blanche du restaurant où un orchestre de chambre jouait une musique que personne n'écoutait, pendant que la fumée de cigarette se mêlait aux parfums capiteux et que le niveau du vin, dans son verre, baissait une nouvelle fois.

Tout à coup, j'ai su ce que j'allais lui dire. J'ai aperçu mon avenir, ou plutôt je l'ai créé à cet instant précis. Mon père m'observait, de son regard gris-bleu. Le moment de faiblesse qu'il avait eu semblait passé. Mais je l'avais vu, et je ne l'oublierais jamais.

– Pourquoi aimes-tu la chimie ? a-t-il demandé.

– Parce que je veux être médecin et que, pour ça, il faut connaître les substances chimiques. Je veux être un médecin qui opère.

– Quoi, tu veux tailler dans les gens ?

Il avait pris un air dégoûté.

– Oui.

– Mais tu ne peux pas devenir médecin avec un brevet d'études…

– Je veux continuer, passer le bac.

– Pour farfouiller avec tes doigts dans les tripes des gens ?

– Je veux être chirurgien.

C'est à cet instant que le plan de ma vie m'est apparu. Jusque-là, je n'avais jamais songé une seule seconde à devenir médecin. Je ne m'évanouissais pas à la vue du sang ou quand on me faisait une piqûre, mais je n'avais absolument pas imaginé de passer ma vie dans les hôpitaux. Quand nous avons repris le chemin de la maison en ce soir d'avril, mon père légèrement gris, moi avec mes quinze ans étourdis par le vin, j'ai compris que je n'avais pas seulement répondu à mon père. Je m'étais fait une promesse à moi-même.

Je serais médecin. Je consacrerais ma vie à tailler dans les corps humains.

2

Aucun courrier aujourd'hui.

Hier non plus, il n'y en avait pas. Jansson, le facteur de l'archipel, vient quand même. Il y a douze ans, je lui ai pourtant interdit d'accoster à mon ponton si c'était pour m'apporter de la réclame. Je n'en pouvais plus des promotions sur le lard salé et les ordinateurs. Je lui ai dit que je ne voulais avoir aucun contact avec ces gens qui me pourchassaient avec leurs offres spéciales. La vie n'est pas une affaire de bons de réduction, voilà ce que j'essayais d'expliquer à Jansson. La vie, au fond, c'est quelque chose de sérieux. Il y a un enjeu, je ne sais pas lequel, mais il faut tout de même *croire* qu'il existe, et que le sens caché se trouve un cran au-dessus des chèques-cadeaux et des tickets de grattage.

Ça a provoqué une prise de bec, qui n'était ni la première, ni la dernière. Parfois je crois que ce qui nous unit, Jansson et moi, c'est la rage. N'empêche qu'après ce jour-là il ne m'a plus jamais apporté de réclame. La dernière fois qu'il avait quelque chose pour moi, c'était une lettre de la commune. Cela fait sept ans et demi maintenant. Un jour d'automne, avec avis de grand frais de nord-est et niveau de la mer bas, je m'en souviens. La commune m'informait qu'elle m'avait octroyé une concession au cimetière. À en croire Jansson, tout le monde en bénéficiait. C'était un service tout récent : ceux qui possédaient un domicile fixe et qui payaient leurs impôts avaient le droit de savoir où ils seraient enterrés, au cas où l'envie les prendrait d'aller jeter un coup d'œil et de se renseigner sur leurs futurs voisins.

Voilà la seule lettre que j'ai reçue en douze ans. En dehors de la litanie habituelle, avis de paiement de pension, déclarations de revenus et relevés de compte.

Jansson surgit toujours sur le coup des quatorze heures. Je soupçonne qu'il est obligé de pousser jusque chez moi s'il veut que la Poste lui rembourse intégralement ses frais de bateau ou d'hydrocoptère. J'ai essayé de l'interroger là-dessus, mais il n'a pas répondu. Si ça se trouve, c'est grâce à moi s'il a encore son boulot. C'est parce qu'il accoste à mon ponton trois fois par semaine en hiver et cinq fois par semaine en été qu'on ne lui a pas encore supprimé sa tournée.

Il y a quinze ans, les îles comptaient une cinquantaine de résidents permanents. Il y avait même un bateau qui transportait quatre gamins à l'école communale, aller et retour. Cette année nous ne sommes plus que sept, dont un seul a moins de soixante ans. Et celui-là, c'est Jansson. Il est le plus jeune, et par conséquent le seul qui ait absolument besoin que nous autres, les vieux, nous restions en vie et nous entêtions à continuer à vivre sur nos îles. Autrement son poste sera supprimé.

Moi, ça m'est égal. Je n'aime pas Jansson. Je peux dire que c'est un patient difficile comme j'en ai rarement eu. Il appartient au groupe des hypocondriaques extrêmes, quasi impossibles à traiter. Il y a quelques années de cela, alors que je venais d'examiner sa gorge et de prendre sa tension, il m'a dit qu'il croyait avoir une tumeur au cerveau qui l'empêchait de bien voir. J'ai répondu que je n'avais pas le temps d'écouter ses divagations. Il a insisté, il était sûr que quelque chose n'allait pas dans son cerveau. Je lui ai demandé ce qui lui faisait croire ça. Avait-il mal à la tête ? Souffrait-il de vertiges ? D'autres symptômes ? Il s'est entêté jusqu'au moment où je n'ai pas eu d'autre choix que de le traîner dans la pénombre de la remise à bateaux pour éclairer ses pupilles et lui expliquer que tout me paraissait normal.

Je suis persuadé que Jansson jouit en réalité d'une santé de fer. Son père a quatre-vingt-dix-sept ans et vit dans une maison de retraite, mais il a l'esprit vif. Jansson et son père sont ennemis depuis 1970, l'année où Jansson a déclaré qu'il refusait de continuer à pêcher l'anguille avec son vieux et où il est parti travailler dans une scierie du Småland. Pourquoi ce choix de la scierie, je ne l'ai jamais su. Qu'il en ait eu assez de supporter son tyran de père, ça, bien sûr, je peux le concevoir. Mais une scierie ? Ce n'est même pas la peine pour moi d'essayer de comprendre Jansson, j'en sais trop peu sur lui. En tout cas, depuis ce jour de 1970, ils sont brouillés. Quand Jansson est revenu du Småland, son père était déjà si vieux qu'on l'avait transféré à la maison de retraite. Ils ne s'adressent pas la parole.

Jansson a une sœur aînée qui s'appelle Linnea et qui habite sur la côte. Dans le temps, elle était mariée et tenait un café qui ouvrait l'été. Son mari est mort – d'une chute, en allant au supermarché – et elle, après ça, elle a fermé son café et s'est adonnée à la religion. C'est elle qui fait la messagère entre le père et le fils.

Je me demande de quels messages il peut bien s'agir. Peut-être n'a-t-elle jamais transmis qu'un grand silence de l'un à l'autre, de l'autre à l'un, d'année en année ?

La mère de Jansson est décédée depuis longtemps. Je l'ai rencontrée une seule fois, à une époque où elle était déjà en route vers la sénilité et son monde de brumes effrayantes ; elle m'a pris pour son père, qui était mort dans les années vingt. L'expérience m'avait secoué, je m'en souviens.

Aujourd'hui, je ne réagirais pas aussi fort. Mais en ce temps-là j'étais différent.

Au fond, je ne sais rien de Jansson, à part le fait que son prénom est Ture et qu'il est le facteur de l'archipel. Je ne le connais pas et il ne me connaît pas. Mais quand son bateau – ou, en hiver, son hydrocoptère – apparaît au détour de la pointe, je suis presque toujours sur le ponton à l'attendre. Je l'attends, je me demande pourquoi, et je sais que je n'aurai jamais de réponse.

C'est comme d'attendre Dieu ou Godot, sauf qu'à la place, c'est Jansson qui arrive.

Quand ça me prend, je m'assieds à la table de la cuisine et j'ouvre le journal de bord que je tiens depuis que je vis ici. Je n'ai rien à raconter et je ne vois personne qui puisse s'intéresser un jour à ce que j'écris. Mais j'écris quand même. Chaque jour de l'année, quelques lignes. Je parle du temps qu'il fait, du nombre d'oiseaux qui nichent dans les arbres devant ma fenêtre, de ma santé. C'est tout. Quand je veux, je peux ouvrir un de mes anciens journaux à telle date, par exemple dix ans plus tôt, et constater qu'il y avait ce jour-là une mésange bleue ou un huîtrier-pie sur le ponton où j'étais descendu pour attendre Jansson.

J'écris la chronique d'une vie qui a tourné court.

La matinée était passée.

Il était temps d'enfoncer ma casquette sur mes oreilles, de sortir dans le froid et de descendre jusqu'au ponton pour attendre Jansson. Il doit avoir sacrément froid dans son engin, ces jours-ci. Parfois j'ai l'impression, quand il débarque, qu'il sent un peu l'alcool. Ça peut se comprendre.

Les animaux se sont animés en voyant que je me levais de ma chaise. La chatte est arrivée à la porte la première ; la chienne est beaucoup plus lente. Je les ai fait sortir ; j'ai enfilé la fourrure mangée aux mites qui appartenait auparavant à mon grand-père, j'ai enroulé une écharpe autour de mon cou et enfoncé sur ma tête la grosse casquette militaire qui date de la Seconde Guerre mondiale. Puis je suis descendu jusqu'au ponton. Le froid était mordant. Je me suis arrêté pour écouter. Je n'entendais rien. Aucun oiseau, ni même au loin le moteur de l'hydrocoptère de Jansson.

Je l'imaginais parfaitement. C'est comme s'il conduisait un vieux tramway, de ceux où le receveur était obligé de rester dehors. Sa tenue d'hiver est indescriptible. Des couches superposées de manteaux, de pardessus, de bouts de fourrure, et même un vieux peignoir de bain. Dès qu'il fait froid, il s'emballe dans sa panoplie. Je lui demande toujours pourquoi il ne s'achète pas une de ces combinaisons thermiques qu'on voit dans les magasins, sur la côte. Il me répond qu'il ne leur fait pas confiance. En réalité, la seule raison est évidemment qu'il est avare. Sur la tête, il porte une casquette en fourrure pareille à la mienne. Dessous, une cagoule de cambrioleur qui lui cache la figure et une paire de lunettes de vieux coureur automobile.

Je lui ai demandé s'il n'incombait pas à la Poste de lui fournir une tenue adéquate. Pour toute réponse, j'ai eu un grognement. Jansson veut avoir affaire à la Poste le moins possible, bien qu'elle soit son employeur.

Sur la glace à côté du ponton gisait une mouette, tuée par le froid. Ses ailes étaient repliées, ses pattes au contraire toutes droites, raidies par le gel. Les yeux ressemblaient à deux cristaux scintillants. Je l'ai déposée sur une pierre. Au même moment j'ai entendu le moteur de l'hydrocoptère. Pas besoin de consulter ma montre pour savoir que Jansson était à l'heure. Il arrivait de l'île de Vesselsö. Il y a là-bas une vieille femme qui s'appelle Asta Karolina Åkerblom. Elle a quatre-vingt-huit ans et de l'arthrose dans les bras, mais pas question de renoncer à sa vie sur l'île où elle est née. Jansson me raconte qu'elle y voit mal et qu'elle continue malgré tout à tricoter des pulls et des chaussettes pour ses nombreux petits-enfants éparpillés à travers le pays. Je me demande ce que ça peut donner ? Peut-on vraiment suivre un modèle de tricot quand on est à moitié aveugle ?

L'hydrocoptère approchait. Soudain il est apparu au détour de la pointe, du côté de Lindsholmen. C'est une vision remarquable quand surgit ce vaisseau semblable à un insecte et qu'on aperçoit la momie qui est aux commandes. Jansson a coupé le moteur, les pales se sont immobilisées et l'engin a glissé doucement jusqu'au ponton. Jansson a arraché ses lunettes et son masque. Dessous il était rouge et en sueur.

– J'ai une rage de dents, a-t-il déclaré sitôt débarqué sur le ponton – le débarquement n'était pas évident, en raison de sa tenue.

– Que veux-tu que j'y fasse ?

– Tu es médecin.

– Je ne suis pas dentiste.
– Regarde, c'est là que j'ai mal. En bas à gauche.
Jansson a ouvert démesurément la bouche, comme si un spectacle atroce se déroulait dans mon dos. Mes dents à moi, par chance, sont dans un état à peu près acceptable ; je m'en sors moyennant une visite par an.
– Je ne peux rien pour toi. Il est temps d'aller te faire soigner.
– Tu peux quand même jeter un coup d'œil…
Jansson ne lâchait jamais prise. Je suis allé chercher une lampe de poche et un abaisse-langue dans la remise à bateaux.
– Ouvre la bouche.
– Elle est déjà ouverte.
– Plus grand.
– Je ne peux pas.
– Alors je ne verrai rien. Tourne la tête vers moi.
J'ai éclairé l'intérieur de la bouche de Jansson. J'ai écarté sa langue. Ses dents étaient jaunes, couvertes de tartre, avec de nombreux plombages. Mais les gencives paraissaient saines et je n'ai découvert aucune carie visible.
– Je ne vois rien.
– Mais j'ai mal !
– Alors va chez le dentiste. Prends une aspirine !
– J'en ai plus.
Je suis allé en chercher une boîte dans ma mallette, que je garde dans la remise. Il l'a rangée dans sa poche sans même me demander combien il me devait, comme d'habitude, ni pour la consultation, ni pour les médicaments. Jansson est quelqu'un pour qui ma générosité bienveillante va de soi, et c'est sans doute pour ça qu'il me déplaît tant. C'est difficile d'avoir pour plus proche ami quelqu'un qu'on n'aime pas.

– J'ai un paquet pour toi, a-t-il annoncé ensuite. Un cadeau de la Poste.

– Depuis quand la Poste fait-elle des cadeaux ?

– C'est pour Noël. Chacun reçoit le sien.

– Pourquoi ?

– Aucune idée.

– Je ne veux rien.

Jansson a fouillé dans un sac et m'a tendu un petit paquet plat. Sur l'emballage, le directeur général de la Poste me souhaitait un joyeux Noël.

– C'est gratuit. Si tu n'en veux pas, tu peux le jeter.

– Tu ne me feras pas croire que la Poste fait des distributions gratuites.

– Je ne te fais rien croire du tout. Tout le monde reçoit le même. Et ça ne coûte rien.

Le côté contrariant de Jansson m'épuise quelquefois. Je n'avais plus la force de me chamailler avec lui par ce froid. J'ai déchiré l'emballage. Le paquet contenait deux bandes réfléchissantes et ce message : *Sois prudent sur la route. Salutations de la Poste.*

– Que veux-tu que j'en fasse ? Il n'y a pas de voitures sur cette île et le seul piéton, c'est moi.

– Un jour tu en auras peut-être marre d'habiter ici. Alors ces bandes te seront utiles. Tu aurais de l'eau ? J'ai un médicament à prendre.

Je n'ai jamais, au grand jamais, laissé Jansson entrer dans ma maison, et je n'avais aucune intention de déroger à la règle.

– Tu n'as qu'à mettre de la neige dans un gobelet et la faire fondre à la chaleur du moteur.

– Je n'ai pas de gobelet.

Je suis retourné dans la remise, j'ai trouvé un vieux couvercle de bouteille Thermos, j'y ai fourré de la neige. Jansson a posé par-dessus un des cachets effervescents que je venais de lui donner. Nous avons attendu que la neige fonde. Il a vidé son gobelet.

– Je reviens encore vendredi. Ensuite c'est fini jusqu'après Noël.

– Je sais.

– Comment comptes-tu fêter Noël ?

– Je ne vais pas le fêter.

Jansson a eu un geste démonstratif vers ma maison et j'ai eu peur de le voir tomber, avec son attirail, comme un chevalier dans une armure trop lourde.

– Tu devrais accrocher des guirlandes lumineuses, a-t-il dit. Ça met de la gaieté.

– Non, merci. Je préfère le noir.

– Pourquoi n'essaies-tu pas de te rendre la vie un peu plus agréable ?

– Je fais ce que je veux.

Je lui ai tourné le dos et j'ai commencé à remonter vers la maison. Les bandes réfléchissantes, je les ai jetées dans la neige. J'étais au niveau du bûcher quand j'ai entendu hurler le moteur de l'hydrocoptère. On aurait dit un animal en détresse. La chienne m'attendait sur les marches. Elle a de la chance d'être sourde. La chatte était tapie au pied du pommier, à guetter deux jaseurs boréaux agrippés à leur tranche de lard.

Parfois j'aimerais avoir quelqu'un à qui parler. Les échanges avec Jansson ne peuvent pas vraiment être appelés des conversations. Ce sont des bavardages. Des bavardages de ponton. Il me raconte des choses qui ne m'intéressent pas. Il m'oblige à diagnostiquer ses maladies imaginaires. Mon ponton et ma remise sont devenus une clinique privée réservée à un seul patient. Au fil des ans, j'ai accroché toutes sortes de choses dans mes filets de pêche, des tensiomètres, des instruments pour retirer les bouchons de cire… Mon stéthoscope est suspendu à un crochet de bois en compagnie d'une blette d'eider fabriquée autrefois par mon grand-père. Je conserve dans un tiroir spécial divers médicaments qui pourraient un jour ou l'autre être utiles à Jansson. Le banc du ponton, où mon grand-père avait l'habitude de fumer une pipe après avoir nettoyé ses filets à flet, me sert à moi de table d'examen chaque fois que Jansson éprouve le besoin de s'allonger. En pleine tempête de neige, il m'est ainsi arrivé de tâter son ventre parce qu'il se croyait atteint d'un cancer de l'estomac ou d'examiner ses jambes quand il était persuadé d'avoir attrapé une maladie musculaire sournoise. C'est une ironie du sort qui veut que mes mains, après avoir longtemps pratiqué des interventions complexes et délicates, ne servent plus qu'à palper grossièrement ce corps d'une robustesse enviable qui est celui de Jansson.

Mais on ne peut pas dire que les propos que nous échangeons constituent une véritable conversation.

J'ai parfois été tenté de lui demander son avis, en général, sur la vie et sur l'abîme qui nous attend. Mais il ne comprendrait pas. Sa vie à lui tourne autour des lettres, timbres, recommandés, accusés de réception, mandats, virements, et d'une quantité atroce de réclame. Pardessus le marché, son bateau et son hydrocoptère lui causent du souci. Quand la mer est navigable, il se sert d'un bateau de pêche trafiqué qu'il a acheté à Västervik et équipé d'un moteur Säffle, une antiquité qui atteint huit nœuds dans le meilleur des cas. L'hydrocoptère, il se l'est procuré en Norvège et il a avoué devant moi qu'on l'avait roulé dans la farine. Avec tous ces sujets de préoccupation, Jansson n'a sans doute pas d'avis sur l'abîme.

Chaque jour je procède à une inspection en règle de mon propre bateau. Cela fait maintenant trois ans que je l'ai sorti de l'eau avec l'intention de le remettre en état. Depuis il traîne dans la remise, retourné sur une paire de tréteaux. C'est un beau bateau en bois de construction nordique traditionnelle, abîmé par les intempéries et par ma négligence. Il ne devrait pas en être ainsi. Au printemps, je m'y attaque sérieusement.

Je me demande si je vais le faire.

Une fois rentré à la maison, je me suis remis à mon puzzle, qui a pour motif un tableau de Rembrandt intitulé *La Ronde de nuit*. Je l'ai gagné à une loterie organisée par l'hôpital de Luleå, où j'étais à l'époque un tout jeune chirurgien qui cachait son manque d'assurance derrière une large façade d'autosatisfaction. C'est un puzzle difficile, vu que le motif est sombre. Aujourd'hui je n'ai réussi à placer qu'une seule pièce. Je me suis préparé à dîner et j'ai mangé en écoutant la radio. Le thermomètre était descendu à moins vingt et un degrés. Le ciel noir, dehors, était limpide ; avant l'aube il ferait encore plus froid. On s'acheminait, semblait-il, vers un record de basses températures. Avait-il jamais fait aussi froid dans l'archipel ? L'un des hivers de la Seconde Guerre, peut-être ? J'ai résolu d'interroger Jansson, qui est bien informé sur ce genre de sujet.

Quelque chose me rendait inquiet.

J'ai essayé de m'allonger pour lire. Un ouvrage sur l'arrivée de la pomme de terre dans notre pays, que j'ai déjà lu plusieurs fois, sans doute parce qu'il ne recèle aucun danger. Je peux tourner les pages sans être assailli par un désagrément imprévu. Vers minuit, j'ai éteint. Mes animaux s'étaient déjà endormis pour la nuit. Les rondins des murs grinçaient et craquaient.

J'ai essayé de parvenir à une décision. Fallait-il continuer à garder ma forteresse ? Ou m'avouer vaincu et tenter d'utiliser à bon escient le temps qu'il me restait peut-être à vivre ?

Je n'ai pris aucune décision. Je suis resté étendu, à contempler l'obscurité au-dehors en pensant que ma vie allait continuer comme avant. Aucun changement en perspective.

C'était le solstice d'hiver. La nuit la plus longue et le jour le plus court de l'année. Par la suite, je penserais souvent que cela avait un sens dont je n'avais pas eu conscience sur le moment.

Ç'avait été une journée ordinaire, sans plus. Un jour où il avait fait très froid et où une mouette morte et deux bandes réfléchissantes de la Poste gisaient dans la neige près de mon ponton gelé.

3

Noël est passé. Le Nouvel An est passé.

Le 3 janvier, une tempête de neige est arrivée en provenance du golfe de Finlande. Grimpé sur le rocher derrière ma maison, je regardais s'amonceler les nuages noirs. En onze heures, la neige a atteint quarante centimètres au sol. J'ai dû sortir par une fenêtre pour dégager la porte d'entrée.

Après la fin de la tempête, j'ai noté dans mon journal de bord :

Jaseurs disparus, lard abandonné.
Six degrés au-dessous de zéro.

Au total cinquante-deux lettres et quelques signes de ponctuation. Pour quoi faire ?

Il était l'heure d'aller me tremper. J'ai pris le chemin du ponton. La neige m'arrivait aux genoux, le vent me transperçait l'échine. J'ai rouvert mon trou à la hache, j'y suis descendu. Le froid m'a brûlé.

Juste au moment où je m'apprêtais à remonter vers la maison, le vent s'est tu entre deux rafales et soudain, j'ai eu peur. Je me suis retourné en retenant mon souffle.

Il y avait quelqu'un sur la glace.

Une silhouette noire sur fond de blancheur immense. Le soleil était bas sur l'horizon. J'ai plissé les yeux pour mieux voir. C'était une femme. On aurait dit qu'elle marchait appuyée contre un vélo. Puis j'ai compris : c'était un déambulateur. Je grelottais de froid. Quelle que fût cette femme, je ne pouvais pas rester tout nu à côté de mon trou. Je suis rentré à la maison à toute vitesse en me demandant si j'avais eu des visions.

Une fois habillé, j'ai pris mes jumelles et j'ai escaladé le rocher.

Je n'avais pas eu la berlue.

La femme était toujours là. Les mains en appui sur les poignées du déambulateur. Un sac à main pendait à son bras. Elle portait, bien enfoncé sur la tête, un bonnet en laine autour duquel elle avait enroulé une écharpe supplémentaire. Je ne distinguais pas son visage. D'où venait-elle ? Qui était-elle ?

J'ai réfléchi. À moins qu'elle ne se soit perdue, c'était bien chez moi qu'elle se rendait. Il n'y a personne d'autre que moi par ici.

J'espérais qu'elle s'était égarée. Je ne voulais pas de visite.

Cependant elle restait immobile, appuyée sur le déambulateur, sur la glace. Mon malaise grandissait. Cette femme, pour une quelconque raison, me paraissait familière.

Comment avait-elle réussi à braver la tempête, avec un déambulateur en plus ? Trois milles marins séparaient mon île de la côte. Ça paraissait incroyable qu'elle ait pu marcher si longtemps, traverser la glace sans mourir de froid.

Je suis resté à l'observer à travers mes jumelles pendant plus de dix minutes. J'allais les baisser lorsqu'elle a tourné la tête vers moi.

Ce fut un de ces instants dans la vie où le temps non seulement s'arrête, mais cesse tout bonnement d'exister.

Comme si son visage se précipitait à ma rencontre, à travers les jumelles, j'ai reconnu Harriet.

Je l'avais vue pour la dernière fois près de quarante ans plus tôt, pourtant j'ai su immédiatement que c'était elle. Harriet Hörnfeldt. La femme que j'avais aimée autrefois plus que n'importe quelle autre.

J'étais jeune. À la surprise infinie de mon père et à la fierté presque fanatique de ma mère, j'étais devenu médecin. J'avais réussi à m'arracher à la pauvreté. J'exerçais depuis quelques années déjà, je vivais à Stockholm, le printemps 1966 était magnifique, la ville en pleine ébullition. Quelque chose se tramait, ma génération avait rompu les digues, elle avait ouvert en grand les portes de la société et exigé un changement. Harriet et moi avions l'habitude de nous promener dans la ville à la tombée du jour.

Harriet avait quelques années de plus que moi et l'idée de poursuivre ses études ne l'avait jamais effleurée. Elle travaillait comme vendeuse dans un magasin de chaussures. Elle me disait qu'elle m'aimait, je lui disais que je l'aimais, je la raccompagnais jusqu'à la petite chambre qu'elle louait dans Hornsgatan et nous faisions l'amour sur un canapé-lit qui menaçait de s'effondrer sous notre poids.

C'était entre nous une passion brûlante, pourrait-on dire. Pourtant je l'ai trahie. L'université médicale Karolinska Institutet m'avait accordé une bourse de formation aux États-Unis. Je devais m'envoler le 23 mai pour l'Arkansas et y rester un an. Voilà ce que j'avais dit à Harriet. Mais l'avion pour New York, via Amsterdam, partait en réalité le 22 mai.

Je ne lui ai même pas dit au revoir. J'ai disparu, purement et simplement.

Au cours de cette année aux États-Unis, je ne lui ai donné aucun signe de vie. Je ne savais rien d'elle et je ne voulais rien savoir. Je me réveillais parfois après avoir rêvé qu'elle s'était suicidée. Ma conscience me tourmentait, mais je connaissais les moyens de l'engourdir.

Lentement, Harriet m'est sortie de l'esprit.

De retour en Suède, j'ai pris un poste à l'hôpital de Luleå. Il y a eu d'autres femmes dans ma vie. Parfois, surtout dans les moments où j'étais seul et où j'avais trop bu, il m'arrivait de songer à elle et de me dire que je devrais prendre des nouvelles pour savoir ce qu'elle était devenue. J'appelais alors les renseignements et je leur demandais le numéro d'Harriet Kristina Hörnfeldt. Mais je raccrochais toujours avant qu'ils me le donnent. Je n'osais pas aller à la rencontre d'Harriet. Je n'osais pas découvrir la vérité.

Et la voilà sur la glace devant chez moi.

Trente-sept ans, en comptant bien, s'étaient écoulés depuis que j'avais disparu sans un mot. J'en avais à présent soixante-six. Elle en avait donc soixante-neuf, bientôt soixante-dix. Mon impulsion était de rentrer chez moi et de fermer la porte. Quand je ressortirais, elle aurait disparu. Elle n'existait pas. Peu importe ce qu'elle me voulait, elle resterait un mirage. Je n'avais tout simplement pas vu ce que j'avais vu. Elle ne s'était jamais présentée devant chez moi.

Quelques minutes se sont écoulées.

Mon cœur battait la chamade. La tranche de lard, dans l'arbre devant la fenêtre, pendait, toujours aussi solitaire. Les petits oiseaux partis au moment de la tempête n'étaient pas revenus.

J'ai tourné à nouveau mes jumelles dans sa direction. Elle était tombée ! Elle gisait sur le dos, les bras en croix au milieu de la blancheur. J'ai jeté mes jumelles et sans plus réfléchir je me suis précipité, en trébuchant dans la neige profonde. Je l'ai trouvée sans connaissance. J'ai commencé par vérifier que son cœur battait encore. En m'approchant de son visage, j'ai senti son souffle.

Il était clair que je n'aurais pas la force de la porter jusqu'à la maison. Je suis parti chercher la brouette qui est derrière la remise. Le temps de charger Harriet dans la brouette, j'étais en nage. Elle n'était pas si lourde du temps où nous nous connaissions. Ou bien était-ce moi qui avais perdu de ma force ? Harriet, moitié assise, moitié affaissée dans la brouette, ressemblait à un pantin grotesque. Elle n'avait pas rouvert les yeux.

Mon chargement est resté coincé sur le bord du rivage. Un instant j'ai envisagé de ressortir Harriet de la brouette et puis de la tirer à l'aide d'une corde. Mais c'était indigne. Alors je suis allé chercher une pelle et j'ai déblayé le chemin. La sueur ruisselait sous ma chemise. Je gardais régulièrement un œil sur Harriet. Elle n'avait pas repris connaissance. J'ai tâté son pouls une nouvelle fois. Il était rapide. J'ai déblayé de toutes mes forces.

Enfin j'ai réussi à monter jusqu'à la maison. La chatte, assise sur le banc sous la fenêtre, contemplait la scène. J'ai calé des planches sur les marches du perron, j'ai ouvert la porte d'entrée et j'ai pris mon élan. À la troisième tentative, j'ai réussi à faire entrer Harriet et la brouette dans mon vestibule – sous l'œil de la chienne, qui était couchée sous la table de la cuisine. Je l'ai chassée, j'ai fermé la porte. Puis j'ai soulevé Harriet et l'ai posée sur la banquette. J'étais à bout de souffle, à bout de forces, trempé de sueur. J'ai dû m'asseoir et me reposer un peu avant de pouvoir l'examiner.

J'ai pris sa tension. Elle était basse, mais pas alarmante. J'ai retiré ses chaussures et j'ai tâté ses pieds. Froids, mais pas gelés ; aucun souci de ce côté-là. Ses lèvres ne trahissaient aucun signe de déshydratation. Son pouls était redescendu à soixante-six pulsations-minute.

J'étais occupé à arranger un coussin sous sa nuque quand elle a ouvert les yeux.

– Tu pues de la bouche. Tu as mauvaise haleine.

Voilà quels ont été ses premiers mots, après toutes ces années. Je l'avais découverte sur la glace, j'avais lutté comme un fou pour la ramener chez moi et voilà ce qu'elle trouvait à me dire. Sur le coup, j'ai été tenté de la fiche dehors. Je ne lui avais pas demandé de venir, je ne savais pas ce qu'elle me voulait et ma mauvaise conscience reprenait, par sa faute, des proportions insupportables. Était-elle venue me demander des comptes ?

Je n'en savais rien. Mais pouvait-il y avoir une autre explication ?

Je me suis aperçu que j'avais peur. Comme si un piège venait de se refermer.

4

Harriet a regardé autour d'elle.

– Où suis-je ?

– Dans ma cuisine. Je t'ai vue sur la glace. Tu étais tombée. Je t'ai amenée là. Comment te sens-tu ?

– Bien. Mais je suis fatiguée.

– Tu veux de l'eau ?

Elle a fait oui de la tête. J'ai rempli un verre. Quand j'ai voulu l'aider, elle a refusé et s'est redressée pour prendre le verre elle-même. Je regardais son visage en pensant qu'en réalité elle n'avait pas tellement changé. Elle était devenue vieille, mais pas différente.

Elle a reposé le verre.

– J'ai dû m'évanouir.

– Ça arrive souvent ?

– Ça arrive.

– Qu'en dit le docteur ?

– Le docteur n'en dit rien parce que je ne lui ai pas posé la question.

– Ta tension est normale.

– Je n'ai jamais eu de problème de tension.

Elle observait une corneille qui s'était agrippée au morceau de lard, de l'autre côté de la fenêtre. Puis elle m'a regardé avec des yeux limpides.

– J'aurais tort de dire que je suis désolée de te déranger.

– Tu ne me déranges pas.

– Bien sûr que si. Mais je m'en fiche.

Elle a changé de position, sur la banquette. C'est là que j'ai compris qu'elle souffrait.

– Comment es-tu venue jusqu'ici ?

– Tu ne veux pas plutôt savoir comment je t'ai retrouvé ? Je connaissais l'existence d'une île de ton enfance, sur la côte est. Ça n'a pas été tout à fait facile. Mais j'ai fini par y arriver. J'ai appelé la Poste, en demandant l'adresse d'un dénommé Fredrik Welin. Non seulement ils me l'ont donnée, mais ils m'ont raconté que quelqu'un distribuait le courrier sur les îles.

Lentement, une image m'est revenue. J'avais rêvé d'un tremblement de terre. Un bruit assourdissant, puis, d'un coup, à nouveau le silence. Le fracas ne m'avait pas réveillé, mais le retour au silence oui. Peut-être étais-je resté quelques minutes à tendre l'oreille dans le noir, avec la chatte qui ronflait à mes pieds… Tout était comme d'habitude. Je m'étais rendormi.

Je comprenais à présent que le bruit de mon rêve était celui de l'hydrocoptère de Jansson. Il avait emmené Harriet et il l'avait laissée sur la glace.

– Je voulais arriver tôt le matin. J'ai cru qu'on m'avait embarquée dans une machine infernale. Le pilote était très sympathique. Mais cher.

– Combien t'a-t-il pris ?

– Trois cents couronnes pour moi et deux cents pour le déambulateur.

– Mais c'est insensé !

– Y a-t-il un autre pilote par ici ?

– Je vais faire en sorte qu'il te rembourse la moitié de cette somme.

D'un geste, elle a indiqué le verre.

Je l'ai rempli d'eau. La corneille avait disparu. Je me suis levé en disant que j'allais chercher son déambulateur. Mes bottes avaient laissé de grandes flaques sur le sol du vestibule. La chienne est apparue au coin de la maison et m'a suivi jusqu'au rivage.

J'essayais de réfléchir le plus clairement possible.

Harriet surgissait du passé au bout de trente-sept ans. La preuve que la sécurité que je croyais avoir sur l'île était illusoire. J'avais été confronté à un cheval de Troie. Sous la forme de l'hydrocoptère de Jansson, il avait démoli le mur d'enceinte de ma forteresse et non seulement ça : il s'était fait payer grassement.

Je me suis engagé sur la glace.

Un faible vent soufflait du nord-est. Un vol d'oiseaux a traversé le paysage ; les rochers alentour étaient blancs. C'était une journée nimbée de ce calme étrange qui ne vient que lorsque la mer est prise sous la glace. Le soleil était bas dans le ciel. Le déambulateur avait gelé ; je l'ai détaché avec précaution et j'ai commencé à le pousser vers le rivage. La chienne me suivait. Il allait bientôt falloir prendre des mesures pour elle. Même chose avec la chatte. Leur vieille carcasse les faisait souffrir.

De retour sur l'île, je suis allé chercher une couverture dans la remise et je l'ai étalée sur le banc de mon grand-père. Je ne pouvais pas remonter à la maison sans un plan d'action. Il n'y avait qu'une seule explication possible à la présence d'Harriet : elle allait me réclamer des comptes. Après toutes ces années, elle voulait savoir pourquoi je l'avais abandonnée. Qu'allais-je lui répondre ? La vie était passée, les choses avaient tourné d'une certaine façon. Vu ce qui m'était arrivé par la suite, elle devrait être reconnaissante que j'aie disparu de sa vie.

Je commençais à avoir froid, sur le banc. J'allais me lever quand j'ai entendu une rumeur – les sons, que ce soient les voix ou les bruits de moteur, portent loin sur la glace comme sur l'eau. J'ai compris que c'était Jansson. Ce n'était pas jour de courrier. Mais il se livrait peut-être à une de ses courses-taxi illégales. Je suis remonté vers la maison. La chatte attendait sur les marches, mais je ne l'ai pas laissée entrer.

Avant de retourner dans la cuisine, j'ai jeté un coup d'œil à mon reflet dans le miroir de l'entrée. Mal rasé, hirsute, lèvres serrées, yeux enfoncés dans les orbites. Pas franchement beau. Contrairement à Harriet, les années m'avaient changé. Jeune, je n'étais pas si mal, je crois. Du moins, je plaisais aux filles. Jusqu'à l'événement qui a mis fin à ma carrière, je faisais très attention à mon apparence et au choix de mes vêtements. C'est quand j'ai emménagé sur l'île que la décrépitude a commencé. Pendant un temps, j'ai retiré des murs les trois miroirs de la maison. Je ne voulais pas me voir. Six mois pouvaient s'écouler avant que je ne me décide à aller me faire couper les cheveux sur la côte.

Je me suis peigné avec les doigts et je suis entré dans la cuisine.

La banquette était vide. Harriet avait disparu. La porte du salon était entrebâillée, mais là non plus, personne – juste la grande fourmilière. Puis j'ai entendu le bruit de la chasse d'eau. Harriet est revenue.

À sa façon de s'asseoir, j'ai vu à nouveau qu'elle avait mal. Impossible cependant de déterminer où.

Elle s'était remise au même endroit qu'auparavant, mais la lumière tombant de la fenêtre éclairait maintenant son visage. J'avais l'impression de la voir telle qu'elle était autrefois, par ces claires soirées de printemps où nous marchions dans la ville, et où je mûrissais mon projet de partir sans lui dire au revoir. Plus la date approchait, plus je lui répétais que je l'aimais. J'avais peur qu'elle ne lise dans mes pensées la trahison que je préméditais. Mais elle croyait à mes paroles.

Elle regardait dehors.

– Il y avait une corneille sur le bout de viande dans ton arbre…

– Ce n'est pas de la viande, c'est du lard. Les petits oiseaux sont partis au moment de l'avis de grand frais qui s'est transformé en tempête. Quand le vent souffle, ils se cachent. Je ne sais pas où.

Elle s'est tournée vers moi.

– Tu as une tête épouvantable, a-t-elle dit. Tu es malade ?

– J'ai la même tête que d'habitude. Si tu étais venue demain après-midi, tu m'aurais trouvé rasé.

– Je ne te reconnais pas.

– Toi, en tout cas, tu n'as pas changé.

– Pourquoi as-tu une fourmilière dans ton salon ?

Son ton exigeait une réponse.

– Si tu n'avais pas ouvert la porte, tu te serais épargné cette vision.

– Je ne fouinais pas. Je cherchais les toilettes.

Harriet me contemplait de ses yeux limpides.

– J'ai une question à te poser, dit-elle. Je sais, j'aurais dû t'avertir de ma visite. Mais je ne voulais pas risquer que tu disparaisses à nouveau.

– Je n'ai nul autre endroit où aller.

– Bien sûr que si, comme tout le monde. Enfin, je voulais être sûre que tu serais là. J'ai à te parler.

– Ça, je l'avais compris.

– Tu n'as rien compris du tout. Mais il faut que je reste ici quelques jours et j'ai du mal à grimper les escaliers. Puis-je dormir sur cette banquette ?

Harriet n'avait pas l'intention de me reprocher quoi que ce soit dans l'immédiat – voilà ce qui ressortait avant tout pour moi de ses paroles ; du coup, j'étais prêt à tout accepter. Bien sûr qu'elle pouvait dormir sur la banquette si elle en avait envie. Dans le cas contraire, j'avais aussi un lit de camp que je pouvais installer dans le salon – si elle n'avait pas d'objection au fait de dormir avec les fourmis. Elle n'en avait pas. Je suis allé chercher le lit et je l'ai placé le plus loin possible de la fourmilière. Celle-ci se trouvait au centre de la pièce à côté d'une table dont la nappe était déjà en partie ensevelie.

J'ai mis des draps et un oreiller. Puis je suis allé chercher un oreiller supplémentaire, car je m'étais souvenu qu'Harriet préférait dormir la tête haute.

Pas seulement dormir d'ailleurs.

En amour aussi, j'avais vite appris qu'il lui fallait au moins deux oreillers. Lui avais-je jamais demandé pourquoi c'était si important pour elle ? Aucun souvenir.

J'ai bordé le lit et j'ai jeté un regard par la porte entrebâillée de la cuisine. Harriet m'observait. J'ai ouvert les deux radiateurs, j'ai vérifié qu'ils chauffaient correctement et je suis retourné auprès d'elle. Elle commençait à reprendre des forces, semblait-il. Mais ses yeux étaient cernés. Elle avait mal. On voyait sur son visage une tension, celle d'une personne toujours prête à parer une douleur qui peut revenir d'un instant à l'autre.

– Je vais me reposer, a-t-elle dit en se levant.

Je lui ai tenu la porte et je l'ai refermée doucement derrière elle. Il y avait en moi un désir soudain de fermer cette porte à double tour et de jeter la clé. Un jour j'aurais trouvé Harriet engloutie par ma fourmilière.

J'ai enfilé une veste et je suis sorti.

C'était une journée dégagée. Le vent était de moins en moins fort. J'ai prêté l'oreille, guettant la rumeur de l'hydrocoptère de Jansson. J'ai cru distinguer au loin le bruit d'une tronçonneuse. Peut-être un vacancier qui consacrait ces quelques jours avant l'Épiphanie à nettoyer le terrain autour de sa maison.

Je suis descendu jusqu'au ponton, je suis entré dans la remise. Mon bateau était là. On aurait dit un gros poisson échoué. La remise sentait le goudron. Ça fait longtemps qu'on n'utilise plus le goudron pour enduire les outils de pêche et calfater les bateaux, ici dans l'archipel. Mais j'en conserve quelques pots que j'ouvre de temps à autre, pour en respirer l'odeur. Rien ne me procure une paix comparable.

J'essayais de me rappeler nos adieux qui n'en étaient pas, en ce soir de printemps, trente-sept ans plus tôt. Nous avions traversé le pont de Strömbron, longé le quai, puis Skeppsbrokajen, jusqu'à Slussen. De quoi parlions-nous ? Harriet m'avait raconté sa journée au magasin. Elle adorait parler de ses clients. Avec elle, tout pouvait devenir le point de départ d'une aventure, même une paire de galoches et un pot de cirage. Il me revenait des bribes d'événements, de conversations. Comme si s'ouvraient en moi des archives longtemps fermées.

Je me suis attardé sur le banc. Quand enfin je suis remonté à la maison, je me suis hissé sur la pointe des pieds pour glisser un regard par la fenêtre du salon. Harriet dormait en boule comme un petit enfant. J'en ai eu la gorge serrée. Elle avait toujours dormi ainsi. J'ai grimpé en haut du rocher derrière la maison et j'ai regardé les étendues de blancheur tout autour. J'avais la sensation de comprendre à l'instant seulement ce que j'avais fait ce jour-là, trente-sept ans auparavant. Je n'avais jamais osé formuler ces questions. Comment Harriet avait-elle vécu ma disparition ? À quel moment avait-elle compris que je ne reviendrais pas ? La douleur qu'elle avait dû ressentir en réalisant que je l'avais quittée, je pouvais à peine l'imaginer.

Quand je suis revenu, Harriet était réveillée et m'attendait, à nouveau installée sur la banquette de la cuisine. Ma vieille chatte était sur ses genoux. Je me suis assis.

– Tu as pu dormir ? Les fourmis t'ont laissée tranquille ?

– Elle sent bon, ta fourmilière.

– Si la chatte te gêne, on peut la mettre dehors.

– Tu trouves que j'ai l'air gênée ?

Je lui ai demandé si elle avait faim et j'ai commencé à préparer le repas. J'avais au congélateur un lièvre abattu par Jansson, mais cela aurait pris trop de temps de le décongeler et de le faire cuire. Harriet suivait mes moindres gestes depuis la banquette. J'ai fait griller des côtelettes et des pommes de terre. Nous ne parlions presque pas, et ma nervosité était telle que je me suis brûlé la main sur la poêle. Pourquoi ne disait-elle rien ? Pourquoi était-elle venue ?

Nous avons mangé en silence. J'ai débarrassé la table et préparé du café. Mes grands-parents le faisaient bouillir, à l'ancienne. Les filtres n'existaient pas à leur époque. Moi aussi, je fais bouillir le café. J'attends l'ébullition et je compte jusqu'à dix-sept. Ainsi il est toujours parfait. J'ai disposé les tasses et rempli la gamelle de la chatte, puis je me suis rassis sur ma chaise. J'attendais depuis le début qu'Harriet m'explique la raison de sa présence chez moi. Elle a fini son café, je lui ai demandé si elle en revoulait, elle m'a tendu sa tasse. La chienne a gratté à la porte. Je l'ai fait entrer, je l'ai nourrie ; ensuite je l'ai enfermée dans le vestibule avec le déambulateur.

– Dis-moi, a commencé Harriet. As-tu jamais pensé que nous nous reverrions ?

– Je ne sais pas.

– Je te demande ce que tu pensais.

– Je ne sais pas ce que je pensais.

– Toujours aussi fuyant, à ce que je vois.

Elle s'est retirée à l'intérieur d'elle-même. Je me suis souvenu qu'elle faisait ça quand elle était blessée. J'ai eu envie de tendre la main par-dessus les tasses et de la toucher. Et elle ? Avait-elle envie de me toucher ? C'était comme si un silence de près de quarante ans commençait à faire des allers et retours entre nous. Une fourmi avançait lentement sur la toile cirée. Appartenait-elle à la fourmilière du salon ou bien s'était-elle égarée loin du nid dont je soupçonne qu'il se cache dans le solivage côté sud ?

Je me suis levé en disant que je devais laisser sortir la chienne. Le visage d'Harriet était dans l'ombre. Je suis allé dehors. La nuit d'hiver était étoilée et immobile. Parfois, quand je vois un ciel comme celui-là, je regrette de ne pas être compositeur. Je suis descendu jusqu'au ponton, pour je ne sais la combientième fois ce jour-là. La chienne courait sur la glace, à la lueur de la lampe de la remise, et elle s'est arrêtée à l'endroit où Harriet avait été étendue le matin même. La situation était irréelle. Voilà qu'une porte s'était brusquement ouverte vers une vie que je croyais quasi finie ; la belle femme que j'avais autrefois aimée et trahie était réapparue. À l'époque, quand elle venait à ma rencontre après son travail dans le magasin de chaussures de Hamngatan, elle poussait son vélo. À présent, c'était un déambulateur. Je me sentais perdu. La chienne est revenue et nous sommes remontés vers la maison.

Avant d'entrer, j'ai glissé un regard par la fenêtre de la cuisine.

Harriet était assise à la table. J'ai mis un moment à voir qu'elle pleurait. J'ai attendu qu'elle se soit essuyé les yeux. Alors seulement j'ai ouvert la porte. La chienne a reçu l'ordre de rester dans l'entrée.

– J'ai besoin de dormir, a dit Harriet. Je suis épuisée. Demain je te dirai pourquoi je suis venue.

Sans attendre ma réponse, elle s'est levée et m'a souhaité une bonne nuit. Avant de refermer sa porte, elle m'a dévisagé quelques instants. Je suis allé dans la pièce où j'ai mon téléviseur, mais je ne l'ai pas allumé. La rencontre avec Harriet m'avait vidé. J'avais peur, bien sûr, des accusations qui ne manqueraient pas de pleuvoir. Que pourrais-je répondre, en vérité ? Rien du tout.

Je me suis endormi dans mon fauteuil.

Il était minuit quand j'ai été réveillé par une douleur à la nuque. Je suis allé dans la cuisine et j'ai collé mon oreille contre la porte du salon. Silence. Aucune lumière ne filtrait. J'ai rangé la cuisine, sorti du congélateur une miche de pain et une grande brioche, fait rentrer les animaux ; puis je suis monté me coucher. Impossible de trouver le sommeil. La porte vers tout ce que je croyais achevé battait au vent. C'était comme si Harriet, et le temps avec elle, me frappait au visage.

J'ai enfilé mon peignoir et je suis redescendu à la cuisine. Les animaux dormaient. Le thermomètre extérieur indiquait moins sept degrés. Le sac à main d'Harriet était resté sur la banquette. Je l'ai posé sur la table et je l'ai ouvert. Il contenait un peigne et une brosse à cheveux, son portefeuille, une paire de gants, un trousseau de clés, un téléphone portable et deux flacons de médicaments. Leur nom ne me disait rien. J'ai tenté de déchiffrer les étiquettes. C'étaient apparemment des antalgiques et des antidépresseurs. Prescrits par un certain docteur Arvidsson de Stockholm. Je commençais à me sentir mal. J'ai continué à fouiller son sac. Tout au fond, il y avait un répertoire. Tout écorné à force d'usage et rempli de numéros de téléphone. En l'ouvrant à la page du W, j'ai constaté à ma grande surprise que mon numéro de Stockholm du milieu des années soixante y figurait.

Elle ne l'avait même pas barré.

Avait-elle conservé le même répertoire pendant toutes ces années ? J'étais sur le point de le ranger à sa place quand j'ai aperçu un papier glissé dans la reliure. Je l'en ai tiré et je l'ai lu.

Après je suis allé me mettre sur les marches, dehors. La chienne était assise à côté de moi.

Je ne savais toujours pas ce qu'Harriet était venue faire sur mon île.

Mais dans son sac à main j'avais trouvé une lettre dont les termes, pour le médecin que j'étais, ne laissaient aucune place au doute. Harriet était gravement malade, elle allait mourir.

5

Le vent a soufflé par intermittence pendant toute la nuit.

J'ai mal dormi. Couché dans mon lit, je l'écoutais se déchaîner contre les murs. Le courant d'air de la fenêtre côté nord était plus important que l'autre, côté est, je pouvais donc déterminer sa direction : vent de nord-ouest, avec rafales. J'en prendrais note dans mon journal de bord le lendemain. Mais la visite d'Harriet, je ne savais pas si je la mentionnerais.

Elle était en ce moment allongée sous mon plancher, sur le lit de camp. Mes pensées ne quittaient pas la lettre que j'avais découverte dans son sac. Cancer de l'estomac, nombreuses métastases, chimiothérapie inopérante, chirurgie inenvisageable ; elle avait rendez-vous le 12 février à l'hôpital pour parler avec son médecin.

Voilà en clair le message dont était porteuse cette lettre. Harriet allait mourir. Son traitement actuel ne la guérirait pas et n'avait pas même le pouvoir de prolonger tant soit peu sa vie. En revanche, tout serait fait pour atténuer ses souffrances. Elle était en route vers la phase terminale, ou palliative, comme on dit dans le milieu médical.

Pas de remède, mais pas de souffrances inutiles.

Là, dans le noir où je me retournais sans trouver le sommeil, la même pensée revenait sans cesse : c'était Harriet qui allait mourir, pas moi. J'avais beau m'être rendu coupable d'un péché capital en la trahissant, c'était elle qui était condamnée. Je ne crois pas en Dieu. Mis à part une très courte période au cours de ma première année de médecine, je n'ai jamais eu la moindre tentation religieuse ; aucune conversation avec des représentants de l'autre monde, aucune voix intérieure m'exhortant à tomber à genoux. Là, je restais éveillé, dans le noir, à penser que la personne malade n'était pas moi, et que j'en éprouvais du soulagement. Je n'ai presque pas dormi. Deux fois je me suis levé pour uriner, et, les deux fois, j'ai collé mon oreille contre la porte du salon. À en juger par le silence, Harriet dormait, et les fourmis aussi.

À six heures, je me suis levé.

En entrant dans la cuisine, j'ai eu la surprise de voir qu'elle avait déjà pris son petit déjeuner. En tout cas, elle avait réchauffé le reste de café de la veille. La chienne et la chatte n'étaient pas là. Elle avait dû les laisser sortir. J'ai ouvert la porte d'entrée. Une fine couche de neige fraîche s'était déposée pendant la nuit. On y distinguait les traces de mes animaux, mais aussi celles d'un être humain.

Harriet était sortie.

J'ai scruté l'obscurité. L'aube était encore loin. Le vent soufflait de façon irrégulière. Les trois séries de traces allaient dans la même direction : derrière la maison. Je n'ai pas eu à marcher longtemps : sous les pommiers du verger, il y a un vieux banc en bois, où ma grand-mère avait l'habitude de s'asseoir. Elle tricotait, malgré sa myopie, ou alors elle restait simplement assise, les mains sur les genoux, à écouter la mer qui murmure en permanence quand la glace ne la recouvre pas. Là, ce n'est pas la silhouette fantomatique de ma grand-mère que j'ai vue sur le banc, mais celle d'Harriet. Elle avait allumé une bougie, qu'elle avait posée à même le sol, en la protégeant du vent avec une pierre. La chienne était couchée à ses pieds. Harriet avait la même allure que lorsque je l'avais aperçue pour la première fois, la veille, sur la glace. Le bonnet enfoncé sur les oreilles, l'écharpe enroulée autour du visage. Je me suis assis à côté d'elle. Il faisait quelques degrés en dessous de zéro, mais le vent avait faibli et le froid n'était pas trop terrible.

– C'est beau, chez toi, a-t-elle dit.

– Il fait nuit, tu ne peux rien voir. Et on n'entend même pas la mer, à cause de la glace.

– J'ai rêvé que la fourmilière grandissait autour de mon lit.

– Je peux mettre ton lit dans la cuisine, si tu préfères.

La chienne s'est levée et a fait quelques pas avant de disparaître dans le noir. Elle se déplaçait lentement ; un chien sans ouïe est un chien inquiet. J'ai demandé à Harriet si elle avait remarqué sa surdité. Non. La chatte est apparue à ce moment-là et nous a contemplés un instant avant de repartir. J'ai eu la même pensée que tant de fois auparavant : les cheminements des chats sont impénétrables. Et moi ? Connaissais-je mes propres cheminements ? Et Harriet, connaissait-elle les siens ?

– Tu te demandes bien sûr pourquoi je suis venue.

La flamme de la bougie oscillait sans s'éteindre.

– Je ne m'attendais pas à ta visite.

– As-tu jamais cru que tu me reverrais un jour ? L'as-tu jamais souhaité ?

Je n'ai pas répondu. Pour une personne qui en a abandonné une autre sans un mot d'explication, il n'y a au fond rien à dire. Il existe des trahisons qui ne peuvent se pardonner, ni même s'expliquer de quelque manière que ce soit. Celle que j'avais infligée à Harriet était de celles-là. Donc je n'ai rien dit. J'ai attendu, en regardant la flamme de la bougie.

– Je ne suis pas venue pour t'accuser, mais pour te demander de tenir ta promesse.

J'ai tout de suite compris de quoi elle parlait.

Le lac de la forêt.

L'endroit où je m'étais baigné, l'été de mes dix ans, quand mon père et moi étions partis pour un voyage vers les régions reculées du Norrland où il était né. Ce lac, je l'avais promis à Harriet. Quand je reviendrais après mon année en Amérique, nous irions là-bas ensemble et nous nous baignerions la nuit dans ses eaux sombres. J'avais envisagé la chose comme une belle cérémonie. L'eau noire, le ciel clair de la nuit d'été, le cri du huard, ce lac dont on disait qu'il était sans fond. Nous nous y baignerions et, après cela, rien ne pourrait plus nous séparer.

– Tu as peut-être oublié…

– Je me souviens très bien de ce que j'ai dit.

– Je veux que tu m'y emmènes.

– Nous sommes en hiver. Le lac est gelé.

J'ai pensé au trou que je découpais chaque matin dans la glace. Serais-je capable d'ouvrir de la sorte un lac entier du Norrland ? Où la glace était comme du granit ?

– Je veux le voir. Même s'il est couvert de neige. Je veux savoir si c'était vrai.

– C'est vrai. Il existe.

– Tu ne m'as jamais dit son nom.

– Il est trop petit pour en avoir un. On en a plein les forêts, dans ce pays, des petits lacs qui se cachent.

– Je veux que tu tiennes ta promesse, c'est tout.

Elle s'est levée du banc, avec difficulté, renversant la bougie qui s'est éteinte dans un sifflement. Nous étions plongés dans une obscurité compacte ; la lumière de la cuisine ne venait pas jusque-là. Je supposais qu'Harriet avait emporté son déambulateur. J'ai tendu la main pour la soutenir, mais elle m'a repoussé.

– Je n'ai pas besoin d'aide. Je veux que tu tiennes ta promesse.

Quand Harriet, avec son déambulateur vert, est entrée dans le rectangle de lumière qui tombait sur la neige, j'ai eu l'impression de la voir comme dans un rayon de lune se reflétant sur l'eau. Autrefois, au temps où nous avions été ensemble, nous nous considérions de façon puérile comme des adorateurs de la Lune. S'en souvenait-elle ? Je la voyais de profil, pendant qu'elle tâtait le terrain avec son engin, à l'affût de pierres dissimulées sous la neige. J'avais du mal à concevoir qu'elle puisse être si près de la mort – un être humain tout près de la dernière frontière, là où un autre monde, ou une autre obscurité, prend le relais. Elle a laissé le déambulateur devant la maison et s'est agrippée à la rampe pour monter les trois marches. Quand elle a ouvert la porte, la chatte s'est faufilée entre ses jambes. Elle est allée droit dans sa chambre. En collant l'oreille contre sa porte, j'ai entendu un tintement de capsule. Sans doute avait-elle emporté quantité de pilules diverses et variées contre les douleurs qui accompagnent sans répit les tumeurs incurables. La chatte ronronnait en se frottant contre mes jambes. Je lui ai donné à manger, et je me suis assis à la table de la cuisine.

Il faisait encore nuit dehors.

J'ai essayé de lire la température, mais le verre protégeant la colonne de mercure était couvert de buée. La porte du salon s'est ouverte et Harriet est apparue. Elle s'était brossé les cheveux et avait enfilé un nouveau pull. Celui-ci était bleu lavande. J'ai eu une pensée fugitive pour ma mère et ses larmes parfumées. Mais Harriet ne pleurait pas. Elle souriait en prenant place sur la banquette.

– Jamais je n'aurais imaginé que tu deviendrais un homme qui vit en compagnie d'une chienne, d'une chatte et d'une fourmilière.

– La vie tourne rarement comme on l'avait imaginé.

– Je n'ai pas l'intention de t'interroger là-dessus. Ce que je veux, je te l'ai déjà dit.

– Je ne sais même pas si je serais capable de le retrouver, ce lac.

– Je suis sûre que si. Personne n'avait un meilleur sens de l'orientation que toi.

C'était vrai, je ne pouvais pas la contredire. Je trouve toujours mon chemin, y compris dans le dédale de ruelles le plus tortueux, et même chose dans la nature.

– Si je me concentre, je le retrouverai sans doute. C'est juste que je ne comprends pas bien…

– Tu veux savoir pourquoi je tiens à le voir ?

Sa voix, soudain, avait pris une autre résonance.

– Oui. Je veux le savoir.

– Parce que c'est la plus belle promesse qu'on m'ait faite de toute ma vie.

– … la plus belle ?

– La seule promesse vraiment belle.

Ce sont les mots exacts qu'elle a employés. *La seule promesse vraiment belle.* C'était fort. Pour moi, ç'a été comme si elle déclenchait un orchestre dans ma tête. J'étais au milieu des musiciens. À côté des cordes, avec les cuivres juste derrière moi.

– Des promesses, a-t-elle dit, on en reçoit tant. On s'en fait à soi-même. Les autres nous en font. On a les politiciens qui nous parlent d'une vie meilleure pour les vieux, d'un hôpital où personne n'aura plus d'escarres ; on a les banquiers qui nous promettent des intérêts plus élevés, les produits qui nous promettent qu'on va perdre du poids, les crèmes qui nous promettent une vieillesse avec moins de rides. Vivre, au fait, ce n'est jamais qu'avancer dans son petit bateau au milieu d'un flot de promesses variées à l'infini. Quelles sont celles dont on se souvient ? On oublie celles qu'on voudrait se rappeler et on se souvient de celles qu'on préférerait oublier pour toujours. Les promesses trahies sont comme des ombres qui dansent autour de toi au crépuscule. Plus je vieillis, mieux je les vois. La plus belle promesse de ma vie, c'est celle que tu m'as faite quand tu m'as dit que tu m'emmènerais jusqu'à ce lac dans la forêt. Alors je veux le voir de mes yeux et rêver que je m'y baigne avant qu'il ne soit trop tard.

J'ai compris que j'allais être obligé de l'emmener là-haut. La seule chose que je pouvais éventuellement empêcher, c'était un départ immédiat, en plein hiver. Mais peut-être n'osait-elle pas attendre le printemps, à cause de sa maladie ?

J'ai pensé que je devrais lui dire que je savais qu'elle était malade. Mais je ne l'ai pas fait.

– Tu vois ce que je veux dire, à propos de toutes ces promesses qui nous encerclent ?

– J'ai essayé d'éviter de me laisser tenter par elles. On se fait si facilement avoir…

Harriet a posé sa main sur la mienne.

– Autrefois, je te connaissais. Nous marchions dans les rues de Stockholm. Dans mon souvenir, c'est toujours le printemps quand nous marchons. Je ne me rappelle ni pluie, ni obscurité. Celui qui marchait à mes côtés à cette époque n'est pas celui que je vois maintenant. Il aurait pu arriver n'importe quoi à cet homme-là – mais pas de finir seul au fin fond de l'archipel.

Sa main était restée sur la mienne. Je n'ai pas bougé.

– Et toi ? a-t-elle demandé. Dans ton souvenir à toi, est-ce qu'il faisait nuit ?

– Non. Il faisait toujours clair.

– Je ne sais pas ce qui s'est passé.

– Moi non plus.

Sa main a serré la mienne, légèrement.

– Ce n'est pas la peine de me mentir. Bien sûr que si, tu le sais. Tu m'as causé un chagrin immense. Je ne crois pas l'avoir surmonté à ce jour. Tu veux savoir ce que ça m'a fait ?

Je n'ai pas répondu. Elle a retiré sa main et s'est appuyée contre le dossier de la banquette.

– Je veux juste que tu tiennes ta promesse, a-t-elle dit. Pendant quelques jours, peu nombreux, il faudra que tu quittes cette île. Ensuite tu pourras revenir et je ne te dérangerai plus.

– On ne peut pas y aller. C'est trop loin. Ma voiture est en mauvais état.

– J'ai juste besoin que tu m'indiques le chemin.

J'ai compris qu'elle n'avait pas l'intention de renoncer. Après tant d'années, j'avais été rattrapé par la promesse du petit lac.

J'ai vu que le ciel s'éclaircissait de l'autre côté de la fenêtre. La nuit était finie.

– Je me suis mariée, a-t-elle dit soudain. Et toi, qu'as-tu fait ?

– J'ai divorcé.

– Alors tu t'es marié, toi aussi. Avec qui ?

– Ce ne sont pas des personnes que tu connais.

– *Des* personnes ? Au pluriel ?

– Deux. La première s'appelait Birgit, elle était infirmière. Après deux ans, nous n'avions plus rien à nous dire. En plus, elle voulait changer de métier et devenir ingénieur des mines. Qu'est-ce que j'y connaissais, moi, aux cailloux ? La deuxième s'appelait Rose-Marie. Elle était dans les antiquités. Tu n'as aucune idée du nombre de fois où j'ai dû quitter le bloc à la fin d'une journée harassante pour la suivre dans une vente aux enchères ici ou là et rentrer ensuite à la maison en traînant de vieilles armoires paysannes, ni de la quantité de tables et de chaises que j'ai lessivées dans de vieilles baignoires. Au bout de quatre ans, ça a été fini.

– Est-ce que tu as des enfants ?

J'ai fait non de la tête. Autrefois, il y a très longtemps, je m'imaginais que quand je serais vieux j'aurais des enfants pour me réjouir. Il est trop tard maintenant.

Je suis comme mon bateau, remisé à sec, sous une bâche.

J'ai fait face à Harriet.

– Et toi ?

Elle m'a regardé longtemps avant de répondre.

– J'ai une fille.

J'ai pensé que ç'aurait pu être mon enfant. Si je n'avais pas fui Harriet, si je n'étais pas resté ensuite sans reprendre contact avec elle.

– Elle s'appelle Louise.

– C'est un beau prénom.

Je me suis mis debout et j'ai commencé à préparer du café. Le jour était vraiment levé à présent. J'ai attendu l'ébullition, j'ai compté jusqu'à dix-sept et j'ai éteint le feu pour laisser infuser. J'ai sorti des tasses, j'ai coupé des tranches de la brioche qui avait fini de décongeler. Nous étions comme deux vieux qui s'apprêtent à boire leur café de milieu de matinée par un jour de semaine ordinaire du mois de janvier. J'ai pensé aux dizaines de milliers de gens qui célébraient au même moment, à travers tout le pays, cette cérémonie rituelle du café-brioche. La nôtre faisait partie du lot, ni plus ni moins. Mais y en avait-il une seule dont les circonstances soient aussi étranges que celle qui se déroulait à présent dans ma cuisine ?

Après le café, Harriet est retournée dans le salon à la fourmilière, en refermant la porte derrière elle.

Pour la première fois en je ne sais combien d'années, j'ai renoncé à mon bain hivernal. J'ai longtemps hésité, et j'étais sur le point de me déshabiller et d'aller chercher la hache quand j'ai changé d'avis. Il n'y aurait plus de bains d'hiver, en ce qui me concernait, avant que j'aie emmené Harriet voir le petit lac.

Au lieu du peignoir, j'ai donc enfilé ma veste et je suis descendu jusqu'au ponton. La météo avait changé de façon imprévisible ; c'était soudain un temps de dégel, la neige collait aux semelles de mes bottes.

J'ai eu deux heures pour moi, sur le ponton. Le soleil a percé la couverture nuageuse, et j'ai vu que le toit de la remise gouttait. J'y suis allé, et j'ai ouvert un de mes pots de goudron. Son odeur m'a calmé. J'ai presque failli m'endormir, là, dans le soleil pâle.

Je repensais au temps où nous étions ensemble. C'était comme si j'appartenais de fait à une époque qui n'existait plus. Je vivais dans le paysage étrangement désert réservé à ceux qui avaient perdu pied pour n'avoir pas eu la force de s'adapter aux temps nouveaux. Quand Harriet et moi étions amoureux, par exemple, tout le monde fumait. Partout et tout le temps. Toute ma jeunesse avait été remplie de cendriers. J'avais encore présente à l'esprit l'image de ces médecins et professeurs qui m'avaient formé afin que je sois à mon tour autorisé à porter la blouse blanche : tous fumaient comme des pompiers. À cette époque, le facteur qui faisait la tournée des îles s'appelait Hjalmar Hedelius. L'hiver, il chaussait ses skis et c'est ainsi qu'il se déplaçait d'une île à l'autre. Son sac à dos devait peser un poids invraisemblable, même si la folie de la réclame n'existait pour ainsi dire pas encore.

Mes divagations ont été interrompues par un bruit de moteur à l'approche.

Jansson était passé chez la veuve Åkerblom et fonçait à présent pleins gaz pour me harceler avec ses maux divers. La rage de dents d'avant Noël était passée. La dernière fois, il m'avait demandé de jeter un coup d'œil à quelques taches brunes qu'il avait sur le dos de la main gauche. Je l'avais rassuré en disant que c'étaient là des modifications normales dues à l'âge. Tu nous survivras à tous, c'est ce que je lui avais dit. Quand nous autres, les vieillards, aurons disparu, Jansson continuera à assurer sa tournée à bord de son chalutier crachotant ou de son hydrocoptère rugissant, selon la saison. À condition qu'on ne l'ait pas supprimé avant. Ça m'étonnerait qu'on ne le supprime pas.

Je l'ai regardé virer, couper les gaz, accoster, et se déballer ensuite de ses couches superposées de manteaux et de bonnets. Il était rouge et hirsute en débarquant sur le ponton.

– Je viens te souhaiter la bonne année !

– Merci.

– L'hiver se maintient.

– On dirait que oui.

– J'ai eu quelques soucis d'estomac après le Nouvel An. Un peu de mal à aller aux toilettes. Constipation, comme on dit.

– Mange des pruneaux.

– Est-ce que ça peut être un symptôme d'autre chose ?

– Non.

Jansson avait le plus grand mal à maîtriser sa curiosité. Il ne cessait de jeter des regards vers ma maison.

– Comment as-tu fêté le Nouvel An ?

– Je ne l'ai pas fêté.

– Eh bien moi, j'ai acheté des fusées. Ça faisait longtemps ! Malheureusement il y en a une qui a filé droit dans le bûcher.

– Moi, à minuit, je dors. Je ne vois pas pourquoi je changerais mes habitudes sous prétexte que c'est le dernier jour de l'année.

Je voyais bien qu'il avait sur le bout de la langue la question brûlante de la présence d'Harriet. Elle ne lui avait sûrement rien raconté, en dehors du fait qu'elle voulait aller chez moi.

– Tu m'apportes du courrier ?

Jansson a eu l'air très surpris. Je ne lui avais jamais posé la question auparavant.

– Rien. C'est toujours maigre, de toute façon, au début de l'année.

La conversation et la consultation étaient terminées. Jansson a jeté un dernier regard vers la maison avant de remonter dans son spoutnik. Je lui ai tourné le dos et j'ai commencé à gravir la pente. Quand il a allumé le moteur, je me suis bouché les oreilles. En me retournant, je l'ai vu disparaître dans un tourbillon de neige derrière la pointe qu'on appelle la pointe d'Antonsson, en souvenir d'un patron de pêche qui s'était pris le rocher de plein fouet un jour qu'il était ivre mort et qu'il allait remiser son bateau pour l'hiver.

Harriet était à la table de la cuisine quand je suis revenu. J'ai vu qu'elle s'était maquillée. En tout cas, elle était moins pâle. J'ai pensé une fois une plus qu'elle était encore belle et que j'avais été un imbécile de la quitter.

Je me suis assis en face d'elle et j'ai pris la parole :

– Je vais t'emmener au petit lac. Je vais tenir ma promesse. Avec ma vieille voiture, il va nous falloir deux jours pour y aller. On devra passer une nuit à l'hôtel. Je ne suis pas sûr de trouver le lac du premier coup. Dans ces coins-là, les chemins forestiers changent selon l'endroit où se fait l'abattage. En plus, il n'est pas sûr que le bon chemin sera déblayé. On va peut-être devoir demander à quelqu'un de nous ouvrir la voie. En tout, ça devrait prendre au minimum quatre jours. Où veux-tu que je te conduise une fois que ce sera fait ?

– Tu pourras me laisser sur la route.

– Avec le déambulateur ? Sur la route ?

– J'ai bien réussi à venir jusqu'ici, n'est-ce pas ?

J'ai entendu la dureté subite dans sa voix et je n'ai pas insisté. Si elle voulait que je la laisse sur la route, je ne m'y opposerais pas.

– On peut partir dès demain, si tu veux. Jansson te conduira jusqu'à la côte.

– Et toi ?

– Je ferai la traversée à pied.

Je me suis levé ; j'avais soudain beaucoup à faire. Tout d'abord je devais prendre une scie et pratiquer une ouverture dans la porte d'entrée, pour la chatte. Ensuite, je devais faire le nécessaire pour que ma chienne puisse utiliser la niche qui était restée vide pendant des années. Je comptais leur laisser de la nourriture pour une semaine. Elles avaleraient évidemment tout tout de suite. La prévoyance n'existe pas pour elles. Mais ainsi, elles auraient de quoi survivre sans manger pendant plusieurs jours.

J'ai passé le reste de la journée à scier une planche, à y visser quelques ressorts et à persuader la chatte d'inaugurer sa chatière neuve. C'est allé plus vite que je ne le pensais. La niche, en revanche, était dans un triste état. J'ai cloué sur le toit un morceau de papier goudronné pour la rendre imperméable, et j'ai fourré dedans quelques vieilles couvertures. J'avais à peine fini que la chienne s'y est installée.

Ce soir-là, j'ai appelé Jansson au téléphone. C'était la première fois.

– Postillon Ture Jansson.

On aurait cru qu'il épelait un titre de noblesse.

– C'est Fredrik. Je te dérange ?

– Pas du tout. Ce n'est pas tous les jours que tu m'appelles…

– Ça n'est jamais arrivé jusqu'à aujourd'hui. Est-ce que tu serais libre pour une course demain matin ?

– Une dame avec déambulateur ?

– Vu ce que tu lui as extorqué pour l'amener ici, il me paraît évident que la course de demain sera gratuite. Dans le cas contraire, je ne manquerai pas de te dénoncer pour activité taxi illégale dans l'archipel.

Silence. J'entendais Jansson respirer à l'autre bout du fil.

– Quelle heure ? a-t-il demandé enfin.

– Tu n'as pas de courrier à distribuer demain. Dix heures, ça ira ?

Harriet a passé la plus grande partie de la journée à se reposer pendant que je m'occupais des préparatifs du voyage. Je me demandais si elle allait supporter un si grand effort. Mais au fond, ce n'était pas mon problème. Moi, je devais juste tenir ma promesse. J'ai sorti le sauté de lièvre du congélateur. Je comptais le préparer au four pour le dîner. Ma grand-mère avait glissé dans son livre de cuisine une recette de sa main, où elle expliquait la bonne manière d'accommoder un sauté de lièvre. J'avais déjà eu l'occasion de suivre ses instructions avec succès. Ce soir-là encore, elles me réussirent.

J'ai vu qu'Harriet avait les yeux brillants quand elle s'est assise à la table du dîner. J'ai compris que le tintement de capsule que j'entendais parfois du salon ne provenait pas de flacons de médicaments mais de bouteilles. Harriet buvait en cachette dans sa chambre ! J'ai commencé à manger en pensant que ce voyage vers le lac de forêt gelé se révélerait sans doute encore plus difficile que prévu.

Le lièvre était bon, mais Harriet chipotait. Les cancéreux, je le savais, souffrent souvent d'un manque d'appétit chronique.

Ensuite j'ai préparé le café. J'ai donné les restes du sauté à mes animaux. En général, ils arrivent à se partager la nourriture sans chamailleries ni coups de griffes. Parfois je les vois comme un vieux couple – comme mes grands-parents, à peu près.

J'ai dit à Harriet que Jansson passerait le lendemain à dix heures. Je lui ai donné les clés de ma voiture, en lui expliquant à quoi elle ressemblait et à quel endroit elle était stationnée. Comme ça, elle pourrait m'attendre au chaud le temps que je finisse ma traversée.

Harriet a rangé les clés dans son sac à main. Puis sans transition elle m'a demandé si elle ne m'avait jamais manqué, pendant toutes ces années.

– Si. Tu m'as manqué. Mais la nostalgie me déprime. La nostalgie me fait peur.

Elle n'a plus posé de questions. Elle est allée dans le salon et quand elle est revenue, elle avait les yeux encore plus brillants. Nous avons très peu parlé ce soir-là. Je crois que nous avions peur l'un et l'autre de gâcher notre voyage. En plus, nous avions toujours eu de la facilité à rester silencieux ensemble.

Nous avons regardé un film où il était question d'un groupe de personnes qui mouraient à force de trop manger. Nous n'avons pas échangé nos points de vue à la fin. Mais je suis sûr que nous étions du même avis.

C'était un mauvais film.

J'ai mal dormi cette nuit-là.

Entre deux sommes, je me représentais tout ce qui pourrait mal tourner au cours de ce voyage. Je me demandais aussi si Harriet m'avait dit toute la vérité. J'avais le pressentiment qu'elle voulait en réalité autre chose, que sa visite inopinée après tant d'années avait une tout autre raison d'être.

Le temps que je m'endorme enfin, j'avais résolu d'être prudent, en tout état de cause. Je ne pouvais rien prévoir de ce qui risquait d'arriver.

Je voulais juste me tenir prêt, au cas où.

L'inquiétude s'attardait, avec sa mise en garde muette.

6

La matinée était claire quand nous sommes partis. Il n'y avait pas un souffle de vent.

Jansson est arrivé à l'heure. Il a d'abord fait monter le déambulateur, puis, ensemble, nous avons aidé Harriet à prendre place derrière son large dos. Je n'ai pas dit à Jansson que je partais moi aussi. À sa visite suivante, ne me voyant pas sur le ponton, il monterait sans doute jusqu'à la maison. Peut-être me croirait-il mort à l'intérieur ? C'est pourquoi j'avais décidé de punaiser un mot sur la porte d'entrée : « Je ne suis pas mort. »

L'hydrocoptère a disparu derrière la pointe. Je me suis mis en route.

J'avais fixé à mes chaussures, pour ne pas déraper sur la glace, une paire de vieux crampons. Mon sac à dos pesait neuf kilos – j'avais vérifié son poids sur le pèse-personne de ma grand-mère. Je marchais vite, mais en veillant à ne pas transpirer. J'ai toujours peur quand je marche sur ces eaux profondes masquées par la glace. Au large de mon îlot, à l'est, il existe une faille qu'on appelle Lersänkan et qui a une profondeur de cinquante-six mètres. À cet endroit, on a la sensation d'avancer en équilibre sur un toit fragile posé audessus d'un abîme.

Je plissais les yeux. Le soleil réfléchi par la glace était aveuglant. Au loin j'apercevais quelques randonneurs à skis qui se dirigeaient vers les îlots extérieurs. À part ça, personne. L'archipel en hiver est comme un désert. Un monde vide avec de temps en temps des caravanes de gens à skis ou un nomade comme moi. Sinon, il n'y a rien ici.

Quand j'ai mis pied à terre sur le vieux port de pêche qui ne sert quasiment plus, Harriet m'attendait dans ma voiture. J'ai casé comme je pouvais le déambulateur dans le coffre et j'ai pris place derrière le volant.

– Merci, a-t-elle dit. Merci d'avoir tenu ta promesse.

Elle m'a caressé le bras ; c'était un geste furtif. J'ai mis le contact et nous avons entamé notre long voyage vers le nord.

Le voyage a mal commencé.

Deux kilomètres à peine après notre départ, un élan a surgi sur la route. Comme s'il avait attendu en coulisse le moment de faire son entrée. J'ai pilé net. Nous avons évité la collision d'extrême justesse. La voiture a dérapé, impossible de contrôler la direction sur le verglas ; elle est allée emboutir une congère sur le bord de la route. Tout était allé très vite. J'avais poussé un cri ; mais du côté d'Harriet, rien, pas un son. L'élan, lui, avait déjà disparu dans la forêt en quelques grandes foulées.

– Je ne roulais pas vite, ai-je dit enfin.

Tentative maladroite, complètement inutile, pour me disculper. Comme si c'était ma faute si l'élan avait surgi.

– Ça s'est bien terminé, a répondu Harriet.

Je l'ai regardée. Peut-être n'est-on pas affecté par ce genre d'incident quand on est près de mourir ?

En attendant, la voiture était bien coincée. J'ai pris une pelle dans le coffre, ai dégagé les roues avant, puis arraché quelques branches de sapin que j'ai placées devant les roues. La voiture a démarré avec une secousse, et nous avons pu continuer. Mon cœur battait vite. Les gens qui n'ont pas une maladie mortelle réagissent aux brusques apparitions des élans par la peur.

Dix kilomètres plus loin, j'ai senti que la voiture tirait à gauche. J'ai freiné, je suis sorti. Le pneu avant gauche avait crevé. Ce voyage, décidément, n'aurait pas pu commencer plus mal. C'est une expérience désagréable que de dévisser, à genoux, des boulons et de manipuler des pneus sales dans la neige. La stricte exigence d'hygiène du chirurgien avant une intervention ne m'a jamais quitté.

J'étais en sueur quand j'ai eu enfin fini de changer la roue. J'étais aussi en colère. Je n'allais jamais le retrouver, ce satané lac, Harriet, elle, n'allait jamais tenir le coup, et quelqu'un de son entourage ne manquerait pas de surgir tel un diable pour m'accuser d'avoir agi de façon irresponsable en partant de la sorte avec une personne malade.

Nous avons continué.

La route était glissante, la neige formait un véritable rempart de chaque côté. Nous avons croisé quelques camions et dépassé une vieille Amazon qui stationnait sur le bas-côté. Un homme en est sorti avec son chien. Harriet restait silencieuse. Elle regardait par sa vitre.

J'ai commencé à penser au voyage que j'avais fait autrefois avec mon père. Celui-ci venait d'être renvoyé parce qu'il avait refusé de travailler le soir dans le restaurant qui l'embauchait à l'époque. Nous avions pris vers le nord, au départ de Stockholm, et dormi dans un hôtel bon marché près de Gävle. Il me semble que l'endroit s'appelait Furuvik, mais je peux me tromper. Nous partagions la même chambre, c'était au mois de juillet, l'été le plus chaud de la fin des années quarante, il faisait une chaleur suffocante.

Le restaurant où travaillait mon père était l'un des meilleurs de Stockholm ; il gagnait donc bien sa vie. Ma mère, pour une fois, pleurait peu. Je me souviens qu'un soir mon père lui avait rapporté un chapeau neuf ; cette fois, elle avait pleuré de joie. L'explication, c'est qu'il avait servi ce jour-là le directeur d'une des plus grandes banques du pays, qui avait beaucoup bu, bien que ce fût l'heure du déjeuner, et qui pour cette raison avait laissé un pourboire excessif.

J'avais compris qu'un pourboire excessif était aussi humiliant, pour mon père, qu'un pourboire trop modeste, ou même qu'une absence de pourboire. Quoi qu'il en soit, il l'avait transformé en chapeau rouge pour ma mère.

Ensuite il avait proposé ce voyage vers le nord : nous offrir quelques jours de vacances avant qu'il ne soit obligé de partir une nouvelle fois à la recherche d'un emploi. Ma mère avait refusé de nous accompagner.

Nous avions une vieille voiture ; mon père avait sûrement économisé pendant de nombreuses années pour se l'acheter. C'est à son bord que nous avions, de bon matin, quitté Stockholm et pris la route d'Uppsala.

Nous dormions donc dans cet hôtel qui s'appelait peut-être Furuvik. Je me souviens de m'être réveillé juste avant l'aube et d'avoir vu, en ouvrant les yeux, mon père tout nu devant la fenêtre qui regardait par l'interstice du mince rideau. Comme s'il s'était figé au milieu d'une pensée. L'espace d'un instant étiré à l'infini, mais sûrement très court en réalité, j'ai paniqué en croyant que mon père me quittait, qu'il ne restait plus dans la chambre que son enveloppe de peau, que sous cette enveloppe il n'y avait qu'un grand trou. Je ne sais pas combien de temps il est resté posté ainsi à la fenêtre, mais je me rappelle ma peur panique, cette certitude absolue qu'il m'abandonnait. Enfin il s'est retourné vers moi et m'a regardé, dans le lit où j'étais, la couverture remontée jusqu'au menton et les yeux entrouverts. Il est revenu se coucher près de moi et quand j'ai entendu qu'il dormait enfin, quand j'ai entendu son souffle régulier, je me suis tourné tout contre le mur et je me suis rendormi.

Nous sommes arrivés le lendemain.

Le lac n'était pas grand. L'eau était complètement noire. Sur la rive opposée à celle où nous nous tenions il y avait quelques grands rochers, pour le reste ce n'était que la forêt compacte. Il n'y avait pas à proprement parler de rivage, aucune transition entre l'eau et les arbres. C'était comme si l'eau et la forêt s'empoignaient mutuellement sans que l'une eût le pouvoir de renverser l'autre.

Mon père m'a touché l'épaule.

– Viens, on va se baigner.

– Je n'ai pas de maillot.

Il m'a regardé en souriant.

– Et alors ? Tu crois que j'en ai un, moi ? Et qui pourrait nous voir, à ton avis ? De méchants trolls cachés derrière les arbres ?

Mon père s'est déshabillé. Je le regardais à la dérobée, sans savoir où me mettre tant j'étais gêné. Son gros ventre a littéralement jailli quand il a retiré son caleçon. Je me suis déshabillé à mon tour, mais avec la sensation très nette que quelqu'un m'observait – malgré les assurances de mon père. Celui-ci s'était entretemps enfoncé dans l'eau. Son corps, telle une baleine géante, mettait le lac entier en état de commotion, brisant en mille morceaux le miroir de sa surface, éclaboussant jusqu'aux rochers de l'autre rive. Je me suis risqué dans l'eau à mon tour, et j'ai senti le froid. Pour une raison ou pour une autre, j'avais cru qu'elle aurait la même température que l'air. La chaleur ambiante faisait trembloter la forêt. Mais l'eau était froide. Je me suis trempé vite fait et suis ressorti en courant.

Mon père, lui, nageait, à grandes brasses puissantes qui faisaient se dresser l'eau autour de lui. Et il chantait. Je ne me souviens pas d'une mélodie, c'était plutôt comme un rugissement de bien-être, et comme une cascade d'eau noire qui s'ébrouait et se confondait avec le chant singulier de mon père.

Dans la voiture où j'étais assis à côté d'Harriet en repensant à ces images lointaines, j'ai compris qu'il n'y avait rien, dans ma vie entière, qui m'ait laissé un souvenir aussi intense. Cinquante-cinq ans s'étaient écoulés, pourtant je voyais bien que ma vie pouvait se résumer à cette image : mon père en train de nager, seul, dans le petit lac de la forêt ; et moi, tout nu parmi les arbres, qui le regarde. Nous étions deux êtres humains reliés l'un à l'autre et déjà séparés.

La vie était ainsi : quelqu'un nage, quelqu'un d'autre le regarde.

L'idée des retrouvailles avec le lac commençait à me séduire. L'enjeu n'était plus seulement de remplir ma promesse vis-à-vis d'Harriet. J'allais m'offrir le plaisir de revoir quelque chose que j'avais cru perdu pour toujours.

Nous traversions un paysage plongé dans l'hiver.

Les champs étaient blancs, sous la fumée de neige et la brume gelée qui les recouvraient. Les cheminées des maisons laissaient échapper un panache vertical. Les milliers de paraboles aux yeux de métal tournés vers des satellites lointains étaient constellées de stalactites.

Après quelques heures de route, je me suis arrêté à une station-service. J'avais besoin de faire le plein, d'acheter du liquide lave-glace, et aussi de manger un morceau. Harriet est partie sans m'attendre vers le grill-bar qui faisait corps avec la station. À la façon dont elle se déplaçait, pas à pas, précautionneusement, j'ai vu qu'elle avait mal. Quand je l'ai rejointe un peu plus tard, elle était déjà occupée à manger. Le plat du jour était de la saucisse fumée. J'ai choisi un filet de poisson à la carte. Nous étions presque seuls. Un chauffeur de poids lourd somnolait dans un coin au-dessus d'une tasse de café. Sur sa veste, j'ai pu lire qu'il faisait « marcher la Suède ».

Et nous ? ai-je pensé. Harriet et moi, en route vers le nord, faisons-nous marcher notre pays ? Ou bien sommes-nous seulement deux créatures en marge de la vie, sans aucune importance ?

Harriet mâchonnait sa saucisse. J'ai regardé ses mains ridées en pensant qu'autrefois ces mains avaient caressé mon corps et suscité en moi un bien-être que je n'avais presque jamais éprouvé par la suite.

Le routier s'est levé et a quitté le restaurant.

Une fille trop maquillée au tablier couvert de taches m'a apporté mon poisson. Une radio était branchée à faible volume. J'entendais que c'était un bulletin d'information, mais pas ce qui se disait. Dans le temps, j'étais quelqu'un qui adorait les nouvelles, il m'en fallait en permanence. Je lisais, j'écoutais, je regardais. Le monde exigeait ma présence. Un jour, deux petites filles se noient dans le canal Göta, le lendemain un président est tué par balle. Je devais être au courant, à chaque minute. Cette habitude m'avait quitté au cours des années d'isolement sur l'île. Je ne lisais aucun journal et je regardais le journal télévisé un jour sur deux au maximum.

Harriet n'avait presque pas touché au contenu de son assiette. Je suis allé lui chercher du café. J'ai vu qu'il s'était mis à neiger dehors. La salle était encore déserte. Puis Harriet est partie aux toilettes avec son déambulateur. À son retour, elle avait les yeux brillants. Cela me choquait sans que je sache pourquoi. Je pouvais difficilement lui reprocher de vouloir amortir la douleur. Et on ne pouvait pas me tenir pour responsable du fait qu'elle buvait en douce.

Ce fut comme si elle m'avait deviné, car elle a demandé à brûle-pourpoint à quoi je pensais.

– À Rome, ai-je éludé. Je ne sais pas pourquoi. Une fois j'ai participé à un congrès de chirurgiens là-bas, un congrès fatigant et mal organisé. Les deux derniers jours, j'ai renoncé à y retourner et j'ai marché au hasard dans la Villa Borghèse, après avoir quitté l'hôtel de luxe où nous étions logés pour une chambre dans la pension Dinesen, où Karen Blixen avait habité autrefois. Je suis parti de Rome avec le sentiment que je n'y retournerais plus jamais.

– C'est tout ?

– C'est tout.

Ce n'était pas vrai. J'étais retourné à Rome deux ans plus tard. La catastrophe s'était produite, et j'avais quitté Stockholm dans un état de rage, pour avoir la paix. Je me souviens de m'être présenté à l'aéroport sans billet. Il y avait deux départs pour le sud de l'Europe : Rome et Madrid. J'ai choisi Rome car c'était moins loin.

Pendant une semaine j'ai marché dans les rues, l'esprit tout rempli de la grande injustice dont j'avais été victime. J'ai trop bu, je me suis retrouvé deux ou trois fois en mauvaise compagnie, le dernier soir j'ai été agressé et dépouillé. Je suis rentré en Suède avec le nez en compote. Un médecin de l'hôpital de Söder me l'a remis en place et m'a donné des antalgiques. Après cela, Rome est devenue l'endroit au monde où j'avais le moins envie de retourner.

– Je suis allée à Rome, a dit Harriet. Ça tient au fait que toute ma vie en est venue à tourner autour des chaussures. Ce que je croyais être une coïncidence quand j'étais jeune, le fait de vendre des chaussures alors que mon père avait été autrefois contremaître à l'usine Oscaria à Örebro, m'a en réalité suivie jusqu'au bout. Au fond, je n'ai jamais fait autre chose que me réveiller le matin avec des chaussures en tête. Une fois, je suis partie à Rome et je suis restée en apprentissage pendant un mois chez un vieux maître, qui créait des chaussures pour les pieds les plus célèbres du monde. Chaque soulier qu'il créait était comme un Stradivarius. Il décrivait les pieds comme des personnalités. Une chanteuse d'opéra, dont je ne me rappelle pas le nom, avait des pieds méchants qui ne prenaient pas leurs souliers au sérieux et ne leur témoignaient aucun respect. Un certain financier hongrois avait en revanche des pieds qui éprouvaient de la tendresse pour leurs souliers. J'ai appris de ce vieil homme quelque chose qui vaut pour les chaussures comme pour l'art. Après, ça n'a plus jamais été la même chose pour moi de vendre des chaussures.

– La plupart des voyages dont on rêve n'ont jamais lieu. Ou alors on les accomplit intérieurement. L'avantage, quand on emprunte ces vols intérieurs, c'est qu'on a de la place pour les jambes.

Nous avons repris la route.

Je commençais à me demander où nous allions dormir. Le crépuscule n'était pas encore tombé, mais je voulais éviter, si possible, de conduire de nuit. Ma vision nocturne s'est détériorée ces dernières années.

Le paysage hivernal, dans sa monotonie, était d'une étrange beauté. Nous traversions des lieux où il ne se passait rien.

C'était une illusion, bien sûr : il se passe toujours quelque chose. Nous venions de franchir la crête d'une colline quand nous avons aperçu tous deux au même moment un chien assis sur le bord de la route. J'ai ralenti au cas où il aurait eu soudain l'idée de bondir sur la chaussée. Nous l'avons dépassé. Harriet a dit qu'il portait un collier. En jetant un regard au rétroviseur, j'ai vu qu'il nous suivait. J'ai freiné, le chien nous a rattrapés.

– Il nous suit, ai-je constaté.

– Je crois qu'il a été abandonné.

– Et pourquoi donc ?

– Les chiens aboient en général quand ils courent après les voitures. Celui-ci non.

Elle avait raison. Je me suis rangé sur le bord de la route. Le chien s'est assis devant ma portière, langue pendante. Quand j'ai tendu la main vers lui, il n'a pas bougé. J'ai attrapé le collier : il y avait un numéro de téléphone. Harriet a sorti son portable de son sac et composé le numéro. Dès qu'elle a obtenu la tonalité, elle m'a tendu l'appareil. Ça sonnait dans le vide.

– Il n'y a personne.

– Si on redémarre, il va courir après nous jusqu'à en crever.

Harriet a composé un autre numéro. Quand on lui a répondu, j'ai compris qu'elle avait appelé les renseignements. Après avoir raccroché, elle s'est tournée vers moi.

– L'abonnée s'appelle Sara Larsson et habite Högtunet. C'est une ferme près d'un endroit qui a pour nom Rödjebyn. Est-ce qu'on a une carte ?

– Aucune qui soit assez détaillée.

– On ne peut pas laisser ce chien sur la route.

Je suis descendu et j'ai ouvert la portière arrière. Sans hésiter, le chien a sauté à l'intérieur et s'est lové en rond sur la banquette. Un chien seul, ai-je pensé. Comme une personne très seule.

Après une dizaine de kilomètres, nous sommes parvenus à un village où il y avait un magasin. J'ai demandé où était la ferme de Högtunet. Le vendeur, un jeune homme qui portait sa casquette à l'envers, m'a dessiné une carte.

– On a trouvé un chien, lui ai-je expliqué.

– Sara Larsson en a un, un épagneul. Il s'est peut-être perdu ?

Je suis revenu à la voiture, j'ai tendu la carte griffonnée à Harriet et nous sommes repartis dans l'autre sens. Le chien était toujours roulé en boule à l'arrière. Il était en alerte, je le voyais bien. Harriet m'a guidé jusqu'à un chemin dont l'entrée était à peine visible entre deux congères. Nous l'avons pris. C'était comme entrer dans un monde où toute direction aurait disparu, un monde privé de points cardinaux. Le chemin serpentait entre des sapins recouverts de neige. Il était correctement déblayé, mais aucune voiture ne l'avait emprunté depuis le passage du chasse-neige.

– Je vois les traces d'un animal, a dit Harriet. Elles vont en sens inverse, vers la route.

Le chien s'était redressé et humait l'air, oreilles dressées, le regard rivé au pare-brise. Son pelage était parcouru de frissons, comme s'il avait froid. Nous avons traversé un vieux pont de pierre voûté. Le fossé, après le pont, était bordé de clôtures en bois à moitié effondrées. La forêt s'est ouverte. Sur une hauteur, on apercevait une maison qui n'avait pas été repeinte depuis très longtemps. Il y avait aussi une remise, et un peu plus loin une grange en ruine. J'ai éteint le moteur et lâché le chien. Il a couru jusqu'à la maison, a gratté à la porte ; puis il s'est assis et il a attendu. Aucune fumée ne s'échappait de la cheminée. Les vitres étaient couvertes de givre. La lampe du perron était éteinte. Ça n'augurait rien de bon.

– On dirait un tableau, a dit Harriet. Exposé sur le chevalet de la nature en pleine forêt. L'artiste est parti.

J'ai sorti le déambulateur du coffre. Harriet a dit que ce n'était pas la peine, qu'elle préférait rester dans la voiture. Je me suis planté au milieu de la cour et j'ai prêté l'oreille. Le chien était toujours assis au même endroit, le regard fixé sur la porte. Une charrue rouillée pointait hors de la neige ; on aurait dit une épave en mer. Tout semblait désert, et je ne voyais nulle part d'autres traces que celles du chien. Mon pressentiment se confirmait. J'ai frappé une fois. Le chien s'est levé.

– Qui doit ouvrir ? ai-je murmuré. Qui attends-tu ? Que faisais-tu au bord de la route ?

J'ai frappé à nouveau et j'ai tâté la poignée. La porte n'était pas verrouillée. Le chien est entré en passant entre mes jambes. La maison sentait le renfermé – pas comme si elle était mal aérée, mais comme si le temps s'était arrêté. Le chien avait filé droit vers ce que je supposais être la cuisine et n'était pas ressorti. J'ai appelé sans obtenir de réponse. Sur ma gauche s'ouvrait une pièce remplie de meubles d'une autre époque, parmi lesquels une horloge dont le battant, derrière la vitre, oscillait sans bruit. À droite, un escalier montait à l'étage. J'ai préféré suivre le chien. Je me suis arrêté à la porte de la cuisine.

Une femme âgée était couchée sur le ventre sur le linoléum gris. J'ai tout de suite compris qu'elle était morte. Pourtant j'ai fait ce qu'on est censé faire, je me suis agenouillé, j'ai tâté son pouls au niveau du cou, puis du poignet, puis de la tempe. De façon totalement futile puisque le corps était froid et déjà raide. Je supposais que c'était Sara Larsson. Il faisait froid dans la cuisine. J'ai vu qu'une fenêtre était entrebâillée. C'est donc par là que le chien était sorti pour chercher du secours. Je me suis relevé, j'ai regardé autour de moi. Il n'y avait aucun désordre. Sara Larsson était selon toute vraisemblance morte de cause naturelle. Son cœur s'était arrêté de battre, peut-être suite à un accident vasculaire cérébral. Je lui donnais entre quatre-vingts et quatre-vingt-dix ans. Elle avait d'épais cheveux blancs rassemblés en chignon sur la nuque. J'ai retourné le corps avec précaution. Le chien m'observait, aux aguets. Puis il a reniflé son visage. C'était comme si je contemplais un autre tableau que celui qu'avait découvert Harriet. Je voyais, moi, l'image d'une solitude impossible à exprimer avec des mots. La morte avait un beau visage. Il y a une beauté spéciale qui n'appartient qu'aux femmes très âgées. Dans leurs rides sont inscrits toutes les marques, tous les souvenirs de la vie écoulée. Je parle des femmes très âgées, celles dont la terre réclame déjà le corps.

J'ai pensé à mon père, tel qu'il avait été les derniers temps avant sa mort. Il souffrait d'un cancer généralisé. Au pied de son lit, il avait posé une paire de chaussures cirées et brossées à la perfection. Mais il ne disait rien. La mort lui faisait si peur qu'il était devenu muet. Et il avait maigri à tel point qu'on le reconnaissait à peine. Lui aussi, la terre le réclamait.

Je suis retourné auprès d'Harriet, qui était entretemps sortie de la voiture et se tenait appuyée contre son déambulateur. Elle m'a accompagné jusqu'à la maison, en me serrant fort le bras au moment de monter les marches. Le chien était toujours dans la cuisine.

Je voulais ménager Harriet.

– Elle est couchée sur le sol. Elle est morte, raide, toute jaune. Tu n'es pas obligée de la voir.

– La mort ne me fait pas peur. Ce que je n'aime pas, c'est l'idée que je vais devoir rester morte si longtemps.

Devoir rester morte si longtemps.

Plus tard, je me souviendrais de ces paroles d'Harriet, prononcées dans la pénombre de l'entrée juste avant d'entrer dans la cuisine.

Nous avons observé quelques minutes de silence. Puis j'ai fait le tour de la maison. Je cherchais un indice éventuel d'un proche que j'aurais pu contacter. D'après les photos aux murs, il y avait eu autrefois un mari. Mais Sara Larsson vivait clairement seule avec son chien. Je venais de redescendre au rez-de-chaussée quand j'ai vu qu'Harriet était occupée à déplier un torchon propre sur le visage de la morte. Elle éprouvait de grandes difficultés à se pencher. Le chien s'était couché dans son panier près de la cheminée et nous observait de son regard vigilant.

J'ai appelé la police. J'ai mis un certain temps à réussir à leur faire comprendre où nous étions.

Nous sommes sortis pour attendre. Oppressés, l'un comme l'autre. Nous ne parlions pas, mais j'ai remarqué que nous restions physiquement proches. Après un certain temps, des phares ont découpé l'épaisseur de la forêt et nous avons vu arriver une voiture de police. Deux jeunes agents en sont descendus. La femme, qui avait de longs cheveux blonds attachés en queue-de-cheval sous sa casquette, ne paraissait pas avoir plus de vingt ans. Ils se sont présentés : Anna et Evert. Ils sont allés dans la cuisine. Harriet est restée dehors pendant que je les accompagnais.

– Que va-t-il arriver au chien ? ai-je demandé à la jeune femme.

– On l'emmène.

– Et après ?

– Il dormira sans doute dans une cellule de dégrisement en attendant que quelqu'un le réclame. Si personne ne le fait, il ira à la SPA. Au pire, il sera piqué.

Un grésillement ininterrompu sortait des émetteurs fixés à leur ceinturon. La jeune femme a noté mon nom et mon numéro de téléphone. Notre présence n'était plus nécessaire, a-t-elle dit. Je me suis agenouillé devant le panier et j'ai caressé la tête du chien. Avait-il un nom ? Qu'allait-il lui arriver maintenant ?

Nous avons repris la route à travers le crépuscule. Les phares éclairaient de loin en loin des panneaux avec des noms de lieux dont je n'avais jamais entendu parler.

Quand on voyage en voiture dans un paysage hivernal, on peut avoir la sensation d'avoir franchi le mur du son. Tout est silence, au-dedans comme au-dehors. L'été, le printemps, l'automne ne sont jamais silencieux. L'hiver, lui, est muet.

Nous sommes parvenus à un croisement. J'ai aperçu un panneau signalant un hôtel à neuf kilomètres de là. Rävhyttans Gästgivargård, l'auberge de la Cabane du renard, tel était son nom. Je n'avais aucune idée de ce que ça pouvait donner, mais il nous fallait un lit pour la nuit.

L'auberge s'est révélée être une grande bâtisse aux allures de manoir située dans un grand parc. De nombreuses voitures stationnaient sur le parking.

Laissant Harriet, je suis entré dans un hall illuminé où un vieil homme jouait distraitement du piano. En m'entendant venir, il s'est levé. J'ai demandé deux chambres pour la nuit.

– Nous sommes malheureusement complets. Un groupe venu fêter le retour d'un parent d'Amérique.

– Il ne vous reste vraiment rien ?

Il a consulté son registre.

– Eh bien, nous en aurions peut-être une…

– Il m'en faut deux.

– C'est une grande chambre double, avec vue sur le lac. Au premier étage, très calme. Elle était réservée, mais un membre du groupe est tombé malade. C'est la seule que je peux vous proposer.

– C'est un lit double, ou deux lits séparés ?

– Un lit double, très confortable. Personne jusqu'à présent ne s'est plaint d'y avoir mal dormi. Un prince de ce royaume, aujourd'hui défunt, y a séjourné plusieurs fois et s'en est trouvé bien. Tout monarchiste que je sois, j'avoue que nos invités royaux peuvent se montrer parfois d'une exigence extrême. Cela vaut autant pour la jeune génération que pour l'ancienne.

– Est-il possible de dédoubler le lit ?

– Non, sauf avec une scie.

Je suis ressorti expliquer la situation à Harriet. Une seule chambre, un lit double. Nous pouvions chercher ailleurs.

– Est-ce qu'ils servent un dîner ? a voulu savoir Harriet. Dormir, je peux le faire dans n'importe quelles conditions, ça m'est égal.

Je suis retourné à la réception. Il me semblait reconnaître la mélodie hésitante que jouait l'homme au piano. Un air à la mode dans ma jeunesse. Harriet l'aurait identifié sans hésiter.

J'ai demandé s'il était possible de dîner.

– Nous avons un menu spécial « dégustation de vins » que je recommande vivement.

– C'est tout ?

– Ça ne vous suffit pas ?

Le ton exprimait une désapprobation très franche.

– D'accord pour la chambre. Et nous nous réjouissons à la perspective du menu dégustation.

Je suis ressorti une fois de plus et j'ai aidé Harriet à s'extraire de son siège. Elle souffrait visiblement. À pas lents, nous avons remonté l'allée enneigée, puis le plan incliné réservé aux fauteuils roulants, et nous avons fait notre entrée dans la chaleur de la réception. L'homme avait repris sa place au piano.

– *Non ho l'età*, a aussitôt déclaré Harriet. Nous avons dansé sur cet air-là. Tu te souviens de la chanteuse ? Gigliola Cinquetti, elle a gagné le concours de l'Eurovision, c'était en 1963 ou 1964.

Je m'en souvenais, ou du moins je me suis persuadé que je m'en souvenais. Après toutes ces années de solitude sur l'île, je ne me fiais plus à ma mémoire.

– Je remplirai le registre plus tard. Allons voir la chambre.

L'homme nous a conduits, une clé à la main, au bout d'un long couloir aboutissant à une porte unique qui portait un chiffre gravé dans son bois sombre. Nous avions la numéro trois. Il a ouvert et a allumé le plafonnier. La chambre était grande, très belle, mais le lit moins large que je ne l'avais espéré.

– Les cuisines ferment dans une heure, a-t-il prévenu avant de s'en aller.

Harriet s'est laissée tomber pesamment sur le bord du lit. La situation me paraissait soudain irréelle. Dans quoi m'étais-je donc embarqué ? Allais-je vraiment partager le lit d'Harriet, après toutes ces années ? Et pourquoi avait-elle accepté ?

– Je peux sûrement trouver un canapé pour moi…, ai-je commencé.

– Moi, ça ne me fait rien. Je n'ai jamais eu peur de toi. Et toi ? Est-ce que tu as peur ? Que je puisse par exemple te planter une hache dans le crâne pendant ton sommeil ? Écoute, j'ai besoin de rester seule un moment, mais je dînerais volontiers dans une demi-heure. Ne t'inquiète pas. Je peux payer ma part.

Je suis retourné auprès du joueur de piano et j'ai noté mon nom dans le registre. Une partie de la salle à manger était masquée par une porte coulissante ; derrière, le groupe souhaitait bruyamment la bienvenue au cousin américain. Je suis allé attendre dans l'un des salons. La journée avait été longue. J'étais inquiet. Les jours sur l'île avaient toujours été marqués par une grande lenteur. Là, j'avais la sensation d'avoir été empoigné par des forces contre lesquelles je n'avais aucune défense.

La porte du salon était ouverte, et j'ai vu Harriet arriver depuis le couloir, avec son déambulateur. On aurait dit qu'elle ramait à bord d'un étrange vaisseau. Je l'ai vue chanceler. Avait-elle bu ? Nous sommes entrés dans le restaurant. Presque toutes les tables étaient libres. Une serveuse aimable, aux jambes enflées entourées de bandages, nous en a proposé une, légèrement en retrait. J'ai fait machinalement ce que m'avait appris mon père : vérifier qu'un serveur ou une serveuse a de solides chaussures aux pieds. Ç'avait été le cas de mon père ; mais celles-ci n'étaient pas bien entretenues. Harriet avait faim à présent. Moi non. Par contre, j'ai goûté avidement les vins que nous présentait un maigre adolescent boutonneux. Harriet s'informait, posait des questions. Moi, je ne disais rien, me contentant de boire ce qu'on me servait. C'étaient des crus australiens, et quelques autres d'Afrique du Sud. Quelle importance ? En cet instant, c'était l'étourdissement que je cherchais.

Nous avons trinqué, encore et encore. Harriet a vite été ivre ; je n'étais pas le seul à trop boire. Quand m'étais-je saoulé pour la dernière fois au point de ne plus contrôler mes gestes ? Quand la mélancolie devenait trop lourde sur l'île, il pouvait m'arriver, très exceptionnellement, de boire avec méthode à la table de ma cuisine. Ça se terminait toujours de la même façon : je flanquais dehors les animaux, et je m'endormais tout habillé sur mon lit. Ça ne m'arrivait presque jamais en hiver. Mais par une claire soirée de printemps, ou au tout début de l'automne, quand l'angoisse s'installait, j'étais capable de sortir quelques-unes des bouteilles que je gardais en réserve. On pouvait passer commande à Systemet[1] par l'intermédiaire de Jansson, mais jamais je n'aurais envisagé, même en rêve, de le laisser avoir connaissance de mes habitudes par rapport à l'alcool. Mes bouteilles, je les achetais moi-même, sur la côte.

Le restaurant a fermé. Nous étions les derniers clients. Nous avions bu et mangé sans parler de nous ni de l'endroit où nous allions, comme par un accord tacite. Nous n'avions pas même évoqué Sara Larsson et son chien. Malgré les protestations d'Harriet, j'ai demandé que le repas soit porté sur ma note. Nous sommes repartis, la démarche mal assurée. Harriet paraissait curieusement capable de tituber avec son déambulateur ; je n'ai pas compris comment elle s'y prenait. J'ai ouvert la porte de la chambre en lui disant que j'allais faire un tour dehors, me promener un peu. Ce n'était pas vrai, bien sûr. Mais je ne voulais pas qu'elle soit gênée par ma présence pendant qu'elle se préparerait pour la nuit. Je voulais tout autant, j'imagine, éviter d'être moi-même gêné.

Je me suis installé dans un salon de lecture tapissé de rayonnages de vieux livres et de vieilles revues. Il n'y avait personne. L'homme au piano avait disparu. Quant au groupe des fêtards, j'ignorais totalement où ils avaient pu aller. J'ai prêté l'oreille. Rien. Le sommeil est venu d'un coup, comme s'il s'était jeté sur moi. Au réveil, je ne savais plus où j'étais. À ma montre, j'avais dormi presque une heure. En me levant, j'ai failli tomber à cause de tout le vin que j'avais bu ;

1. Systemet : abréviation de Systembolaget, chaîne de magasins d'État détenant en Suède le monopole de la vente d'alcool. *(Toutes les notes sont de la traductrice.)*

je suis retourné dans la chambre. Harriet dormait. Elle avait laissé allumée la lampe de chevet de mon côté. Je me suis déshabillé sans faire de bruit, je me suis lavé dans la salle de bains et me suis glissé entre les draps. J'ai essayé de deviner si elle dormait ou si elle faisait semblant. Elle était tournée de l'autre côté. J'ai eu la tentation de passer la main sur son dos. Elle avait revêtu une chemise de nuit bleu clair. J'ai éteint la lampe et je suis resté à écouter sa respiration dans le noir. Une partie de moi était pleine d'appréhension. Mais il y avait aussi autre chose, qui m'avait manqué pendant longtemps : la sensation de ne pas être seul. Aussi simple que cela. La solitude chassée, l'espace d'un instant.

J'ai dû m'endormir. J'ai été réveillé par les cris d'Harriet. Hébété, j'ai réussi à allumer la lampe de chevet. Elle était assise, toute droite, dans le lit, et elle criait, de désespoir et de douleur. Quand j'ai voulu lui toucher l'épaule, elle m'a frappé, durement, au visage.

Ça m'a déclenché un saignement de nez.

Nous n'avons pas dormi davantage cette nuit-là.

7

L'aube montait, telle une fumée grise, sur le lac couvert de neige.

Debout à la fenêtre, j'ai pensé que j'avais vu mon père dans l'attitude exacte où je me tenais à présent. Je ne suis pas aussi gros qu'il l'était, même si mon ventre aussi a tendance à pendouiller maintenant. Mais qui me voyait ? Personne d'autre qu'Harriet, qui avait calé trois oreillers derrière son dos.

Je pensais à ce qui s'était produit juste après que son cri m'avait réveillé et qu'elle m'avait frappé au visage.

J'étais un homme presque nu dans un paysage d'hiver, voilà ce qu'on pouvait en dire.

J'avais envie de descendre jusqu'au lac enneigé que je voyais et d'y creuser un trou. La douleur de l'eau glaciale me manquait. Mais je savais que je ne le ferais pas. Je resterais dans la chambre avec Harriet. Nous allions nous habiller, prendre le petit déjeuner et poursuivre notre voyage.

Je pensais au rêve d'Harriet, celui dont elle s'était réveillée avec un grand cri. Ce qu'elle m'en avait dit paraissait totalement confus. Comme si, partie à la recherche de son rêve, elle n'en trouvait que des débris. Quelqu'un la transperçait de clous parce qu'elle refusait de renoncer à son corps. Quelqu'un s'entêtait à vouloir lui arracher la poitrine. Elle s'était débattue, elle était dans une pièce, ou peut-être un paysage, entourée de gens dont elle ne reconnaissait pas le visage. Leurs paroles ressemblaient à des sons menaçants émis par des oiseaux.

Son cri m'avait réveillé. J'avais voulu la toucher pour l'apaiser, ou peut-être m'apaiser, moi, mais elle était encore dans cette zone grise où l'on ne sait pas encore qui l'a emporté, de la réalité ou du rêve. C'est pour cela qu'elle m'avait frappé, elle se défendait contre les silhouettes informes qui voulaient lui arracher la poitrine. Le coup, brutal, m'avait rappelé mon agression, à Rome, et la douleur que j'avais ressentie alors.

Mais cette fois, je n'avais pas le nez cassé.

Je me suis fourré du papier toilette dans les narines, j'ai enroulé autour de mon cou une serviette trempée d'eau froide et, après un moment, le saignement a pris fin. Harriet a frappé à la porte de la salle de bains en demandant si elle pouvait m'aider. J'ai répondu que non. Je voulais être seul. Quand je suis revenu dans la chambre avec mes bouchons de papier dans les narines, elle était à nouveau allongée. Elle avait ôté sa chemise de nuit, qui pendait au montant du lit. Elle a suivi mon regard.

– Je ne l'ai pas fait exprès, a-t-elle dit.

– Bien sûr que non. Tu étais dans ton rêve.

– Quelqu'un essayait de me couper en morceaux. Ma partie du lit est trempée de sueur. C'est pour ça que j'ai enlevé ma chemise.

J'ai approché une chaise de la grande fenêtre donnant sur le lac et je me suis assis. Il faisait encore nuit. Un chien aboyait au loin.

Des aboiements brefs, comme un signal intermittent. Ou comme on parle quand personne ne vous écoute.

Harriet m'a raconté son rêve.

Je la regardais en pensant que c'était la même femme que j'avais connue et aimée autrefois. Bien qu'elle soit en même temps très différente. Je me suis demandé ce qui me faisait penser cela. Puis j'ai compris : sa voix n'avait absolument pas changé. À l'époque, je lui disais souvent qu'elle pourrait toujours gagner sa vie comme standardiste. Elle avait la plus belle voix téléphonique que j'aie jamais entendue.

– Des cavaliers me guettaient dans la forêt, me racontait-elle à présent. Ils sont passés à l'attaque, je n'avais aucune possibilité de me défendre. Mais c'est fini. Vraiment. Certains cauchemars ne reviennent jamais. Ils se vident de leur puissance et après, ils n'existent plus.

– Je sais que tu es très malade.

Je n'avais pas eu l'intention de lui dire ça. C'est sorti tout seul. Harriet me dévisageait sans comprendre.

– Il y avait une lettre dans ton sac à main. Je cherchais une explication à ta chute sur la glace. J'ai trouvé la lettre et je l'ai lue.

– Pourquoi ne le dis-tu que maintenant ?

– J'avais honte d'avoir fouillé dans ton sac. Si quelqu'un me faisait ça, je serais fou de rage.

– Tu as toujours fouillé. Tu as toujours été comme ça.

– Ce n'est pas vrai.

– Si. Écoute. Nous n'avons plus les moyens de mentir. Ni toi, ni moi. Je me trompe ?

J'ai rougi. Elle avait raison. J'ai toujours fouillé dans les affaires des autres. Et ouvert leur courrier, avant de recoller l'enveloppe. Ma mère avait ainsi une collection de lettres datant de sa jeunesse, où elle se confiait à une amie. Elle avait noué un ruban autour de ces lettres et dit qu'il faudrait les brûler après sa mort. Je l'ai fait, mais pas avant de les avoir lues. Je m'intéressais au journal intime de mes petites amies, je fouinais dans leurs tiroirs, j'étais capable de fouiller le bureau de mes confrères. Il est des patients dont j'ai soigneusement exploré le portefeuille. Je ne prenais pas d'argent. C'était autre chose que je voulais. Les secrets de chacun. Ses points faibles. À son insu.

La seule à m'avoir pris sur le fait était Harriet.

Nous étions chez sa mère. Profitant d'un moment où j'étais seul, j'avais ouvert le premier tiroir d'un secrétaire quand Harriet est revenue sans bruit et m'a demandé ce que je fabriquais. Elle avait découvert que j'avais pour habitude d'inspecter son sac à main, a-t-elle dit. Ç'a été l'un des pires instants de ma vie. Je ne sais plus ce que j'ai répondu. Nous n'en avons jamais reparlé. Je n'ai plus touché à ses affaires. Mais j'ai continué à m'insinuer dans l'existence de mes amis et confrères. Voilà qu'Harriet me rappelait qui j'étais.

Elle a lissé la couverture et m'a fait signe de venir m'asseoir près d'elle. Le fait de la savoir nue sous le drap, soudain, m'a excité. Je me suis assis. J'ai posé la main sur son bras. Elle avait là, sur l'avant-bras, des taches de naissance qui formaient un motif. Je le reconnaissais. Tout est pareil, ai-je pensé. À l'intérieur de tout ce temps qui a passé, nous sommes restés les mêmes.

Harriet avait repris la parole :

– Je ne pouvais pas te le dire. Tu aurais pensé que c'était pour ça que j'étais venue. Pour te demander un secours alors que c'est sans espoir.

– Il y a toujours un espoir.

– Je ne crois pas aux miracles, et toi non plus. S'ils se produisent, parfait. Mais y croire, les attendre, c'est juste une façon de gaspiller le temps qu'il nous reste. Je vivrai peut-être un an, peut-être la moitié d'un an. En tout cas, je crois pouvoir tenir quelques mois encore avec le déambulateur et les antalgiques. Mais ne viens pas me parler d'espoir. Pas à moi.

– Ils font sans cesse des progrès. À une vitesse surprenante parfois.

Elle s'est redressée contre les oreillers.

– Ce que tu es en train de me dire, là : est-ce que tu y crois ?

Je n'ai pas répondu. Je me suis souvenu qu'elle m'avait dit un jour que la vie ressemblait aux chaussures. On ne pouvait pas *imaginer* qu'elles nous allaient si tel n'était pas le cas. Les chaussures trop petites font partie de la réalité.

– J'ai quelque chose à te demander, a-t-elle repris – avant d'éclater de rire, de façon complètement imprévue. Tu ne pourrais pas retirer ces bouchons que tu as dans le nez ?

– C'est ça, ce que tu voulais me demander ?

– Non.

Je suis allé à la salle de bains et j'ai retiré mes bouts de mouchoir trempés. Ça ne saignait plus, mais j'avais encore mal au nez, il y aurait un bleu et une bosse. Le chien aboyait toujours, dehors.

Je suis retourné m'asseoir sur le lit.

– Je veux que tu t'allonges à côté de moi, a dit Harriet. C'est tout.

J'ai obéi. Son odeur était forte. Je sentais le contour de son corps à travers le drap. J'étais à sa gauche. Ç'avait toujours été comme ça entre nous. Elle a tendu la main et éteint la lampe de chevet. Il était entre quatre et cinq heures du matin. La lumière d'une lanterne allumée près de la fontaine, dans la cour, filtrait à travers le rideau.

– Je veux vraiment le voir, ce lac que tu m'avais offert. Je n'ai jamais reçu de bague de toi. D'ailleurs, je n'en aurais pas voulu, je pense. Mais tu m'as donné le petit lac. Je veux le voir avant de mourir.

– Tu ne vas pas mourir.

– Bien sûr que si. Il arrive un moment où on n'a plus la force de nier ce qui arrive. La mort, d'ailleurs, c'est la seule chose évidente qui existe, dans la vie. Même un fou le sent, quand c'est l'heure de partir.

Elle s'est tue – la douleur n'était jamais loin –, puis elle a continué :

– Je me suis souvent demandé pourquoi tu ne m'as rien dit. Par exemple, que tu avais rencontré une autre femme, ou que tu ne voulais plus de moi. Ça, j'aurais pu le comprendre. Mais pourquoi n'as-tu rien dit ?

– Je ne sais pas.

– Bien sûr que si. Tu savais toujours ce que tu faisais, même quand tu prétendais le contraire. Pourquoi t'es-tu caché ? Où étais-tu pendant que je t'attendais à l'aéroport ? J'y suis restée des heures. Même quand il n'y a plus eu qu'un vol charter retardé pour Ténériffe, j'y étais encore. Il m'est arrivé de penser que tu étais peut-être caché derrière un pilier, à m'observer en rigolant tout seul.

– Pourquoi aurais-je ri ? J'étais déjà parti à ce moment-là.

Elle a paru réfléchir.

– Tu étais déjà parti ?

– Même heure, même vol, un jour plus tôt.

– Tu l'avais prémédité ?

– Je ne savais pas s'il y aurait de la place. Je suis allé à l'aéroport, c'est tout. Un passager manquait à l'appel, j'ai pu changer mon billet.

– Je ne te crois pas.

– C'est la vérité.

– Non. Tu n'étais pas comme ça. Tu ne faisais rien sans l'avoir bien préparé. Tu disais qu'on ne pouvait pas se permettre de saisir les occasions au vol, quand on était chirurgien. Tu disais que tu étais chirurgien de la tête aux pieds. Je sais que tu avais tout prévu. Comment peux-tu me demander de croire un mensonge pareil ? Tu es resté le même. Aucun changement. Tu passes ta vie à mentir. Je m'en suis aperçue trop tard.

Sa voix était aiguë, elle criait. J'ai essayé de la calmer en lui disant de penser un peu à ceux qui dormaient à côté.

– Je me fiche des voisins. Raconte-moi comment quelqu'un est capable de se comporter comme tu l'as fait avec moi.

– Je te l'ai dit. Je ne sais pas.

– Est-ce que tu l'as refait avec d'autres ? Est-ce que tu les as attrapées dans tes filets et laissées s'en dépatouiller comme elles pouvaient ?

– Je ne sais pas de quoi tu parles.

– C'est tout ce que tu as à me dire ?

– J'essaie d'être honnête.

– Tu mens, il n'y a pas un mot de vrai dans ce que tu dis. Comment fais-tu pour te supporter ?

– Je n'ai rien d'autre à dire.

– Ce que je voudrais savoir, c'est ce que tu as dans la tête.

Elle a touché mon front.

– Il y a quoi, là-dedans ? Rien du tout ? Que du noir ?

Elle s'est recouchée, en me tournant le dos. J'espérais que la scène était finie.

– Tu n'as vraiment rien à me demander ? Pas même pardon ?

– Pardon.

– Si je n'avais pas été si malade, je t'aurais frappé, battu. Je ne t'aurais plus laissé un instant de tranquillité. Tu as presque réussi à démolir ma vie. J'aurais juste voulu que tu dises quelque chose – n'importe quoi, mais qui aurait pu m'aider à *comprendre*.

Je n'ai pas répondu. Je me sentais peut-être plus léger – les mensonges sont toujours comme des poids, même s'ils paraissent immatériels au début. Harriet a remonté les couvertures jusqu'à son menton. J'ai demandé doucement :

– Tu as froid ?

Sa voix était calme quand elle m'a répondu :

– Toute ma vie, j'ai eu froid. J'ai recherché la chaleur partout, dans les déserts et les pays tropicaux, mais j'ai toujours eu une petite stalactite accrochée au-dedans. Beaucoup de gens trimballent du chagrin, d'autres des inquiétudes. Moi, c'était une stalactite. Toi, c'est une fourmilière dans le salon d'une maison de pêcheur.

– Je ne me sers jamais de cette pièce. Je ne la chauffe même pas en hiver, et l'été je me contente d'aérer. Mes grands-parents y sont morts tous les deux. Dès que j'y entre, je crois entendre leur respiration et sentir leur odeur. Un jour j'ai découvert qu'il y avait des fourmis. Quand j'ai rouvert la porte quelques mois plus tard, elles avaient commencé à construire une fourmilière. J'ai laissé faire.

Harriet s'est retournée et m'a regardé.

– Que s'est-il passé ? Ce n'est pas du baratin, je veux vraiment savoir. Pourquoi as-tu emménagé sur l'île ? D'après ce que m'a dit l'homme qui m'a conduite jusque chez toi, tu y es depuis près de vingt ans.

– Jansson est une canaille. Il exagère toujours. Ça fait douze ans que j'habite sur l'île.

– Un chirurgien qui prend sa retraite à… cinquante-quatre ans ?

– Je ne veux pas en parler. Il y a eu quelque chose.

– À moi tu peux le dire.

– Je ne veux pas.

– Je serai bientôt morte.

Je lui ai tourné le dos en pensant que je n'aurais jamais dû lui céder. Ce n'était pas le lac qu'elle voulait, c'était moi.

Je n'ai pas eu le temps de réfléchir davantage.

Elle s'est lovée contre moi. La chaleur de son corps m'a enveloppé, remplissant d'un coup ce qui me faisait depuis si longtemps l'effet d'une absurde coquille vide. Nous avions toujours dormi ainsi. Je la portais sur mon dos jusqu'au sommeil. Un instant j'ai pu penser que nous n'avions jamais cessé de dormir ainsi. Depuis près de quarante ans : un étrange sommeil dont nous nous réveillions à peine.

– Que t'est-il arrivé ? Tu peux me le dire maintenant.

– J'ai commis une erreur catastrophique pendant une intervention. Après coup, j'ai dit que je n'en étais pas responsable. J'ai été jugé. Pas par un tribunal, mais par la Direction nationale de la santé. Cela m'a valu un avertissement que je n'ai pas supporté. Voilà ce que je peux dire pour l'instant. Ne m'en demande pas plus.

– Alors parle-moi du petit lac.

Sa voix n'était plus qu'un murmure.

– Il est noir. On dit qu'il n'a pas de fond, et il n'a pas non plus de rivage. Un obscur cousin pauvre des grands et beaux lacs aux eaux claires. On a du mal à croire qu'il existe, que ce n'est pas juste une goutte d'encre gâchée par la nature. J'ai vu mon père y nager une fois quand j'étais petit. Ça, je te l'ai raconté. Mais je ne t'ai jamais dit ce que j'ai compris ce jour-là. J'ai compris ce que c'était que la vie. Les gens sont proches pour être séparés, c'est tout.

– Y a-t-il des poissons dans ce lac ?

– Je ne sais pas. Mais s'ils existent, ils doivent être tout noirs. Invisibles dans la noirceur de l'eau. Des poissons noirs, des grenouilles noires, des araignées d'eau toutes noires. Et tout au fond, si fond il y a : une anguille solitaire qui remue lentement dans la vase.

Elle s'est serrée plus fort contre moi. J'ai pensé qu'elle était mourante, que sa chaleur se transformerait bientôt en froid insidieux. Qu'avait-elle dit ? Une stalactite au-dedans ? La mort était donc pour elle de la glace, rien d'autre. La mort n'est jamais la même pour l'un ou pour l'autre, l'ombre qui nous suit se présente à nous sous des déguisements variés. J'ai voulu me retourner vers elle et la serrer de toutes mes forces. Mais quelque chose m'en a empêché. Peut-être craignais-je encore ce qui m'avait poussé à la quitter autrefois ? Une trop grande intimité, des sentiments que je ne maîtriserais pas ?

Je n'en savais rien. Mais peut-être voulais-je malgré tout savoir, maintenant.

J'ai dû m'assoupir. Quand j'ai repris conscience, elle était assise sur le bord du lit. À mon épouvante, je l'ai vue tomber à genoux et commencer à ramper en direction de la salle de bains. Elle était nue, les seins lourds, le corps plus vieux que je ne l'avais imaginé. Rampait-elle ainsi parce qu'elle était trop fatiguée pour marcher ou parce qu'elle ne voulait pas me réveiller avec le bruit du déambulateur ? Je ne sais pas. Des larmes me sont montées aux yeux. Elle a refermé la porte ; je n'y voyais plus clair. Quand elle l'a rouverte, elle avait réussi à se mettre debout. Mais ses jambes flageolaient. Elle est revenue se coucher contre moi.

– Je ne dors pas, ai-je dit. Je ne sais plus ce qui se passe.

– Tu as reçu une visite imprévue sur ton île. Une bonne femme surgie de ton passé s'est présentée sur la glace. Et te voilà tout à coup en train de remplir une promesse.

J'ai senti une odeur d'alcool pendant qu'elle parlait. Cachait-elle une bouteille dans ses affaires de toilette ?

– Certains médicaments ne sont pas compatibles avec l'alcool, ai-je dit. La plupart, même.

– Si je devais choisir, je choisirais l'alcool.

– Tu te caches.

– J'ai remarqué que tu avais remarqué. Mais je préfère continuer comme ça.

– Qu'est-ce que tu bois ?

– De l'aquavit suédois ordinaire. Demain il faudra que tu t'arrêtes à Systembolaget. Mes réserves s'épuisent.

Nous sommes restés allongés l'un contre l'autre à attendre le matin.

Elle s'assoupissait par intermittence. Le chien qui aboyait s'était tu. Je me suis relevé, je suis retourné me poster devant la fenêtre. J'ai pensé que j'étais devenu mon père. À cinquante-cinq ans de distance, nous nous fondions l'un dans l'autre et ne formions plus qu'un.

Au bord du petit lac, j'avais vu sa solitude. À présent, je comprenais qu'elle était aussi la mienne.

Ça me faisait peur. Je n'en voulais pas.

Je ne voulais pas être un homme qui se trempait dans un trou d'eau glacée pour vérifier s'il était encore vivant.

8

Nous avons quitté l'hôtel peu avant neuf heures.

La matinée était voilée de brume, quelques degrés au-dessus de zéro, un vent modéré. L'homme du piano n'avait pas reparu. Il était remplacé à la réception par une jeune dame, qui nous a demandé si nous avions bien dormi, et si nous étions satisfaits. Harriet se tenait à quelques pas de moi avec son déambulateur.

– Nous avons parfaitement dormi, a-t-elle répondu. Le lit était large et confortable.

J'ai payé, puis ai demandé à la réceptionniste si elle avait une carte. Elle a disparu et est revenue après quelques minutes avec un album de cartes routières.

– Je vous l'offre, a-t-elle dit. Il a été oublié par une personne de Lund le mois dernier.

Nous sommes partis, droit devant, dans le brouillard.

C'était comme si nous avancions dans un pays sans chemin. Je conduisais lentement, à cause de la visibilité réduite. J'ai pensé à toutes les fois où je m'étais enfoncé dans une semblable nappe ouatée, près de mon île. Quand le brouillard arrivait de la mer, je posais les rames et je me laissais envelopper par la blancheur. Je l'avais toujours ressentie comme un mélange singulier de sécurité et de menace. Grand-mère, sur son banc sous le pommier, racontait des histoires de gens qui étaient entrés à la rame dans le brouillard. À son avis il existait sans doute un trou dans la brume, par lequel on pouvait être aspiré pour ne jamais revenir.

De temps à autre, des phares le perçaient tels des yeux, une voiture ou un camion passait, apparition fugace – et nous étions à nouveau seuls.

Dans un village que nous avons traversé, il y avait un magasin de Systembolaget. J'ai pris la commande d'Harriet, mais elle a insisté pour payer elle-même. Vodka, aquavit, cognac, le tout en bouteilles de cinquante centilitres.

Le brouillard se dissipait peu à peu ; j'ai senti qu'il y avait de la neige dans l'air.

Le temps que je redémarre, Harriet avait ouvert une de ses bouteilles et bu quelques gorgées au goulot. Je n'ai rien dit ; il n'y avait rien à dire.

Soudain, je me suis souvenu.

Aftonlöten. C'était le nom de la montagne qui se dressait près du petit lac où j'avais vu mon père nager tel un morse heureux.

Aftonlöten.

Je me rappelle lui avoir demandé ce que signifiait ce nom. Il ne le savait pas. Ou du moins, il ne m'a pas répondu.

Aftonlöten.

On aurait dit un mot emprunté à une vieille chanson de berger. Une petite montagne insignifiante, six cents mètres ou un peu plus, située entre Ytterhogdal, le lac Linsjön et Älvros.

Aftonlöten. Je n'ai rien dit à Harriet parce que je n'étais pas encore certain de retrouver le chemin du lac.

Je lui ai demandé si ça allait. On a parcouru cinq kilomètres avant qu'elle me réponde. Le silence et la distance sont liés. C'est plus facile de rester silencieux quand on a un long chemin à parcourir.

Elle m'a dit qu'elle n'avait pas mal. Comme ce n'était pas vrai, je n'ai pas pris la peine de lui reposer la question.

Nous nous sommes arrêtés pour manger près de la frontière du Härjedalen. Il n'y avait qu'une seule autre voiture sur le parking. Quelque chose dans ce bâtiment, cet endroit, m'intriguait sans que je puisse dire quoi. C'était une vieille maison en rondins. À l'intérieur, un feu de cheminée brûlait et il flottait dans l'air une odeur de sirop d'airelles que je reconnaissais de mon enfance. Je croyais que ça n'existait plus. Ici on en servait encore.

Nous nous sommes assis. Les têtes d'élans et les oiseaux empaillés nous observaient du haut des murs. Sur une étagère, il y avait même un crâne. Je n'ai pu m'empêcher d'essayer de deviner de quel animal il provenait, et j'ai fini par comprendre que c'était un crâne d'ours. La serveuse, qui nous avait récité la ritournelle des plats du jour, est revenue alors que je tenais le crâne dans le creux de ma main.

– L'ours est mort tout seul, a-t-elle dit. Mon mari voulait que je raconte qu'il l'avait tué. Maintenant qu'il n'est plus là, je dis la vérité. Il l'avait trouvé mort du côté de Risvattnet. Un vieil ours qui s'était couché pour mourir près d'une souche de pin.

J'ai réalisé brusquement que j'étais déjà venu à cet endroit. Quand j'avais fait le voyage en compagnie de mon père. Peut-être l'odeur du sirop d'airelles avait-elle ranimé le souvenir. J'avais été assis avec mon père dans ce restaurant. Nous avions mangé en buvant du sirop d'airelles.

Les oiseaux empaillés contemplaient-ils déjà les visiteurs de leurs yeux fixes ? Je ne m'en souvenais pas. Mais je savais que j'étais déjà venu. Je voyais mon père s'essuyer la bouche au coin de sa serviette, consulter l'horloge et me dire de me dépêcher. Nous avions encore une longue route à accomplir.

Une carte était punaisée sur le mur près de la cheminée. Aftonlöten et le lac Linsjön s'y trouvaient, ainsi qu'une montagne que j'avais oubliée.

Elle s'appelait Fnussjen. Un nom incompréhensible, comme une plaisanterie. Une plaisanterie haute de cinq cents mètres et couverte de sapins. Contrairement à Aftonlöten, qui était un nom à la fois grave et beau.

Nous avions choisi le bœuf en daube. J'ai fini avant Harriet et je me suis assis près du feu en l'attendant.

Au moment de partir, elle a eu du mal à franchir la barre du seuil avec son déambulateur. Je me suis levé pour l'aider.

– Laisse, je me débrouille.

On aurait dit un rugissement.

Nous sommes retournés à la voiture, à pas lents, dans la neige. Nous n'avons jamais vécu ensemble, ai-je pensé. Tous ceux qui nous croisent nous voient pourtant comme un vieux couple faisant preuve d'une patience infinie l'un envers l'autre.

– Je n'ai pas la force de continuer aujourd'hui, a dit Harriet dans la voiture.

J'ai vu que la sueur perlait à son front, à cause de l'effort. Ses yeux étaient à demi fermés, comme si elle allait s'endormir. Ça y est, ai-je pensé. Elle meurt. Ici, maintenant, dans ma voiture.

Je me suis souvent demandé où je mourrais. Dans mon lit, dans la rue, dans un magasin ou sur mon ponton en attendant Jansson. Mais je n'ai jamais imaginé mourir dans une voiture.

Elle a insisté :

– Il faut que je me repose. Sinon je ne sais pas comment ça va finir.

– Tu dois me dire quand tu n'en peux plus.

– C'est ce que je fais, à l'instant même. Le jour du lac, ce sera demain. Pas aujourd'hui.

J'ai trouvé une petite pension de famille dans le village le plus proche. Une maison rouge, derrière l'église. Une dame aimable nous a accueillis. En voyant le déambulateur, elle nous a proposé une grande chambre au rez-de-chaussée. J'aurais préféré avoir une chambre seule, mais je n'ai pas eu la présence d'esprit de protester. Harriet s'est allongée. Quant à moi, j'ai feuilleté une pile de vieilles revues qui traînaient sur une table. J'ai somnolé. Quelques heures plus tard, je suis allé acheter des pizzas dans une salle déserte où était assis un vieil homme, un chien gris à ses pieds, en train de marmonner tout seul.

Nous avons mangé, assis sur le lit. Harriet était épuisée. Après avoir fini sa pizza, elle s'est allongée de nouveau. Je lui ai demandé si elle voulait parler, mais elle a secoué la tête.

Je suis sorti dans le crépuscule et j'ai fait le tour de la bourgade. Plusieurs magasins étaient vides. Dans la vitrine, un papier indiquait un numéro de téléphone auquel s'adresser si on était intéressé par la location. C'était comme un appel au secours. Une petite localité suédoise en détresse. L'île de mes grands-parents faisait partie de cet immense archipel suédois abandonné dont personne ne voulait, qui ne comprenait pas seulement les îles maritimes, mais aussi les villages de l'intérieur du pays. Pas de ponton ici, pas d'hydrocoptère enragé soulevant des tourbillons de neige en accostant avec le courrier et la réclame. Pourtant, en marchant dans cette bourgade déserte, j'avais l'impression de me balader sur un îlot du bout du bout de l'archipel. La lumière bleue des téléviseurs allumés dans les maisons tombait sur la neige, parfois un son filtrait, de chaque fenêtre un fragment de différents programmes. Je m'imaginais la solitude ainsi : les gens ne regardaient qu'exceptionnellement la même émission. Le soir, les générations s'enterraient dans des mondes séparés, balancés sur Terre du haut de tel ou tel satellite.

Au moins autrefois, on avait eu des émissions communes dont on pouvait parler. De quoi parlait-on maintenant ?

Je me suis arrêté devant l'ancienne gare de chemin de fer et j'ai serré l'écharpe plus fort autour de mon cou. Il faisait froid, et le vent s'était levé. Je suis allé sur le quai désert. Sur une voie de garage enneigée, un wagon de marchandises attendait comme un taureau abandonné dans sa stalle. À la lumière d'un lampadaire, j'ai déchiffré les vieux horaires affichés derrière une vitre cassée. J'ai regardé ma montre. Un train vers le sud aurait dû passer dans quelques minutes. J'ai attendu en pensant qu'il est déjà arrivé des choses plus étranges que de voir un train fantôme surgir dans le noir et disparaître en direction d'un pont enjambant un fleuve gelé.

Mais aucun train n'est venu. Rien n'est arrivé. Si j'avais eu du foin, je l'aurais déposé devant le wagon de marchandises. J'ai repris mon errance. Le ciel était plein d'étoiles. J'essayais de distinguer un mouvement là-haut, une étoile filante, un satellite, peut-être un murmure d'un de ces dieux dont on prétend qu'ils vivent là-haut. Mais rien. Le ciel était muet. J'ai continué jusqu'au pont. J'ai aperçu un tronc d'arbre, figé sur le fleuve gelé. Une faille noire au milieu de la blancheur. Soudain, je ne me rappelais plus le nom de ce fleuve. Il me semblait que c'était Ljusnan, mais je n'en étais pas sûr.

Je suis resté longtemps sur le pont. Brusquement, c'était comme si je n'étais plus seul sous les arches métalliques. Nous étions plusieurs, et j'ai compris que c'était moi que je voyais. À tous les âges, depuis l'enfant qui courait sur l'île de mes grands-parents jusqu'à l'homme qui tant d'années plus tard avait abandonné Harriet, et enfin celui que j'étais à présent. Un court instant j'ai osé me voir, tel que j'avais été et tel que j'étais devenu.

J'ai cherché parmi ceux qui m'entouraient celui que j'aurais pu devenir, mais je n'ai trouvé personne. Pas même un type en veste blanche qui aurait marché dans les traces de son père.

Je ne sais combien de temps je suis resté là. Quand j'ai repris le chemin de la pension de famille, les silhouettes avaient disparu.

Je me suis allongé sur le lit, j'ai effleuré le bras d'Harriet et je me suis endormi.

Cette nuit-là, j'ai rêvé que j'escaladais le pont en ferraille. Je me perchais au sommet d'une des immenses arches et je savais que d'un instant à l'autre je serais précipité vers la glace tout en bas.

Il neigeait à petits flocons quand nous avons commencé à chercher le chemin de forêt le lendemain. Je n'avais aucun souvenir de l'aspect qu'il avait eu autrefois. Rien dans le paysage monotone n'envoyait le moindre signal à ma mémoire. Je savais juste que nous étions dans les parages. Quelque part au centre du triangle compris entre Aftonlöten, Ytterhogdal et Fnussjen se nichait le petit lac que nous cherchions.

Harriet paraissait aller un peu mieux ce matin. En me réveillant, je l'avais trouvée déjà debout et habillée. Nous avons pris le petit déjeuner dans une salle exiguë où nous étions les seuls clients. Harriet aussi avait rêvé pendant la nuit. Il s'agissait de nous : un souvenir d'une excursion que nous avions faite autrefois jusqu'à une île du lac Mälar. Pour moi, ce souvenir-là était effacé.

Mais quand Harriet m'a demandé si je m'en souvenais, j'ai hoché la tête. Bien sûr que oui. Je me souvenais de tout ce qui nous était arrivé.

Les congères étaient hautes, les chemins de traverse rares, et pour la plupart non déblayés. Soudain, il m'est revenu une image de ma jeunesse. De chemins forestiers. Ou peut-être plutôt la sensation d'un chemin forestier.

J'avais passé l'été chez quelqu'un de ma famille paternelle, dans le Jämtland. Ma grand-mère était malade, c'était pourquoi je n'avais pu séjourner sur l'île comme d'habitude. Je m'étais fait un ami, un garçon de mon âge, dont le père était président d'un tribunal administratif. Ensemble nous étions descendus au greffe et avions dénoué les cordelettes qui protégeaient d'anciens procès-verbaux d'enquête. Ce qui nous intéressait, c'étaient les litiges de paternité, avec tous leurs détails étonnants et séduisants concernant des événements survenus sur la banquette arrière de certaines voitures dans la nuit du samedi au dimanche. Ces voitures stationnaient toujours sur un chemin forestier. À croire qu'il n'existait dans ce pays personne qui n'eût été conçu à l'arrière d'une voiture. Nous dévorions les auditions de témoins où de jeunes hommes essayaient de rendre compte, à contrecœur et en peu de mots, de ce qui s'était passé, ou non, sur ledit chemin forestier. Il neigeait toujours, dans ces témoignages, il n'y avait jamais une vérité simple et directe à laquelle se raccrocher ; toujours une grande confusion régnait, confusion où les jeunes gens juraient sur l'honneur pour retrouver leur liberté et où les tout aussi jeunes femmes insistaient au contraire sur le fait que c'était bien ce jeune homme et aucun autre, cette banquette-là, ce chemin forestier précis. Nous nous délections des mille détails énigmatiques et je crois bien que notre rêve, jusqu'au jour où la vérité nous a rattrapés, c'était de pouvoir un jour, nous aussi, approcher des femmes à l'arrière de voitures stationnées sur des chemins forestiers sous la neige.

La vie était ainsi. Ce que nous désirions se jouait toujours sur un chemin forestier.

Sans vraiment savoir pourquoi, j'ai commencé à raconter tout cela à Harriet. À ce stade, j'en étais venu à emprunter systématiquement chaque chemin de traverse que nous croisions.

– Je n'ai pas l'intention de te révéler mes expériences de banquette arrière, a-t-elle dit. Je ne l'ai pas fait quand nous étions ensemble et ce n'est pas maintenant que je vais commencer. Il y a un élément d'humiliation dans la vie de toutes les femmes. Le pire, pour beaucoup d'entre nous, c'est des choses qui se sont passées quand nous étions très jeunes.

– Quand j'étais médecin, je discutais parfois avec mes confrères du nombre de gens qui ignorent qui est leur vrai père. Beaucoup ont juré de leur innocence pour retrouver leur liberté, d'autres ont endossé une responsabilité qui ne leur revenait pas. Les mères elles-mêmes ne savaient pas toujours qui était le père.

– La seule chose qui me reste de ces tentatives érotiques précoces complètement désespérées, c'est ma propre odeur, tellement bizarre. Et celle du garçon qui m'étouffait, pendant ce temps-là. C'est tout ce dont je me souviens, l'excitation confuse et toutes ces odeurs bizarres.

Soudain, une abatteuse a surgi, telle une énorme bête, face à nous sur le chemin. J'ai freiné brutalement. La voiture a dérapé une fois de plus jusqu'à une congère où elle s'est enfoncée. L'homme qui manœuvrait la bête est descendu de sa cabine et a poussé la voiture pendant que j'accélérais en marche arrière. Nous avons fini par la dégager. Je suis descendu. L'homme était costaud ; un filet de tabac à chiquer coulait de la commissure de ses lèvres. Étrangement, il ressemblait à l'énorme engin griffu qu'il pilotait.

– T'es perdu ? a-t-il voulu savoir.

– Je cherche un lac.

Il a plissé les yeux.

– Tu cherches quoi ?

– Un lac.

– Il a un nom ?

– Pas de nom.

– Et tu le cherches quand même ? Bon. Il y en a des tas par ici. Y a qu'à choisir. Qu'est-ce que tu veux en faire ?

J'avais bien compris que seul un fou cherche un lac sans nom en plein hiver dans la forêt. Je lui ai donc dit la vérité. En pensant que c'était tellement bizarre que ça pourrait peut-être lui paraître crédible.

– Il y a cinquante-cinq ans, tu t'es baigné avec ton père dans un lac du côté d'Aftonlöten. C'est bien ça ?

– Oui, et j'ai promis à celle qui est assise là-bas de lui montrer ce lac. Elle est malade.

Je l'ai vu hésiter, et prendre ensuite le parti de me croire. La vérité est souvent remarquable, voilà ce que j'ai pensé.

– Et ça va la guérir, tu crois ? De voir le lac ?

– Peut-être.

Il a hoché la tête. Il a réfléchi.

– Il y en a un au bout de la route là-bas, c'est peut-être lui.

– Je me souviens qu'il était parfaitement rond, pas grand du tout, et que la forêt arrivait jusqu'au bord.

– Alors ça peut être lui. Sinon, je sais pas. La forêt en est pleine.

Il a tendu la main et s'est présenté :

– Harald Svanbäck. On ne croise pas grand monde par ici en hiver. C'est rare. Mais bon. Je te souhaite bon courage, ainsi qu'à la mère là-bas dans la voiture.

– Ce n'est pas ma mère.

– Bah ! C'est bien la mère de quelqu'un.

Il a escaladé le flanc de sa machine jusqu'à la cabine et a mis les gaz. Je suis remonté dans la voiture.

– C'était quoi, cet accent qu'il avait ? a demandé Harriet.

– Celui de la forêt. Par ici je crois bien que chaque individu a son propre dialecte. Ils se comprennent entre eux. Mais ils ne parlent pas de la même façon. C'est plus sûr. Dans ce genre d'endroit, on peut se prendre à imaginer que chaque personne est une race à part. Un peuple à part, une tribu singulière avec une histoire unique. Personne ne pense à regretter la langue qui meurt avec eux. Mais il y a toujours quelque chose qui survit, bien sûr.

Nous avons continué. La forêt était très dense, le chemin montait en pente douce. Avais-je ce souvenir ? Quand j'étais venu avec mon père, dans la vieille Chevrolet bleu pigeon dont il prenait si grand soin ? Un chemin qui montait ? J'ai eu la sensation que nous étions sur la bonne voie. On a dépassé une zone où s'empilaient des troncs, abattus récemment. La forêt était dépecée par la grande machine sur laquelle régnait Harald Svanbäck. Les distances paraissaient soudain infinies. J'ai vérifié dans le rétroviseur que la forêt ne repoussait pas derrière nous. C'était comme si je voyageais à rebours du temps. Je me suis souvenu de mon errance la veille au soir, le pont, les ombres de mon passé. Peut-être nous dirigions-nous vers un lac d'été, où mon père et moi attendions de faire notre entrée ?

Il y a eu quelques virages en épingle à cheveux. Les congères étaient très hautes.

Nous sommes parvenus au bout du chemin.

Le lac s'étendait devant nous sous sa couverture blanche. J'ai coupé le moteur. Nous étions arrivés. Il n'y avait rien à dire. Aucune hésitation. C'était bien lui. Après cinquante-cinq ans, j'étais revenu.

La nappe blanche étalée nous souhaitait la bienvenue. J'ai eu un brusque sentiment de révérence en pensant à la façon dont Harriet m'avait retrouvé sur mon île. Elle était une messagère, même si elle ne représentait personne d'autre qu'elle-même. Ou alors je l'avais appelée. Avais-je attendu toutes ces années qu'elle revienne un jour ?

Je ne savais pas. Mais nous étions arrivés.

9

J'ai dit à Harriet que le lac était devant nous. Elle a longuement contemplé la blancheur uniforme à travers le pare-brise.

– Il y a donc de l'eau sous la neige ?

– De l'eau noire. Tout ce qui vit dans l'eau est endormi. Mais c'est bien lui.

Nous sommes descendus. J'ai sorti du coffre le déambulateur, qui s'est enfoncé dans la neige.

– Retourne dans la voiture, ai-je dit à Harriet. Je remets le moteur, comme ça tu auras chaud. Pendant ce temps-là, je te déblaie un sentier. Où veux-tu aller ? Sur le bord ?

– Je veux aller au milieu du lac.

J'ai mis en route le moteur, j'ai aidé Harriet à se rasseoir, puis j'ai empoigné la pelle et ai commencé à déblayer. À quelques dizaines de centimètres sous la neige de surface, il y avait une couche de gel. Le travail avançait lentement. J'ai pensé que je pourrais m'écrouler et mourir là, sous l'effort.

Ça m'a fait peur. J'ai ralenti le rythme, en écoutant les battements de mon cœur. Au dernier contrôle, j'avais eu un taux de HbA1c un peu trop élevé. Toutes les autres analyses étaient bonnes. Mais un infarctus peut avoir des causes invisibles et frapper à l'improviste, comme un kamikaze inconnu se faisant sauter dans l'une des chambres du cœur.

Il n'est pas rare que des hommes de mon âge se tuent en déneigeant. Ils connaissent une mort subite et presque gênante, une petite pelle en métal serrée dans leurs doigts raides.

Il m'a fallu un long moment pour dégager un sentier praticable jusqu'au milieu du lac. En touchant au but, j'avais le dos et les bras courbaturés et j'étais en nage. Les gaz d'échappement formaient un nuage derrière la voiture. Mais, de l'endroit où j'étais, je n'entendais plus le moteur. Le silence était total. Pas d'oiseaux, aucun mouvement dans la forêt muette.

J'aurais voulu pouvoir me regarder de loin. Enfoncé parmi les arbres, caché : un observateur s'observant lui-même.

Pendant que je revenais vers la voiture, j'ai pensé que tout serait bientôt fini.

Je conduirais Harriet à l'endroit qu'elle m'aurait indiqué, et nous nous dirions adieu. Je savais seulement qu'elle vivait à Stockholm. Je pourrais retourner sur mon île. Tandis que je pensais à cela, j'ai décidé d'envoyer une carte postale à Jansson. Jamais je n'aurais imaginé lui écrire un jour. Mais là, j'avais besoin de lui. J'achèterais une carte représentant les forêts sans fin, sous la neige de préférence. Je dessinerais une croix au milieu et je dirais : « Je suis ici. Je reviens bientôt. Donne à manger à mes animaux. »

Harriet était déjà hors de la voiture, avec le déambulateur. Ensemble nous avons longé le sentier que je venais de frayer. J'ai eu la sensation que nous faisions partie d'une procession remontant la nef d'une église jusqu'à l'autel.

À quoi pensait-elle ? Elle regardait autour d'elle comme si elle cherchait une trace de vie parmi les arbres. Mais tout était silencieux, à part le ronronnement du moteur de la voiture.

– J'ai toujours eu peur de la glace, a-t-elle dit soudain.

– Pourtant tu as osé venir jusqu'à mon île.

– J'ai peur. Ça ne veut pas dire que je n'ose pas braver ce qui m'effraie.

– Ce lac-ci n'est pas gelé jusqu'au fond, mais presque. La glace a une épaisseur de plusieurs mètres. Elle pourrait porter un éléphant.

Elle a éclaté de rire.

– Ça, ce serait extraordinaire ! Un éléphant qui apparaîtrait sur le lac pour me calmer ! Un éléphant sacré pour rassurer celle qui redoute la glace trop mince…

Nous sommes arrivés au milieu.

– Je crois que je peux le voir, a-t-elle dit. Sans la glace.

– Le plus beau, c'est quand il pleut. Je me demande s'il existe quelque chose au monde de plus beau qu'une douce averse d'été en Suède. D'autres pays ont des monuments remarquables, des cimes ou des gouffres vertigineux. Nous, nous avons nos pluies d'été.

– Et le silence.

Nous n'avons plus rien dit. J'essayais de comprendre ce que pouvait signifier le fait que nous soyons arrivés jusque-là. Une promesse avait été remplie, trop tard, après de longues années. Voilà tout. Le voyage s'arrêtait ici. Restait l'épilogue : un certain nombre de kilomètres le long de routes verglacées, en direction du sud.

Harriet a rompu le silence :

– Je n'ai jamais compris pour quelle raison tu avais voulu m'emmener ici.

– Tu comprends maintenant ?

– Peut-être. Je devine que ce doit être beau, l'été.

Elle m'a regardé.

– Es-tu venu ici depuis que tu m'as quittée ? Es-tu venu avec quelqu'un d'autre ?

– L'idée ne m'en a jamais effleuré l'esprit.

– Pourquoi m'as-tu abandonnée ?

La question avait fusé avec une force inattendue. J'ai vu qu'Harriet était à nouveau bouleversée. Elle s'agrippait aux poignées du déambulateur.

– Tu m'as exposée à une douleur infernale. J'ai dû mobiliser des forces gigantesques pour essayer de t'oublier. Je n'ai jamais réussi. Et maintenant que me voilà enfin sur ton lac, je regrette d'être allée te chercher. Qu'avais-je donc imaginé ? Je vais mourir. Pourquoi est-ce que je consacre le peu de temps que j'ai à raviver de vieilles blessures ? Qu'est-ce que je suis venue faire ici ?

Nous sommes restés silencieux une minute, peut-être. Silence, regards qui ne se rencontraient pas. Puis elle a fait pivoter son déambulateur et elle est repartie sur le chemin par lequel nous étions venus. J'ai attendu quelques secondes avant de la suivre. Tout serait bientôt terminé. L'excursion approchait de sa fin.

C'est alors que j'ai aperçu dans la neige quelque chose que je n'avais pas remarqué pendant que je m'escrimais avec la pelle pour ouvrir la voie à Harriet. Quelque chose de noir. J'ai plissé les yeux sans réussir à voir ce que c'était. Un animal mort ? Une pierre ? Harriet n'avait pas remarqué mon arrêt. Quittant le sentier, je me suis approché de l'objet sombre.

J'aurais dû sentir le danger. Mon intuition, ma connaissance de la glace et de ses caprices auraient dû m'avertir. Beaucoup trop tard j'ai compris que la tache sombre n'était autre que la glace elle-même. Je savais que celle-ci, pour différentes raisons, pouvait être très mince dans un périmètre délimité bien qu'elle soit très épaisse tout autour. J'ai presque réussi à lui échapper en faisant un pas en arrière, mais non : elle s'était ouverte, et je suis passé au travers. L'eau m'arrivait au menton. J'aurais dû être habitué au contact brutal du froid, après mes innombrables bains d'hiver. Mais ceci, c'était autre chose. Je n'étais pas prêt, je n'avais pas creusé le trou moi-même. J'ai crié. Ce n'est qu'à mon deuxième appel qu'Harriet s'est retournée et qu'elle m'a vu, dans le trou. J'étais déjà paralysé par le froid, la poitrine me brûlait, j'aspirais désespérément l'air glacé dans mes poumons tout en cherchant le fond sous mes pieds. J'ai tenté d'agripper le bord du trou, mais j'avais déjà les doigts engourdis.

J'ai crié, un cri d'angoisse mortelle. Après coup, Harriet m'a dit qu'elle avait eu l'impression d'entendre un animal.

Elle était sans doute la personne au monde la moins capable de m'aider, elle qui tenait à peine sur ses jambes.

Mais elle m'a surpris, au moins autant qu'elle s'est surprise elle-même, là, sur la glace. Elle s'est approchée avec son déambulateur, le plus vite qu'elle pouvait. Puis elle s'est allongée sur la glace, elle a renversé le déambulateur et elle l'a poussé vers moi pour que je puisse en saisir une roue. J'ignore comment nous avons réussi à me hisser hors du trou. Elle devait tirer avec les bras tout en rampant à reculons dans la neige. À peine dehors, j'ai foncé vers la voiture, moitié titubant, moitié à quatre pattes. J'entendais la voix d'Harriet dans mon dos, sans comprendre ce qu'elle me disait ; je savais juste que si je m'arrêtais je tomberais dans la neige et n'aurais pas la force de me relever. Je n'avais pas séjourné dans l'eau plus de quelques minutes, mais ça avait presque suffi à me tuer. Je n'ai aucun souvenir de mon trajet jusqu'à la voiture. Je ne voyais rien, peut-être avais-je fermé les yeux pour ne pas voir la distance qui m'en séparait encore. Quand mon visage a heurté le coffre, je n'avais qu'une idée, ôter mes vêtements mouillés, glacés, et m'enrouler dans la couverture qui se trouvait sur la banquette arrière. Je ne sais pas comment j'ai réussi à le faire. J'avais dans les narines une forte odeur de gaz d'échappement quand j'ai enfin retiré mes derniers habits et ouvert péniblement la portière. Je me suis enroulé dans la couverture et après cela je ne me souviens plus de rien.

Quand je me suis réveillé, Harriet me tenait dans ses bras et elle était aussi nue que moi.

Au tréfonds de ma conscience, le froid s'était transformé en une sensation de brûlure. En ouvrant les yeux, la première chose que j'ai vue a été la chevelure d'Harriet et sa nuque. La mémoire m'est revenue peu à peu.

J'étais vivant. Et Harriet s'était déshabillée et me serrait dans ses bras, sous la couverture, pour me réchauffer.

Elle a vu que j'avais repris connaissance.

– Tu aurais pu mourir, a-t-elle dit.

– La glace s'est ouverte d'un coup.

– J'ai cru que c'était un animal. Je ne t'avais jamais entendu crier comme ça.

– Combien de temps s'est-il écoulé ?

– Une heure.

– Tant que ça ?

J'ai fermé les yeux. Mon corps me brûlait.

– Je ne voulais pas voir le lac pour que tu meures, a-t-elle dit.

C'était fini. Deux vieilles personnes nues dans une vieille voiture. Nous avions évoqué ces choses qui se déroulaient autrefois, et qui se déroulaient peut-être encore, à l'arrière des voitures stationnées sur des chemins de forêt isolés. On faisait l'amour et après, on achetait sa liberté par un parjure. Mais nous, qui avions cent trente-cinq ans à nous deux, nous nous contentions de nous agripper l'un à l'autre, le premier parce qu'il avait survécu, la seconde parce qu'elle n'avait pas été abandonnée, seule, dans la forêt.

Une autre heure est passée. Puis Harriet s'est rassise à l'avant pour remettre ses habits.

– C'était plus facile quand j'étais jeune. Une mamie empotée comme moi… a du mal à se rhabiller dans une voiture.

Elle est allée prendre des vêtements pour moi dans le sac à dos qui se trouvait dans le coffre. Avant que je ne les enfile elle les a réchauffés au-dessus du volant, à l'endroit où la chaleur du moteur pénètre dans l'habitacle. J'ai vu soudain qu'il s'était mis à neiger. Je me suis inquiété à l'idée que la neige s'accumule sur le chemin et nous empêche de retourner sur la route.

Je me suis rhabillé le plus vite possible. Mes gestes étaient ceux d'un ivrogne.

La neige tombait à gros flocons quand nous avons quitté le lac. Mais le chemin était encore praticable.

Nous sommes retournés à la même pension de famille. Cette fois, c'est Harriet qui a dû sortir avec son déambulateur acheter la pizza qui nous a tenu lieu de dîner.

Nous avons partagé le contenu d'une de ses bouteilles de cognac.

La dernière chose que j'ai vue avant de m'endormir, c'était son visage.

Il était très près du mien. Peut-être souriait-elle. J'espère que oui.

10

Le lendemain à mon réveil, j'ai trouvé Harriet assise devant l'album de cartes routières. Tout mon corps me faisait mal, comme après une bagarre. Elle m'a demandé comment je me sentais. J'ai répondu « bien ».

– Les intérêts, a-t-elle dit en souriant.

– Quels intérêts ?

– De la promesse. Après toutes ces années.

– Que veux-tu ?

– Un détour.

Elle m'a montré, sur la carte, l'endroit où nous étions. Au lieu de descendre vers le sud, son doigt a glissé vers l'est, vers la côte et le Hälsingland. Il s'est immobilisé près de Hudiksvall.

– Là, a-t-elle dit.

– Qu'est-ce qui t'attend là-bas ?

– Ma fille. Je veux que tu la rencontres. Ça te prendra juste un jour de plus, peut-être deux.

– Pourquoi habite-t-elle là ?

– Pourquoi habites-tu sur ton île ?

Bien entendu, elle a eu le dernier mot. Nous sommes partis vers la côte. Le paysage était partout le même : des maisons solitaires, avec leurs paraboles et leurs cours désertes où l'on ne voyait jamais personne.

En fin d'après-midi, Harriet a dit qu'elle n'avait plus la force de continuer. Nous nous sommes arrêtés à Delsbo. La chambre de l'hôtel était petite et poussiéreuse. Harriet a pris ses médicaments et s'est endormie, épuisée. Peut-être avait-elle bu à mon insu. Je suis sorti, j'ai déniché la pharmacie et j'ai acheté un exemplaire de *Patient-FASS,* le dictionnaire des médicaments. Puis je me suis assis dans un salon de thé et j'ai lu tout ce qui concernait le traitement d'Harriet.

C'était irréel d'être là, devant un café et une pâtisserie aux amandes, parmi quelques enfants qui criaient pour attirer l'attention de leurs mères plongées dans la lecture de revues déchirées, et de comprendre réellement à quel point Harriet était malade. J'avais de plus en plus l'impression d'être en visite dans un monde que j'avais perdu, au cours de toutes ces années sur mon île. Pendant douze ans, j'avais nié le fait qu'il puisse y avoir une existence au-delà des rochers qui m'entouraient, un monde qui, de fait, me concernait. Je m'étais transformé en un ermite ignorant tout de ce qui se passait à l'extérieur de la grotte où il se terrait.

Dans ce salon de thé de Delsbo, j'ai compris que je ne pourrais plus jamais reprendre cette vie-là. Bien sûr je retournerais sur mon île. Je n'avais nulle part d'autre où aller. Mais rien ne serait plus comme avant. Au moment où j'avais découvert l'ombre noire sur la glace, une porte avait claqué derrière moi. Elle ne se rouvrirait plus.

Dans un kiosque à journaux, j'ai choisi une carte postale qui représentait une clôture en bois couverte de neige et je l'ai envoyée à Jansson.

Je lui demandais de nourrir mes animaux. Point à la ligne.

À mon retour, Harriet était éveillée. En voyant le livre que je rapportais, elle a secoué la tête.

– Je n'ai pas envie de parler de mes misères aujourd'hui.

Nous sommes descendus dîner au grill.

Une forte odeur de graisse brûlée se dégageait de la cuisine. J'ai pensé que notre temps était celui des produits semi-finis et de l'huile de friture. Harriet a vite repoussé son assiette en déclarant qu'elle n'avait plus faim. Je lui ai dit qu'elle devrait essayer de manger, malgré tout. Pourquoi ai-je dit cela ? Une personne sur le point de mourir ne mange pas plus que ce dont elle a besoin pour le peu de vie qui lui reste.

Nous sommes vite remontés. Les cloisons étaient minces. Deux personnes parlaient dans la chambre voisine ; malgré nos efforts, nous n'avons pas pu entendre ce qu'elles se disaient.

– Est-ce que tu écoutes encore aux portes ? m'a demandé Harriet à brûle-pourpoint.

– Sur mon île, je ne risque pas de surprendre des conversations.

– Quand j'étais au téléphone, tu m'espionnais toujours. Tout en faisant semblant de lire un livre ou de feuilleter un journal, comme pour cacher tes grandes oreilles. Tu t'en souviens ?

Cela m'a mis en colère. Mais elle avait raison, bien sûr. J'ai toujours été quelqu'un qui écoute en douce, à commencer par mes parents, quand ils discutaient tous les deux et que j'essayais de décrypter leurs murmures angoissés. Je me suis planqué derrière des portes entrouvertes pour surprendre les conversations de mes confrères, de mes patients, j'ai tout fait pour capter les conversations intimes d'inconnus, dans les cafés ou à bord des trains. C'est ainsi que j'ai découvert que presque toutes contenaient d'imperceptibles traces de mensonge. Je me suis demandé s'il en avait toujours été ainsi, si les humains avaient toujours eu besoin de ces petits détours mensongers pour que leurs échanges aient une possibilité d'aboutir.

Nos voisins de chambre se sont tus. Harriet était fatiguée. Elle s'est allongée et a fermé les yeux.

J'ai enfilé ma veste et je suis parti à travers la bourgade déserte. Partout la lumière bleue tombait par les fenêtres à petit-bois. Une mobylette de temps à autre, une voiture qui roulait trop vite, puis à nouveau le silence. Harriet voulait que je rencontre sa fille. Pourquoi ? Voulait-elle me montrer par là qu'elle s'était débrouillée sans moi, qu'elle avait eu, elle, l'enfant qui ne m'avait pas été accordé ? Un sentiment de chagrin m'a traversé, là, sur le trottoir où j'avançais dans la nuit d'hiver.

Je me suis arrêté près d'une patinoire éclairée où quelques jeunes se déplaçaient à toute allure avec des crosses de bandy et une balle rouge. Ma propre enfance m'est revenue avec force : le bruit sec de la lame des patins contre la glace, de la crosse heurtant la balle, les cris intermittents, les chutes dont on se relevait toujours très vite. C'était le souvenir que j'en gardais, même si je n'avais jamais tenu une crosse de bandy ; on m'avait dirigé plutôt vers le hockey, qui était un jeu plus brutal dans mon souvenir que ce que j'avais à présent sous les yeux.

Se relever très vite quand on tombait.

Tel était le grand enseignement des matches de hockey de mon enfance. Ça resterait vrai dans la vie adulte.

Se relever très vite. Ne pas rester à terre. Mais c'était précisément ce que j'avais fait. Après mon erreur fatale, je ne m'étais plus relevé.

En continuant à observer les joueurs, j'ai repéré un garçon beaucoup plus petit que les autres, et gros par-dessus le marché – à moins qu'il ne fût simplement plus emmitouflé que ses camarades. Mais c'était le meilleur. Il accélérait plus vite, manipulait la balle sans la regarder, feintait à la vitesse de l'éclair et se positionnait toujours parfaitement pour recevoir la passe d'un coéquipier. Les autres étaient tous conscients de sa supériorité. Un petit gros, plus vif sur ses patins que n'importe qui. J'ai essayé de m'identifier à l'un de ces joueurs qui voltigeaient, là, sur la glace. Lequel aurais-je été, avec ma crosse de hockey beaucoup trop lourde ? En tout cas pas le petit rapide, dont le don était si manifeste. J'aurais été l'un des autres, une *myrtille* comme on disait, qui pouvait à tout instant être retirée du jeu et remplacée par une autre myrtille.

Ne jamais traîner quand on tombe.

J'avais fait ce qu'il fallait éviter de faire par-dessus tout.

Je suis retourné à l'hôtel. Il n'y avait pas de portier de nuit, la porte d'entrée s'ouvrait avec la clé de la chambre. Harriet était sous les couvertures. Sur la table de chevet de son côté, j'ai vu une bouteille d'aquavit.

– J'ai cru que tu étais parti, a-t-elle dit en ouvrant les yeux. Je vais dormir maintenant. J'ai bu un coup et pris un somnifère.

Elle s'est tournée sur le côté. Peu après, elle dormait. J'ai essayé de prendre son pouls, prudemment, en lui tenant le poignet. Soixante-dix-huit pulsations-minute. Je me suis assis dans un fauteuil, ai allumé la télé et regardé le journal de fin de soirée, après avoir réglé le volume si bas que même mes oreilles d'espion ne pouvaient pas capter ce qui se disait. C'étaient les images habituelles. Des gens qui saignaient, des gens qui avaient faim, des gens qui souffraient. Et puis le long cortège d'hommes bien habillés qui multipliaient les déclarations, à l'infini, sans pitié, tous avec le même sourire et la même arrogance. J'ai éteint le téléviseur et je me suis allongé. Avant de m'endormir, j'ai pensé à la jeune femme flic aux cheveux blonds.

Il était treize heures le lendemain quand nous sommes arrivés près de Hudiksvall. Il avait cessé de neiger, la route était dégagée, sans verglas. Harriet m'a indiqué la sortie vers un lieu nommé Rångevallen. La route était toute défoncée à force d'être empruntée par les énormes engins forestiers. Nous avons bifurqué à nouveau. Cette fois, nous étions sur un chemin. La forêt était très épaisse. Je me suis demandé quel genre de personne pouvait être la fille d'Harriet, pour vivre à ce point isolée. La seule chose que j'avais demandée à Harriet en cours de route était si Louise avait un mari ou des enfants. Réponse : non. De loin en loin nous voyions des grumes empilées au bord du chemin. Ce chemin n'était pas sans rappeler celui qui nous avait conduits à la maison de Sara Larsson.

Puis la forêt s'est ouverte, j'ai aperçu quelques bâtiments de ferme en ruine et des clôtures effondrées. Au milieu de la clairière se dressait une grande caravane prolongée par une tente.

– Nous sommes arrivés, a dit Harriet. Ma fille habite ici.

– Dans la caravane ?

– Tu vois une maison quelque part ? Une maison avec un toit, je veux dire ?

Je l'ai aidée à descendre et je suis allé récupérer le déambulateur dans le coffre. Un bruit de moteur s'élevait d'un endroit qui semblait avoir été autrefois la niche d'un chien. Une génératrice, ai-je pensé. Le toit de la caravane était surmonté d'une parabole. La vue était belle. Nous l'avons contemplée quelques minutes. Rien ne se passait. Mon île me manquait intensément.

Soudain la porte de la caravane s'est ouverte. Une femme est apparue.

Elle portait un peignoir rose et des escarpins à hauts talons. Difficile de dire son âge. À la main elle tenait un jeu de cartes.

– Je te présente ma fille, a dit Harriet.

Poussant son déambulateur, elle s'est avancée jusqu'à la femme, qui avait entre-temps descendu les quelques marches de la caravane, en équilibre périlleux sur ses talons.

Je n'ai pas bougé.

– Je te présente ton père, a dit Harriet à sa fille.

Il y avait de la neige dans l'air. J'ai pensé à Jansson. J'aurais tout donné pour qu'il vienne me chercher et m'embarque dans son hydrocoptère.

La forêt

1

Ma fille n'a pas de puits.

Elle n'avait évidemment pas l'eau courante dans sa caravane. Mais il n'y avait pas davantage de pompe dans la cour ; pour aller chercher de l'eau, j'ai dû descendre le talus et traverser un bois jusqu'à une autre ferme abandonnée dont les fenêtres béaient au vent, sous la surveillance de quelques corneilles perchées en haut de la cheminée. Là, il y avait une pompe rouillée qui donnait de l'eau. J'ai actionné la pompe ; le fer rouillé ne grinçait pas, il hurlait.

Les corneilles n'ont pas bougé.

C'est la première chose que m'a demandée ma fille. D'aller chercher deux seaux d'eau. Je suis content qu'elle n'ait rien dit de plus. Elle aurait pu me crier de disparaître, ou au contraire manifester une joie déraisonnable d'avoir enfin rencontré son père. Mais elle m'a juste demandé d'aller chercher de l'eau. Je n'ai rien répondu. J'ai ramassé les seaux et je suis parti dans la neige. Je me suis demandé si elle avait l'habitude d'aller chercher l'eau en peignoir de bain et talons hauts. Mais surtout, j'aurais voulu savoir ce qui avait bien pu se passer tant d'années plus tôt et pourquoi on ne m'en avait rien dit.

La ferme abandonnée se trouvait à deux cents mètres

environ de la clairière. Quand Harriet m'avait annoncé que la femme debout à l'entrée de la caravane était ma fille, j'avais tout de suite compris que c'était vrai. Harriet ne sait pas mentir. Dès cet instant, j'avais essayé de deviner à quel moment elle avait pu être conçue. La seule hypothèse plausible était qu'Harriet avait découvert la chose juste après mon départ. La conception remontait alors environ à un mois avant notre séparation.

Je m'efforçais de rameuter mes souvenirs.

La forêt était silencieuse. J'avais la sensation de me faufiler sur le sentier comme un lutin échappé d'un conte. Nous n'avions jamais fait l'amour ailleurs que sur son canapé-lit. Voilà donc où ma fille avait été conçue. Au début, pendant qu'elle m'attendait en vain, Harriet ignorait qu'elle était enceinte. Elle l'a su un peu plus tard ; à ce moment-là, j'avais bel et bien disparu.

J'ai rempli les deux seaux, je les ai posés par terre et je suis entré dans la maison abandonnée. La porte était tellement pourrie qu'elle est tombée d'un de ses gonds quand je l'ai poussée du pied.

J'ai fait le tour des pièces, qui sentaient la moisissure et le bois vermoulu. Ce qui subsistait, là-dedans, ressemblait au contenu des épaves qu'on trouve au fond de la mer. Des bouts de journaux apparaissaient dans les interstices des papiers peints déchirés. Ainsi le quotidien *Ljusnan* daté du 12 mars 1969 : *Une collision s'est produite à...* La suite manquait. Et un peu plus loin : *Sur cette photographie, Mme Mattsson nous montre la dernière en date de ses tapisseries au point de croix, brodées avec amour...* La photo était déchirée ; on voyait le visage de Mme Mattsson et sa main gauche, mais aucun ouvrage au point de croix. Dans la chambre à coucher je suis tombé sur les restes d'un lit double, cassé en mille morceaux comme si on l'avait attaqué à la hache. Quelqu'un, au paroxysme de la rage, avait démoli ce lit pour qu'il ne puisse plus jamais servir à quiconque.

J'ai tenté d'apercevoir les gens qui avaient vécu là et qui étaient partis un jour pour ne plus revenir. Mais leurs visages restaient invisibles. Les maisons abandonnées sont comme les vitrines vides qu'on voit parfois dans les musées. Je suis ressorti en pensant qu'une fille m'était advenue, de façon totalement imprévue, dans les forêts au sud de Hudiksvall. Une fille qui devait avoir, si mon hypothèse était correcte, trente-sept ans et qui vivait dans une caravane. Une femme qui allait dans la neige en peignoir rose et talons hauts.

J'avais en tout cas compris une chose.

Elle n'avait pas été prévenue par Harriet. Elle se doutait naturellement qu'elle avait un père, mais elle n'avait eu aucune idée que ce père, c'était moi. Je n'étais pas seul dans mon désarroi. Harriet nous avait frappés de stupeur l'un et l'autre.

J'ai empoigné les seaux pleins et je suis revenu le long du sentier. Pourquoi ma fille vivait-elle dans une caravane en pleine forêt ? Qui était-elle ? Quand nous nous étions serré la main, je n'avais pas osé croiser son regard. Elle sentait fort le parfum. Sa main était moite.

J'ai posé les seaux un instant pour laisser se détendre les muscles de mes bras.

– Louise, ai-je dit à haute voix. J'ai une fille qui s'appelle Louise.

J'étais sidéré, comme partagé entre l'effroi et l'allégresse. Harriet était arrivée à bord de l'hydrocoptère de Jansson et elle était porteuse de nouvelles de la vie

– pas seulement de la mort qui viendrait bientôt la cueillir.

J'ai grimpé les marches avec mes seaux et j'ai frappé à la porte de la caravane. Louise m'a ouvert. Elle portait toujours ses talons, mais elle avait troqué son peignoir contre un pantalon et un pull. Elle avait un très beau corps. Cela m'a gêné.

Il n'y avait pas beaucoup de place dans la caravane. Harriet était coincée derrière une petite table, sur la couchette, contre la fenêtre. Elle m'a souri. Je lui ai rendu son sourire. Il faisait chaud. Louise était en train de préparer du café.

Louise avait une belle voix, comme sa mère. Si la glace savait chanter, eh bien, ma fille aussi.

J'ai regardé autour de moi. J'ai vu des roses séchées suspendues au plafond, une étagère chargée de feuilles de papier et d'enveloppes, une vieille machine à écrire posée sur un tabouret. Il y avait une radio, mais pas de télé. Je commençais à m'inquiéter du genre d'existence que menait Louise – qui n'était pas sans rappeler la mienne.

Voilà donc comment tu m'es venue, ai-je songé. L'événement le plus inattendu qui me soit jamais arrivé.

Louise a posé sur la table une bouteille Thermos et des tasses en plastique. Je me suis serré à côté d'Harriet. Louise est restée debout, à me regarder. Elle a parlé la première :

– Je ne pleure pas et c'est tant mieux. Surtout, je suis contente de voir que tu ne t'emballes pas. Tu aurais pu manifester une joie hystérique par exemple.

– Je crois que je n'ai pas vraiment compris ce qui m'arrivait. Et les émotions ne me font jamais totalement perdre le contrôle, de toute façon.

– Tu crois peut-être que ce n'est pas vrai ?

J'ai pensé aux piles poussiéreuses de procès-verbaux, aux récits monotones de tous ces garçons jurant sous serment pour sauver leur liberté.

– Je suis sûr que c'est vrai.

– Est-ce que tu regrettes de ne pas m'avoir connue plus tôt ? Que je fasse mon entrée si tard dans ta vie ? Est-ce que cela t'attriste ?

– Je suis assez blindé contre le chagrin. Là, tout de suite, je suis surtout très surpris de ce qui m'arrive. Il y a encore une heure, je n'avais pas d'enfant. Jamais je n'aurais imaginé qu'on puisse m'annoncer une chose pareille.

– Tu fais quoi, dans la vie ?

J'ai regardé Harriet. Louise ne savait donc rien de son père. Cela m'a mis en colère. Que lui avait-elle raconté à mon sujet ? Que j'avais été un homme de passage ?

– Je suis médecin. Du moins, je l'étais.

Louise m'a dévisagé sans répondre, sa tasse de café à la main. J'ai vu qu'elle portait des bagues à chaque doigt, y compris le pouce.

– Quel genre de médecin ?

– J'étais chirurgien.

Sa grimace m'a tout de suite fait penser à mon père et à sa réaction lorsque je lui avais annoncé mon choix de carrière, à quinze ans.

– Tu as le droit de faire des ordonnances ?

– Plus maintenant. Je suis retraité.

– Dommage.

Louise a posé sa tasse et s'est enfoncé un bonnet de laine sur la tête.

– Pour faire pipi, a-t-elle dit, c'est derrière. On recouvre avec de la neige. Pour les autres besoins, les latrines sont à côté du bûcher.

Elle est partie, en équilibre sur ses talons. Je me suis tourné vers Harriet.

– Pourquoi ne m'as-tu rien dit ? C'est une honte.

– Ne me parle pas de honte ! Je ne pouvais pas savoir comment tu réagirais.

– Ç'aurait quand même été plus simple si tu m'avais prévenu !

– Je n'ai pas osé. Tu m'aurais peut-être plantée là sur la route. Comment pouvais-je savoir que tu en voudrais, de cette fille ?

Elle avait raison. Comment en effet aurait-elle pu prévoir ma réaction ? Et elle avait toutes les raisons du monde de se méfier.

– Pourquoi habite-t-elle comme ceci ? De quoi vit-elle ?

– C'est elle qui a choisi ce mode de vie. Ce qu'elle fait, je n'en sais rien.

– Tu dois bien avoir une idée ?

– Elle écrit des lettres.

– On ne peut pas en vivre !

– Apparemment si, on peut.

J'ai brusquement réalisé que nous étions dans une caravane et que ma fille avait peut-être collé son oreille contre la paroi glacée. Peut-être avait-elle hérité de ma propension irrésistible à écouter en cachette ?

J'ai baissé la voix.

– Pourquoi s'habille-t-elle comme ça ? Pourquoi se balade-t-elle dans la neige avec des talons pareils ?

– Ma fille…

– Notre fille !

– Notre fille n'en a jamais fait qu'à sa tête. À cinq ans déjà, j'avais l'impression qu'elle savait ce qu'elle voulait, dans la vie, et que je ne la comprendrais jamais.

– Que veux-tu dire ?

– Elle a toujours voulu vivre sans trop se préoccuper de l'opinion des autres. Par exemple, les souliers qu'elle porte. Ils coûtent une fortune. Ce sont des Ajello, ils viennent de Milan. C'est très rare, les gens qui osent vivre de cette façon.

La porte s'est ouverte, Louise est revenue.

– J'ai besoin de me reposer, a dit Harriet. C'est la fatigue…

– Tu as toujours été fatiguée, de toute façon, a répliqué Louise.

– Je n'ai pas toujours eu une maladie mortelle.

Soudain, elles sifflaient comme deux chats. Un sifflement pas vraiment affectueux, mais pas non plus hostile. En tout cas, il ne les surprenait ni l'une ni l'autre. Le fait qu'Harriet allait mourir n'était donc pas un secret pour Louise.

Je me suis levé pour permettre à Harriet de s'allonger sur la couchette. Louise a enfilé une paire de bottes.

– Viens, on sort. J'ai besoin de bouger. Et je crois bien qu'on est un peu secoués tous les deux.

Il y avait un chemin balisé qui s'enfonçait dans la forêt dans le sens opposé à celui de la ferme. Nous avons dépassé une ancienne cave creusée dans la terre et continué entre des sapins touffus. Elle marchait vite, j'avais du mal à la suivre. Elle s'est retournée brusquement.

– Je croyais que mon père avait disparu en Amérique, qu'il s'appelait Henry, qu'il adorait les abeilles et qu'il faisait des recherches sur leur mode de vie. Pendant toutes ces années, il ne m'a jamais envoyé même un petit pot de miel. Je croyais qu'il était mort. Mais tu n'es pas mort, j'ai eu le temps de te rencontrer. Quand nous serons de retour dans la caravane, je prendrai des photos d'Harriet et de toi. J'ai plein de photos d'elle, et d'elle avec moi. Mais avant qu'il ne soit trop tard je veux prendre une photo de mes deux parents ensemble.

Nous avons repris notre marche.

J'ai pensé qu'Harriet lui avait dit la vérité. Tout ce qu'elle avait pu lui dire sans mentir, elle l'avait dit. J'avais disparu en Amérique et, de fait, dans ma jeunesse je m'intéressais aux abeilles. Et, indubitablement, je n'étais pas mort.

Nous marchions dans la neige.

Elle l'aurait, sa photo, l'image de ses deux parents ensemble.

Il n'était pas trop tard pour prendre la photo manquante.

2

Le soleil frôlait l'horizon.

Dans un champ de neige non loin de la caravane j'ai soudain reconnu un ring de boxe, qui semblait posé là par erreur. Deux bancs en bois, tout cassés, ayant peut-être appartenu à un cinéma ou à une église, pointaient hors de la neige.

– Les combats ont lieu pendant le printemps et l'été, m'a expliqué Louise. La saison commence à la mi-mai. Nous nous pesons sur une balance de laiterie.

– Ça veut dire que tu boxes aussi ?

– Et pourquoi pas ?

– Avec qui ?

– Mes amis. Des gens d'ici qui ont choisi de vivre comme ils en avaient envie. Il y a Leif, qui habite avec sa vieille mère – à son époque, elle était la plus célèbre des bouilleurs de cru de la région. Il y a Amandus, qui est violoniste et qui a des poings d'acier…

– Comment peut-on à la fois boxer et jouer du violon ? C'est impossible pour les doigts !

– Demande à Amandus. Ou demande aux autres.

Qui étaient les autres, elle ne l'a pas dit. Elle continuait à marcher, sur le chemin piétiné qui aboutissait un peu plus loin à une grange. En la regardant de dos, j'ai pensé que sa silhouette évoquait beaucoup celle d'Harriet. Mais à quoi avait-elle ressemblé petite fille ? Ou adolescente ? J'avançais dans la neige en essayant de remonter le temps. Louise était née en 1967. Son adolescence avait coïncidé avec le sommet de ma carrière de chirurgien. J'ai senti comme une morsure – une colère subite, mais qui venait des profondeurs. Pourquoi Harriet n'avait-elle rien dit ?

Louise m'a montré une trace dans la neige : un glouton, a-t-elle dit. Elle a ouvert la porte de la grange. Une lampe à pétrole était posée à même le sol ; elle l'a ramassée et suspendue au plafond. J'ai eu la sensation de pénétrer dans une antique salle de boxe, ou de lutte. Il y avait là des haltères, un sac de sable accroché au plafond, des cordes à sauter soigneusement roulées, sur un banc, à côté de gants de boxe rouge et noir.

– Si on avait été au printemps, je t'aurais proposé quelques rounds, a dit Louise. J'ai du mal à imaginer une meilleure manière de faire connaissance avec un père.

– Je n'ai jamais de ma vie enfilé de gants de boxe.

– Il t'est quand même arrivé de te battre ? Au moins une bagarre de temps en temps ?

– Quand j'avais treize, quatorze ans, oui. Mais je crois bien que ça s'est limité à des combats dans la cour de l'école.

Louise s'est plantée devant le sac de sable et l'a poussé d'un coup d'épaule. La lampe-tempête éclairait son visage. Il me semblait encore voir Harriet.

– Je suis nerveuse. Est-ce que tu as d'autres enfants ?

J'ai fait non de la tête. Elle a insisté :

– Aucun ?

– Zéro. Et toi ?

– Non.

Le sac de sable oscillait. Elle a continué sans me regarder :

– Je suis dans la même confusion que toi. Parfois, quand je me disais que j'avais un père, malgré tout, quelque part, j'étais prise d'une vraie rage. Je crois que c'est pour ça que j'ai appris à boxer : pour le flanquer par terre le jour où il réapparaîtrait d'entre les morts, l'envoyer au tapis pour l'éternité, le punir de m'avoir abandonnée.

La lumière de la lampe tombait sur les murs fendillés. Je lui ai raconté l'apparition d'Harriet sur la glace, puis le lac et le détour imprévu qu'elle avait exigé à la fin.

– Elle ne t'a rien dit sur moi ?

– Elle n'a parlé que du lac. Puis elle a annoncé qu'elle voulait que je rencontre sa fille.

– En fait, je devrais la fiche dehors. Elle t'a roulé dans la farine et moi avec. Mais on ne peut pas faire ça à quelqu'un qui est malade.

Louise a posé la main sur le sac, qui s'est immobilisé.

– C'est vrai qu'elle est en train de mourir ? Toi qui es médecin, tu devrais savoir si elle dit la vérité.

– Elle est très malade. Je ne sais pas quand elle va mourir. Nul ne le sait.

– Je ne veux pas qu'elle meure chez moi, a déclaré Louise en décrochant la lampe et en soufflant la flamme.

Nous étions dans l'obscurité. Nos doigts se frôlaient. Elle a saisi ma main. La sienne était puissante.

– Je suis contente que tu sois venu, a-t-elle dit. Au fond de moi, je crois bien que j'ai toujours cru que ta disparition n'était que provisoire.

– Jamais je n'ai imaginé que j'aurais un jour un enfant.

– Pas un enfant. Une femme adulte. Bientôt plus toute jeune, même.

Quand nous sommes ressortis de la grange, je l'ai vue se découper telle une forme noire sur la nuit claire. Le ciel étoilé était proche, il scintillait.

– Il ne fait jamais complètement nuit dans le Norrland, a dit Louise en suivant mon regard. Dans les villes, on ne voit plus les étoiles, c'est pour ça que j'habite ici. Quand j'étais en ville, le silence me manquait, mais plus encore la lumière des étoiles. Je ne comprends pas comment personne ne s'aperçoit que nous avons dans ce pays des ressources naturelles fantastiques qui n'attendent que d'être exploitées. Qui vend le silence comme on vend le bois ou le fer ?

Je comprenais ce qu'elle voulait dire. Pour beaucoup de gens, le silence, la nuit étoilée, peut-être aussi la solitude n'étaient plus des biens accessibles. J'ai pensé que Louise me ressemblait peut-être, malgré tout.

– Je vais créer une entreprise. Mes amis boxeurs et moi, nous en serons les actionnaires. Nous allons commencer à vendre ces nuits scintillantes silencieuses. Un jour, nous serons milliardaires.

– Qui sont tes amis ?

– À quelques kilomètres au nord d'ici, il y a un village abandonné qui a perdu son dernier habitant dans les années soixante. Les maisons sont restées vides. Personne n'en voulait, même l'été. Mais un homme est venu jusque-là, dans son voyage vers le silence. Il s'appelle Giaconelli, c'est un bottier italien. Il s'est installé dans l'une des maisons et il crée deux paires de souliers par an. Chaque année, début mai, un hélicoptère se pose sur le champ qui est derrière sa maison. Un homme de Paris récupère les souliers, paie Giaconelli pour son travail et lui laisse la commande de l'année à venir. À part ça, dans notre boutique de campagne qui a fermé il y a dix ans, nous avons un rockeur qui se faisait autrefois appeler Björn le Rouge. Il a enregistré deux 45 tours en vinyle jaune et il a concouru avec Rock-Ragge et Rock-Olga pour le titre de roi – ou de reine – du rock suédois. Ses cheveux étaient tout rouges, il a fait un enregistrement divin de *Peggy Sue*. Mais quand nous fêtons la Saint-Jean et que nous dressons la table sur le ring, nous voulons tous qu'il nous chante *The Great Pretender*.

Je me rappelais parfaitement ce morceau, chanté à l'origine par les Platters. Harriet et moi avions dansé sur cette musique. Avec un petit effort, je pensais bien pouvoir me rappeler même les couplets.

Björn le Rouge et ses 45 tours jaunes m'étaient en revanche inconnus.

– On dirait que ce coin est rempli de gens bizarres.

– Des gens bizarres ? Il y en a partout, mais personne ne les voit parce qu'ils sont vieux. Les vieux à notre époque doivent être transparents comme du verre. On leur demande de se rendre invisibles. Toi aussi, tu vas devenir de plus en plus transparent. Ma mère l'est déjà.

Nous n'avons rien ajouté. Je distinguais la lumière de la caravane au loin.

– Parfois j'ai envie de me coucher sur la neige dans mon duvet, a dit Louise. Les nuits de pleine lune, la lumière bleue me donne la sensation d'être dans le désert. Là-bas aussi, il fait froid la nuit.

– Je ne suis jamais allé dans le désert. À moins qu'on n'ait le droit de compter la plage de Skagen, avec son sable qui vole ?

– Un jour je m'allongerai ici et je prendrai le risque de ne plus me réveiller. Nous n'avons pas que des rockeurs ; il y a aussi des jazzmen. Quand je serai couchée, ils se mettront autour de moi et ils joueront un air lent et plaintif.

Je la suivais dans la neige. Un oiseau de nuit appelait. Des étoiles tombaient et paraissaient s'allumer de nouveau. J'essayais de comprendre ce que m'avait raconté Louise.

La soirée fut peu commune.

Dans la caravane, Louise préparait le repas pendant qu'Harriet et moi nous serrions tant bien que mal sur la couchette. Quand j'ai dit que nous devions trouver un hébergement pour la nuit, Louise a répondu que nous pouvions dormir à trois dans son lit. J'ai voulu protester, mais en définitive je n'ai rien dit. Puis Louise a sorti un bidon de vin, très alcoolisé, qui avait un goût de groseille à maquereau. Harriet, elle, a sorti une des bouteilles d'aquavit qui lui restaient. Louise nous a servi un ragoût : à l'en croire, il contenait de la viande d'élan accompagnée de légumes qu'un ami à elle cultivait dans une serre qui lui servait également de domicile. Il s'appelait Olof, il dormait au milieu de ses concombres et faisait partie de ceux qui se retrouvaient au printemps pour boxer sur le ring.

Nous avons vite été ivres tous les trois, surtout Harriet, qui s'assoupissait régulièrement. Louise avait une drôle de façon de claquer des dents en vidant son verre. De mon côté, je m'efforçais de ne pas trop boire. Peine perdue.

La conversation, de plus en plus confuse et décousue, m'a permis malgré tout d'entrevoir l'histoire commune de Louise et d'Harriet. Elles étaient étroitement liées, se disputaient souvent, n'étaient d'accord sur presque rien. Mais elles s'adoraient. Je me découvrais une famille qui recelait beaucoup de colère mais aussi une forte dose d'amour.

Nous avons longuement parlé de chiens. Pas ceux qu'on tient en laisse, mais les chiens sauvages qu'on voit dans la brousse africaine. Ma fille disait que ces chiens lui rappelaient ses amis de la forêt : une meute de boxeurs du Norrland. J'ai raconté que j'avais une chienne dont le mélange de races n'était pas très clair. Quand Louise a compris que cette chienne courait en liberté sur l'île de mes grands-parents, elle a hoché la tête avec satisfaction. La vieille chatte aussi a retenu son intérêt.

Harriet a fini par s'endormir sous le coup de la fatigue, de l'alcool et du vin de groseille. Louise a posé une couverture sur elle, délicatement.

– Elle ronfle. Quand j'étais petite, je me racontais que ce n'était pas elle, mais mon père qui venait nous rendre visite chaque nuit – invisible et ronfleur. Tu ronfles ?

– Je ronfle.

– Merci. Santé ! À mon père.

– À ma fille.

D'un geste mal assuré, elle a rempli nos verres. Du vin rouge a coulé sur la table ; elle l'a essuyé d'un revers de main.

– Quand j'ai entendu la voiture s'arrêter et que j'ai ouvert la porte, je me suis demandé ce que c'était que ce nouveau bonhomme que me ramenait Harriet.

– Pourquoi, elle a l'habitude de venir avec des hommes ?

– Pas des hommes. Des bonshommes. Elle en trouve toujours un pour l'amener ici et la raccompagner jusque chez elle après. Elle est capable d'aller s'asseoir dans un salon de thé, dans son quartier de Stockholm, en prenant exprès un air fatigué et triste. Tôt ou tard un bonhomme s'approche d'elle et lui demande s'il peut l'aider – peut-être la reconduire ? Une fois dans la voiture – ces temps-ci, il faut aussi ranger le déambulateur dans le coffre –, elle annonce qu'elle habite au sud de Hudiksvall – à trois cents kilomètres de là. Curieusement, aucun ou presque n'a encore refusé. Mais elle en a vite assez, de ses chauffeurs ; elle en change souvent. C'est quelqu'un d'impatient, ma mère. Quand j'étais petite, à certains moments, il y avait un nouvel homme dans son lit chaque dimanche matin. Ces types, j'adorais leur sauter dessus, les réveiller en sursaut et voir leur tête au moment où ils découvraient la dure réalité de mon existence. Après, il pouvait se passer de longues périodes sans qu'elle jette ne serait-ce qu'un regard à un gars.

Je suis sorti de la caravane pour uriner. La nuit étincelait. Par la vitre, j'ai vu Louise glisser un oreiller sous la tête de sa mère. J'ai eu envie de pleurer. Ou de m'enfuir – prendre la voiture et me tirer de là. Mais j'ai continué à regarder Louise, avec la sensation qu'elle savait que je l'observais. Soudain elle a tourné la tête vers la vitre et elle a souri.

Je n'ai pas pris ma voiture. Je suis retourné à l'intérieur.

Nous étions assis dans la caravane exiguë, à boire et à poursuivre cette drôle de conversation hésitante. Ni l'un ni l'autre, je crois bien, n'a dit ce qu'il avait envie de dire. Louise m'a montré un album photo. Il y avait là des clichés noir et blanc pâlis, mais surtout de ces mauvaises photos couleurs qu'on a commencé à prendre dans les années soixante et qui donnaient à chacun l'air d'un vampire, à cause du flash. C'étaient des photos de la femme que j'avais laissée, et de la fille que j'aurais voulu avoir. Une petite fille, pas une femme adulte. Cette petite fille paraissait sur ses gardes. Comme si elle n'avait pas envie d'être vue, en réalité.

J'ai feuilleté l'album. Louise ne disait pas grand-chose, se contentant de répondre à mes questions. Qui avait pris telle photo ? Où étaient-elles alors ? L'été de ses sept ans, Louise, Harriet et un homme du nom de Rickard Munter avaient passé quelques semaines sur l'île de Getterön, près de Varberg. Rickard Munter était un type chauve, costaud, une cigarette vissée au coin des lèvres. J'ai senti une morsure de jalousie. Il avait passé du temps avec ma fille à l'époque où elle avait l'âge que j'aurais voulu qu'elle ait à présent. Il était mort quelques années plus tard ; son histoire avec Harriet était alors finie depuis un certain temps, m'a dit Louise. Une pelleteuse s'était couchée, il avait été écrasé dessous. Il ne restait plus de lui que sa cigarette et le reflet rouge du flash dans ses pupilles.

J'ai refermé l'album, je n'avais pas la force de voir d'autres photos. Le niveau du vin continuait de baisser dans le bidon. Harriet dormait. J'ai demandé à Louise à qui elle écrivait ses lettres. Elle a secoué la tête.

– Pas maintenant. Demain, quand nous serons débarrassés de la gueule de bois. Maintenant, il faut dormir. Pour la première fois de ma vie, je vais passer la nuit entre mes deux parents.

– Il n'y a pas de place dans ce lit. Je vais me mettre par terre.

– Mais si, tu vas voir.

Elle a déplacé doucement Harriet et replié la table après avoir enlevé les tasses et les verres. C'était un lit dépliable ; j'ai bien vu qu'on serait malgré tout terriblement à l'étroit.

– Je ne me déshabille pas devant mon père. Sors. Je cognerai à la paroi quand je serai couchée.

J'ai obéi.

Le ciel étoilé tournait. J'ai fait un faux pas et je me suis étalé dans la neige. J'avais reçu une fille, et cette fille en viendrait peut-être à bien aimer, peut-être même à aimer tout court, le père qu'elle n'avait jamais rencontré avant aujourd'hui.

J'ai vu ma vie.

J'étais parvenu à ce point de l'existence. Il restait peut-être un ou deux carrefours en perspective, mais pas beaucoup plus. Et pas beaucoup de temps.

Louise a cogné à la paroi. Elle avait éteint toutes les lampes et allumé une bougie sur le petit frigo. J'ai vu deux visages l'un près de l'autre. Harriet au fond et, à côté d'elle, ma fille. Une étroite bande de lit m'était attribuée.

– Souffle la bougie, a dit Louise. Je ne veux pas brûler dans un incendie la première nuit où je dors avec mes parents.

Je me suis déshabillé, en gardant mon caleçon et mon maillot de corps, j'ai soufflé la flamme et je me suis glissé sous la couverture. C'était impossible de ne pas frôler Louise. J'ai découvert avec horreur qu'elle avait l'intention de dormir nue.

– Tu ne pourrais pas mettre une chemise de nuit ? Je ne peux pas dormir si tu es toute nue à côté de moi. Tu devrais quand même pouvoir comprendre ça !

Elle est passée par-dessus moi et est allée enfiler quelque chose que j'ai deviné être une robe. Puis elle s'est recouchée et a dit :

– Maintenant, on dort. Je vais enfin entendre mon père ronfler. Je resterai éveillée jusqu'à ce que tu t'endormes.

Harriet marmonnait dans son sommeil. Quand elle se retournait, Louise et moi devions nous retourner aussi. Louise avait chaud. J'aurais voulu qu'elle soit une petite fille blottie en sécurité contre moi dans sa chemise de nuit. Pas cette femme adulte qui venait de faire brutalement irruption dans ma vie.

Le lit a continué à tourner longtemps encore. Je ne sais pas à quel moment je me suis endormi. Quand je me suis réveillé, j'étais seul.

La caravane était vide. Pas besoin de me lever et d'ouvrir la porte pour savoir que ma voiture n'était plus là.

3

Les traces dans la neige indiquaient que Louise avait fait demi-tour avant de démarrer. J'ai compris soudain qu'elles avaient sans doute tout prémédité depuis le début. Harriet était venue me chercher et m'avait fait rencontrer ma fille inconnue, après quoi elles avaient pris le large au volant de ma voiture en m'abandonnant comme un colis au milieu de la forêt.

Il était dix heures moins le quart. Le temps avait changé, quelques degrés au-dessus de zéro. Les parois sales de la caravane étaient couvertes de gouttelettes. Je suis retourné à l'intérieur. J'avais la tête dans un étau et la bouche sèche. Aucun message où que ce soit pour expliquer leur absence. Une Thermos de café était posée sur la table. J'ai pris une tasse fêlée qui s'ornait d'une réclame pour une chaîne de magasins diététiques.

La forêt semblait se rapprocher sans cesse un peu plus de la caravane.

Le café était fort, la gueule de bois sévère. Je suis sorti avec ma tasse. Une brume humide recouvrait les sapins. J'ai entendu un coup de fusil ; j'ai retenu mon souffle. Un deuxième coup de feu, puis rien. Les bruits, ici, paraissaient contraints de faire la queue avant d'être autorisés à entrer dans le silence.

Avec la plus grande circonspection, pas plus d'un à la fois.

Je suis retourné à l'intérieur et j'ai commencé à fouiller méthodiquement la caravane. Elle avait beau être exiguë, elle contenait une quantité remarquable d'espaces de rangement. Louise était une personne ordonnée. Elle portait volontiers du brun, parfois du rouge sombre – presque uniquement des couleurs terre.

Dans un coffret rustique dont le couvercle s'ornait des chiffres de l'an 1882, j'ai eu la surprise de découvrir une forte somme d'argent, en coupures de mille et de cinq cents. Il y en avait en tout pour quarante-sept mille cinq cents couronnes. Puis je me suis concentré sur deux tiroirs remplis de documents.

En ouvrant le premier, je suis tombé sur une photo dédicacée d'Erich Honecker. Derrière, il était écrit que la photo avait été prise en 1986 et qu'elle provenait de l'ambassade de la RDA à Stockholm. Il y avait d'autres portraits du même genre, tous dédicacés : Gorbatchev, Ronald Reagan, quelques Africains inconnus de moi que je supposai être des hommes d'État. S'ajoutait à celles-là la photo d'un Premier ministre australien dont je n'ai pu déchiffrer le nom.

L'autre tiroir était rempli de lettres. Après en avoir lu cinq, j'ai commencé à comprendre ce que fabriquait ma fille. Elle écrivait aux grands de ce monde pour critiquer leur façon de traiter leurs concitoyens et le reste de l'humanité. Chaque enveloppe contenait une copie de la lettre rédigée par Louise, de son écriture désordonnée, et la réponse qu'elle avait obtenue. À Erich Honecker, elle écrivait dans un anglais plein de colère que le mur qui coupait en deux la ville de Berlin était une honte. La réponse, c'était donc cette photo, où l'on voyait Honecker debout sur une estrade, agitant la main à l'intention d'une foule indistincte. À Margaret Thatcher, Louise écrivait qu'elle devait absolument changer d'attitude vis-à-vis des mineurs en grève et les traiter avec dignité. Je n'ai découvert aucune réponse de la Dame de Fer – du moins l'enveloppe ne contenait-elle, en dehors de la lettre de Louise, qu'une photographie de la Dame agrippée à son sac à main. Mais d'où Louise tenait-elle tout cet argent ? Là-dessus, je n'avais encore aucun élément de réponse.

Je n'ai pas pu continuer mes recherches car un bruit de moteur s'élevait soudain dans le silence. J'ai refermé les tiroirs et je suis sorti. Louise conduisait vite. La voiture dérapait dans la neige mouillée.

Elle a freiné, s'est arrêtée et a contourné la voiture pour prendre le déambulateur dans le coffre.

– On ne voulait pas te réveiller, a-t-elle lancé en me voyant. Je suis contente, mon père ronfle bien.

Elle a aidé sa mère à sortir de la voiture.

– On a fait des courses, m'a annoncé Harriet gaiement. Je me suis acheté des bas, une jupe et un chapeau.

Louise a pris quelques sacs posés sur la banquette arrière.

– Ma mère n'a jamais su s'habiller.

J'ai porté les sacs jusqu'à la caravane pendant que Louise aidait Harriet à remonter le chemin glissant.

– Nous avons mangé, dit Louise. Tu as faim ?

J'étais affamé. Pourtant j'ai fait non de la tête. Je n'aimais pas le fait qu'elle eût emprunté ma voiture sans me demander la permission.

Harriet s'est allongée pour se reposer. L'excursion lui avait fait du bien, mais l'avait aussi fatiguée, voilà ce que j'ai compris. Elle s'est endormie. Louise m'a montré le chapeau rouge acheté par Harriet.

– Il lui va bien, dit-elle. Il aurait pu être fait rien que pour elle.

– Je ne l'ai jamais vue avec un chapeau. Dans notre jeunesse, nous étions toujours tête nue. Même quand il faisait froid.

Louise a rangé le chapeau et a regardé autour d'elle. Avais-je laissé des traces ? Allait-elle découvrir que j'avais fouillé dans ses affaires ? Elle s'est tournée vers moi, puis elle a considéré mes chaussures, posées sur du papier journal à côté de la porte. Je portais les mêmes depuis des années. Elles étaient usées, les œillets avaient fini par se déchirer. Louise s'est levée. Elle a posé une couverture sur Harriet et elle a enfilé sa veste.

– Viens, on sort.

J'étais d'accord. Le mal de crâne ne passait pas.

Debout devant la caravane, nous aspirions l'air piquant au fond de nos poumons. J'ai pensé que cela faisait plusieurs jours que je n'avais plus écrit dans mon journal de bord. Je ne m'aime pas quand je néglige mes habitudes.

– Ta voiture est mal entretenue, a dit Louise. Elle broute au freinage.

– Ça me convient. Où allons-nous ?

– Rendre visite à un ami – je veux te faire un cadeau.

J'ai fait faire demi-tour à la voiture, dans la neige boueuse. Une fois sur la route, Louise m'a dit de tourner à gauche. Nous avons croisé quelques camions chargés de fûts qui soulevaient sur leur passage des tourbillons de neige. Quelques kilomètres plus loin, elle m'a dit de tourner à droite. Un panneau indiquait que nous nous dirigions vers un village du nom de Motjärvsbyn. Les sapins se pressaient contre la route mal déneigée. Louise regardait droit devant elle par le pare-brise, en fredonnant une mélodie que je reconnaissais sans pouvoir lui donner un nom.

La route bifurquait à nouveau. Louise m'a fait signe de prendre à gauche. Un kilomètre plus loin, la forêt s'est ouverte. Le chemin était bordé de fermes, nombreuses, mais elles étaient toutes vides, mortes, aucune fumée ne s'échappait des cheminées. Seule la dernière – une maison en rondins à deux étages précédée d'un perron couvert dont la peinture verte s'écaillait – montrait quelque signe de vie. Un chat était assis sur les marches, et un mince panache de fumée montait vers le ciel. Le chemin s'arrêtait là.

– Via Salandra, à Rome, a dit Louise. Voilà une rue que j'irai regarder au moins une fois dans ma vie. Tu es déjà allé à Rome ?

– Plusieurs fois. Mais je ne connais pas cette rue dont tu parles.

Louise est sortie de la voiture. Je l'ai imitée. De la maison, qui avait sûrement plus d'un siècle, s'échappait un air d'opéra.

– Celui qui habite ici est un génie, a dit Louise. Giaconelli Mateotti. Il est vieux maintenant. Autrefois il travaillait pour les Gatto, une célèbre famille de bottiers. Très jeune, il a reçu l'enseignement d'Angelo Gatto en personne, qui avait ouvert son atelier au début du vingtième siècle. Giaconelli a transporté son savoir-faire dans les forêts d'ici. Il en avait assez des voitures, et aussi des clients importants qui ne respectaient pas la patience et le temps nécessaires pour fabriquer de bons souliers.

Louise m'a regardé dans les yeux et elle a souri.

– Je veux te faire un cadeau. Je veux que Giaconelli fabrique une paire de souliers rien que pour toi. Ceux que tu portes sont une offense à tes pieds. Giaconelli m'a parlé de tous ces os extraordinaires et de tous ces muscles minuscules qui nous permettent de marcher, de courir, de nous hausser sur la pointe des pieds, de danser ou juste d'attraper quelque chose sur une étagère. Je connais des chanteuses d'opéra qui n'ont rien à faire de leur metteur en scène, de leur chef d'orchestre, de leur costume ou des notes qu'elles doivent sortir, du moment qu'elles sont bien chaussées quand elles chantent.

Je la regardais, effaré. Je croyais entendre mon propre père, qui était pourtant mort et enterré depuis des années. Lui aussi me parlait des chanteuses d'opéra et de leurs pieds.

C'était surprenant de découvrir que mon père et ma fille auraient sans doute eu beaucoup de choses à se dire.

Mais ces souliers qu'elle me proposait ? J'ai voulu protester. Elle a levé la main, puis elle a gravi les marches, repoussé le chat et ouvert la porte. La musique a déferlé vers nous ; elle venait du fond de la maison. Nous avons traversé les pièces où vivait ce Mateotti et où il entreposait ses cuirs et ses formes, m'a expliqué Louise. Sur un mur j'ai vu une devise tracée à la main – de sa propre main, supposais-je. Une citation d'un certain Tchouang-tseu, qui disait : *Quand la chaussure va, on ne pense pas au pied.*

Il y avait une pièce exclusivement remplie de formes en bois, alignées sur les étagères qui couraient le long des murs du sol au plafond. Chacune portait, au bout d'une ficelle, une étiquette avec un nom. Louise m'en a montré quelques-uns ; je n'en croyais pas mes yeux. Cet homme avait créé des souliers pour des présidents américains – ils avaient beau être morts, leurs formes, elles, étaient toujours là. Il y avait là des noms de chefs d'orchestre, de comédiens, de gens qui avaient été par la suite exécutés ou canonisés. C'était une expérience vertigineuse que de se promener au milieu de tous ces pieds célèbres. Comme si les formes étaient arrivées ici par leurs propres moyens, bravant le froid et la neige, pour permettre à ce maître que je n'avais pas encore rencontré de créer ses merveilleux souliers.

– Deux cents étapes, a dit Louise. Voilà le travail qui est nécessaire pour réaliser une seule chaussure.

– Ça doit revenir cher, ai-je dit. Quand une chaussure accède au rang de joyau…

Elle a souri.

– Giaconelli me doit un service. Il m'obligera avec plaisir.

M'obligera.

Quand avais-je entendu pour la dernière fois quelqu'un utiliser cette expression désuète ? Impossible de m'en souvenir. Peut-être la langue survivait-elle autrement au fond de la forêt que dans les grandes villes, où les mots étaient chassés comme des parias ?

Nous avons continué. Partout des formes de bottier, et des outils. Puis une pièce qui sentait fort le cuir ; les peaux tannées étaient entassées sur quelques tables en bois rudimentaires.

Un silence s'est installé après le dernier accord du finale. L'antique plancher grinçait sous nos pas.

– J'espère que tu t'es lavé les pieds, a dit Louise en s'arrêtant devant la dernière porte, qui était fermée.

– Que va-t-il se passer sinon ?

– Giaconelli ne dira rien. Mais il en sera attristé.

Elle a frappé à la porte et l'a ouverte sans attendre la réponse.

Assis à une table, où s'alignaient dans un ordre impeccable plusieurs outils, j'ai vu un vieil homme penché sur une forme partiellement recouverte de cuir. Il portait des lunettes et il était chauve, à part quelques touffes de cheveux à la base du crâne. Il était très maigre – l'une de ces personnes qui donnent l'impression d'être quasi impondérables. La pièce ne comportait aucun autre meuble que cette table. Les murs étaient nus, aucune étagère, rien que les rondins superposés. La musique provenait d'une radio posée sur l'embrasure d'une des fenêtres. Louise s'est penchée et a embrassé le vieil homme sur le sommet de son crâne chauve. Il paraissait ravi de la voir. Avec précaution, il a rangé le soulier brun qu'il était occupé à créer.

– Voici mon père, lui a annoncé Louise. Après toutes ces années, il est revenu.

– Ha, ha. Un homme bon finit toujours par revenir, a répondu Giaconelli.

Il s'exprimait avec un accent prononcé. Il s'est levé et m'a serré la main, fort.

– Tu as une belle fille, m'a-t-il dit. Excellente boxeuse par-dessus le marché. Elle rit beaucoup et elle m'aide quand j'en ai besoin. Pourquoi es-tu resté caché si longtemps ?

Il n'avait pas lâché ma main. Sa poigne s'est légèrement durcie.

– Je ne me cachais pas. J'ignorais que j'avais une fille.

– Un homme sait toujours au fond de lui s'il a un enfant. Mais tu es revenu, Louise est contente, c'est tout ce que j'ai besoin de savoir. Elle a suffisamment attendu le jour où tu viendrais à sa rencontre à travers la forêt. Peut-être pendant toutes ces années étais-tu en route sans le savoir ? Il est aussi facile de se perdre à l'intérieur de soi que sur les chemins des bois ou dans les rues des villes.

Nous sommes allés à la cuisine. Par contraste avec le dépouillement de l'atelier, la cuisine de Giaconelli était encombrée de casseroles, d'herbes séchées, de tresses d'ail suspendues au plafond, de lampes à pétrole et de flacons d'épices par rangées entières, sur des étagères joliment sculptées. Le centre de la pièce était occupé par une table massive. Voyant mon regard se poser sur la table, Giaconelli en a caressé la surface lisse.

– C'est du hêtre. Ce bois merveilleux dont je fais mes formes. Dans le temps, je le faisais venir de France. Les formes ne peuvent être réalisées dans un autre bois que le hêtre qui a poussé dans des paysages vallonnés, qui supporte l'ombre et qui ne se laisse pas influencer par des variations climatiques brusques ou excessives. J'ai toujours choisi moi-même les arbres qui devaient être abattus. Deux ou trois ans avant de remplir ma réserve, j'allais repérer mes arbres. On les coupait en hiver, on les débitait en planches de deux mètres, jamais davantage, et ensuite on entreposait les planches dehors, pendant longtemps. Quand je suis venu vivre en Suède, j'ai pris un fournisseur en Scanie. Mais je suis trop vieux maintenant pour faire le voyage chaque année. Ça m'a causé un grand chagrin de ne plus choisir mes arbres moi-même. D'un autre côté, j'ai de moins en moins de formes à créer. Je marche dans cette maison en pensant que bientôt je ne ferai plus de chaussures. L'homme qui me choisit mes arbres, en Scanie, m'a offert cette table pour mes quatre-vingt-dix ans.

Le vieux maître nous a invités à nous asseoir et a sorti une bouteille de vin rouge entourée de raphia. Il nous a servis. Sa main ne tremblait pas.

Il a levé son verre.

– À la santé du père revenu.

Le vin était une merveille. J'ai compris qu'au cours de mes années sur l'île, tout à fait à mon insu, une chose m'avait terriblement manqué, et c'était celle-là : boire un verre de vin avec des amis.

Giaconelli a commencé à raconter des histoires surprenantes sur les chaussures qu'il avait créées au fil des ans, et sur les clients qui revenaient toujours le voir et dont les enfants se présentaient un beau jour à la porte de son atelier, après leur décès. Mais surtout il a parlé des pieds – de tous ces pieds qu'il avait observés et mesurés afin de confectionner la forme qui leur correspondrait, de ces pieds sur lesquels tout reposait, la partie de mon corps qui m'avait déjà permis de parcourir plus de cent cinquante mille kilomètres depuis ma naissance. De l'importance de la tête de l'astragale – *caput tali* – pour la vigueur du pied. Même le minuscule et insignifiant cuboïde, à la façon dont il en parlait, avait le don de susciter mon très grand intérêt. Giaconelli paraissait tout savoir sur les os et les muscles du pied. Mes études de médecine me sont revenues en mémoire pendant que je l'écoutais, par exemple lorsqu'il s'est étendu sur l'ingéniosité presque irréelle de l'anatomie du pied, l'essentiel étant que tous les muscles soient courts afin d'assurer force, endurance et souplesse.

Louise s'est tournée vers Giaconelli ; elle voulait qu'il crée une paire de souliers pour moi, a-t-elle dit. Giaconelli a hoché pensivement la tête ; puis il a longuement regardé mon visage avant de s'intéresser à mes pieds. Repoussant un plat en terre cuite rempli de noisettes et d'amandes, il m'a demandé de grimper sur la table.

– Pieds nus, a-t-il précisé. Je sais que certains bottiers modernes autorisent qu'on mesure le pied avec la chaussette. Moi, je suis de la vieille école. Je veux voir le pied nu et rien d'autre.

Jamais la pensée ne m'avait effleuré que quelqu'un pût un jour entreprendre de mesurer mon pied en vue de réaliser une chaussure unique. Une chaussure, pour moi, était une chose qu'on essayait dans un magasin. Après une courte hésitation, j'ai ôté mes vilaines chaussures et mes chaussettes et j'ai grimpé sur la table. J'avais eu le temps d'apercevoir le regard plein de regret de Giaconelli pour mes pauvres souliers. Louise, elle, n'en était manifestement pas à sa première expérience ; elle était sortie pendant que je me déchaussais et revenait à présent munie de deux feuilles de papier, d'un sous-main et d'un crayon.

On aurait cru une cérémonie. Giaconelli a regardé mes pieds, les a caressés du bout des doigts et m'a demandé si j'allais bien.

– Je crois que oui, ai-je répondu.

– Tu es en bonne santé ?

– J'ai des migraines.

– Est-ce que tes pieds vont bien ?

– En tout cas, ils ne me font pas mal.

– Ils ne sont jamais enflés ?

– Non.

– Le plus important, pour faire une chaussure, c'est de mesurer le pied au calme, jamais la nuit, jamais à la lumière artificielle. Je ne veux rencontrer tes pieds que s'ils vont bien.

Je me suis demandé s'il se fichait de moi. Mais Louise était grave, prête à noter tout ce que lui dirait Giaconelli.

Il a passé un peu plus de deux heures à estimer mes pieds et à rédiger le protocole de mesures qui lui permettrait de créer mes formes, puis, à partir de là, les chaussures que ma fille avait l'intention de m'offrir. Au cours de ces deux heures, j'ai appris que l'univers des pieds était infiniment plus riche et plus complexe qu'on ne peut l'imaginer de prime abord. Giaconelli a cherché longtemps l'axe longitudinal déterminant l'en-dedans ou l'en-dehors, aussi léger soit-il, de chacun de mes pieds. Il a vérifié la forme de la plante et du cou-de-pied, a recherché les déformations caractéristiques, pied plat, petit doigt de pied proéminent ou gros orteil plus haut que la normale, ce qu'on appelle un orteil « en marteau ». J'ai compris qu'il existait une règle d'or, que Giaconelli observait à l'évidence : les meilleures mesures s'obtenaient avec les instruments les plus simples. Il se contentait de deux talons et d'un mètre de cordonnier. Celui-ci était jaune et comportait deux échelles. L'une servait à mesurer la longueur du pied en points français, un point de Paris étant égal à 6,66 millimètres ; l'autre mesurait largeur et circonférence selon le système métrique. Outre ces outils, il utilisait une équerre hors d'âge. Je me suis placé sur le papier indigo blanc et il a dessiné le contour de mes pieds à l'aide du crayon. Il parlait sans interruption, tout comme autrefois, lorsque j'étais tout jeune chirurgien, les confrères plus âgés rendaient compte à voix haute de leur moindre geste, évaluant chaque incision en même temps que le flux sanguin et l'état général du patient. Tout en dessinant, Giaconelli m'a expliqué que l'angle du crayon devait être de quatre-vingt-dix degrés exactement lors de la mesure. Si l'angle était inférieur à quatre-vingt-dix degrés, les chaussures seraient trop petites d'au moins une pointure.

À l'aide du crayon, il a suivi le contour de mon pied depuis le talon – on commençait au talon – en passant par la face interne, puis le bout des orteils, puis la face externe pour revenir au talon. Il m'a demandé de presser les orteils, fort, contre le sol. C'est le terme qu'il a employé, alors même que j'en étais séparé par l'épaisseur d'une table et d'une feuille de papier. Pour Giaconelli, le support restait toujours le sol.

– De bonnes chaussures doivent aider la personne à oublier ses pieds. Le pied et le sol ont partie liée.

Dans la mesure où le gauche et le droit ne sont jamais symétriques, il a fallu tout reprendre pour le deuxième pied. Quand ce fut fini, Giaconelli a marqué l'emplacement de la première et de la cinquième phalange ainsi que les points de plus large mesure, au niveau du talon et de la plante. Il dessinait lentement, comme s'il ne suivait pas seulement avec le plus grand soin la forme de mon pied, mais aussi un processus intérieur dont j'ignorais tout, que je ne pouvais que deviner. J'avais déjà vu ça chez des chirurgiens que j'admirais autrefois – ces praticiens créaient quelque chose, au fil de leurs interventions, qu'ils conservaient secrètement par-devers eux.

Quand j'ai pu enfin redescendre de la table, il a fallu tout recommencer ; mais cette fois, j'étais assis dans un vieux fauteuil en osier. Je supposais que Giaconelli l'avait apporté de Rome, après avoir pris la décision d'exercer à l'avenir son art au plus profond des forêts du Norrland. Il faisait toujours preuve de la même minutie, mais au lieu de parler, il fredonnait à présent un air de l'opéra qu'il écoutait au moment où Louise et moi étions arrivés chez lui.

Une fois toutes les mesures prises, et lorsque j'eus enfilé une fois de plus mes chaussettes et mes pauvres chaussures, nous avons bu un autre verre de vin. Giaconelli paraissait fatigué, comme si la séance l'avait épuisé.

– Je propose des souliers noirs avec une touche de violet, a-t-il dit, avec une surpiqûre et des œillets renforcés. Pour les personnaliser tout en préservant la discrétion de l'ensemble, nous utiliserons deux cuirs différents. Pour l'empeigne je possède un bout de cuir qui a été tanné voici deux cents ans – cela donne un résultat particulier, du point de vue de la couleur et de la sensation.

Il nous a servi un dernier verre ; la bouteille était maintenant vide.

– Tes chaussures seront prêtes dans un an, a-t-il dit. Pour l'instant je suis en train de finir une paire pour un cardinal-évêque du Vatican. J'en ai une autre en attente pour le chef d'orchestre Keskinen et une autre que j'ai promise à la grande Klinkowa, pour ses récitals. Dans huit mois, je commence, dans un an tes souliers seront prêts.

Nous avons vidé nos verres. Il nous a serré la main et il est retourné travailler. En sortant, nous avons à nouveau entendu la musique, venant de la pièce où il avait son atelier.

Je venais de rencontrer un maître dans un village abandonné des grandes forêts du Nord. Loin des villes, il existait ainsi des gens qui vivaient cachés et qui possédaient des connaissances merveilleuses et inattendues.

– Un homme remarquable, ai-je commenté dans la voiture.

– Un artiste. Une chaussure faite par lui ne peut être comparée à aucune autre, et ne peut être imitée.

– Pourquoi est-il venu ici ?

– La ville le rendait fou. La cohue, l'impatience, tout cela ne lui permettait plus de travailler dans le calme. Il habitait via Salandra. Un jour, j'irai. Je veux voir ce qu'il a quitté.

Nous roulions dans l'obscurité grandissante. À l'approche d'un arrêt de bus, elle m'a demandé de me ranger sur le bord de la route.

La forêt nous frôlait de toutes parts. Je l'ai regardée.

– Pourquoi cet arrêt ?

Elle m'a tendu sa main. Je l'ai prise. Nous sommes restés ainsi, en silence. Un camion chargé de bois est passé dans un bruit de tonnerre en soulevant des tourbillons de neige blanche.

– Je sais que tu as fouillé ma caravane. Ça ne fait rien. Mes secrets, tu ne les trouveras pas dans mes tiroirs.

– J'ai vu que tu écrivais des lettres et que tu recevais parfois des réponses. Mais ce ne sont pas celles que tu espères, n'est-ce pas ?

– Je les accuse de crimes. En échange je reçois des photos signées, des faux-fuyants, ou alors rien du tout.

– Que crois-tu pouvoir obtenir ?

– Une différence. Si petite qu'elle ne se voit peut-être pas, mais quand même : une différence.

Mes questions étaient nombreuses. Elle m'a devancé.

– Que veux-tu savoir sur moi ?

– Tu mènes une vie étrange, mais peut-être pas plus que la mienne, au fond. C'est difficile pour moi de t'interroger sur tout ce que je voudrais savoir. Cependant, je sais parfois écouter. Il le faut, quand on est médecin.

Elle est restée silencieuse.

– Ta fille a fait de la prison, a-t-elle dit ensuite. C'était il y a onze ans. Pas de violence. Seulement des escroqueries.

Malgré le froid, elle a entrouvert sa portière.

– Je dis les choses comme elles sont. Maman et toi, apparemment, vous avez passé votre temps à vous mentir. Je ne veux pas être comme vous.

– Nous étions jeunes. Ni elle ni moi n'en savions assez long sur nous-mêmes pour agir de façon juste. La vérité est parfois très difficile à manier. Le mensonge est plus simple.

– Je veux que tu saches comment j'ai vécu. Petite, j'avais l'impression d'être un *bortbyting*[1]. Ou alors au contraire, d'avoir atterri chez une mère troll en attendant que mes vrais parents se décident à venir me chercher. Nous nous faisions la guerre, elle et moi. La vie avec Harriet n'était pas facile, je peux te le dire. Tu as échappé à ça.

– Que s'est-il passé ?

Elle a haussé les épaules.

– Le cirque habituel. Dans l'ordre : colle, solvants, autres drogues, échec scolaire. Mais je n'ai pas sombré, non. Je m'en suis sortie. Je me souviens de cette époque comme d'une vie de colin-maillard : une vie avec un bandeau sur les yeux, sans arrêt. Maman m'engueulait au lieu de m'aider. Elle essayait de faire naître l'amour

1. Dans la tradition populaire, enfant troll que ses parents déposent dans le berceau d'un enfant humain, après avoir volé celui-ci pour leur propre usage.

entre nous avec des cris. Je me suis tirée de la maison dès que j'ai pu. J'ai accumulé les dettes, ensuite il y a eu les escroqueries dont je te parlais et à la fin une porte a claqué. Sais-tu combien de fois Harriet m'a rendu visite en prison ?

– Non.

– Une seule. Juste avant ma libération. Pour s'assurer que je n'avais pas l'intention de m'installer chez elle. Après ça, on ne s'est pas parlé pendant cinq ans. On a mis du temps à renouer le lien.

– Et ensuite ?

– J'ai rencontré Janne, qui venait des forêts du Nord. Un matin, je l'ai trouvé tout froid dans le lit à côté de moi. L'enterrement a eu lieu dans une église pas loin d'ici. Des gens sont venus, que je ne connaissais pas, des gens de sa famille. Soudain je me suis levée et j'ai dit que je voulais chanter. Je ne sais pas d'où m'est venu le courage. Peut-être la colère de me retrouver seule une fois de plus au milieu de tous ces cousins qui ne s'étaient jamais manifestés quand nous aurions eu besoin d'eux. Tout ce qui m'est revenu, c'est le premier couplet d'une chanson de marin. Je l'ai chanté deux fois et après coup, j'ai pensé que c'était peut-être la meilleure chose que j'avais faite de toute ma vie. Quand je suis ressortie de l'église et que j'ai regardé ce paysage du Hälsingland, j'ai eu comme un sentiment étrange d'appartenir à ce silence, et à ces forêts. C'est comme ça que je suis arrivée ici, rien n'était prémédité, il n'y a eu qu'une suite de hasards. Tous les autres s'en vont, ils partent, et moi pendant ce temps j'ai tourné le dos aux villes et je suis venue ici. J'ai découvert des gens dont je ne savais même pas qu'ils pouvaient exister où que ce soit. Personne ne m'avait parlé d'eux.

Elle s'est tue. Puis elle a dit qu'il faisait trop froid pour continuer. J'ai eu la sensation qu'elle venait de me dire ce qui aurait pu être écrit au dos d'un livre. Résumé d'une vie, vécue jusqu'à tel point. Je ne savais encore rien de ma fille. Mais elle avait commencé à parler.

J'ai remis le contact. Les phares trouaient l'obscurité.

– Je voulais que tu saches, a-t-elle dit. Une chose à la fois.

– Ça prendra le temps qu'il faudra. Il vaut mieux, de toute façon, s'approcher des autres lentement. Si on va trop vite, on risque la collision ou le naufrage.

– Comme en mer ?

– Oui. L'écueil qu'on ne voit pas et qui n'est pas marqué sur la carte, c'est celui qu'on découvre trop tard.

Nous étions revenus sur la route principale. Pourquoi ne lui avais-je rien dit de la catastrophe qui m'était arrivée, à moi ? Peut-être était-ce juste la fatigue et la confusion où j'étais, après le bouleversement des derniers jours. J'allais tout lui dire ; mais pas maintenant. C'était comme si je restais enfermé, figé dans l'instant où, sortant de mon trou d'eau, j'avais pressenti une présence avant de me retourner et de découvrir Harriet sur la glace avec son déambulateur.

Je me trouvais au plus profond des forêts mélancoliques du Norrland ; pourtant, j'étais presque tout entier encore auprès de mon trou.

Quand je reviendrais chez moi, si la mer était toujours gelée, il me faudrait longtemps pour le rouvrir.

4

Les ombres et la lumière des phares jouaient sur la neige.

Nous sommes sortis de la voiture. La nuit était limpide, froide, la température en chute libre. Une petite lumière filtrait par les vitres de la caravane.

Dès notre entrée, j'ai entendu à la respiration d'Harriet que ça n'allait pas du tout. Je n'ai pas réussi à la réveiller. J'ai pris son pouls ; il était rapide et irrégulier. Le tensiomètre était dans la voiture. J'ai demandé à Louise d'aller le chercher. Les deux tensions, maxima et minima, étaient trop élevées.

Nous l'avons portée jusqu'à ma voiture. Louise voulait savoir ce qui se passait, je lui ai dit qu'Harriet devait aller aux urgences pour examen. Peut-être avait-elle eu une attaque, ou peut-être était-ce lié à son état général ; je ne savais pas.

Nous avons roulé dans la nuit jusqu'à Hudiksvall. L'hôpital semblait nous attendre tel un vaisseau illuminé. Nous avons été accueillis par deux infirmières aimables. Harriet avait repris conscience. Peu après, un médecin commençait l'examen. Malgré les regards appuyés de Louise, je n'ai pas dit au confrère que j'étais moi aussi médecin ou, du moins, que je l'avais été. J'ai juste annoncé qu'elle avait un cancer, et que ses jours étaient comptés. Elle prenait des antalgiques, rien d'autre. À sa demande, j'ai noté le nom des médicaments sur un bout de papier.

Nous avons attendu le temps que le médecin, qui avait mon âge, achève son examen. Il voulait la garder sous observation jusqu'au lendemain, a-t-il dit. Mais d'après ce qu'il avait pu voir, rien n'indiquait qu'il se soit passé quelque chose en particulier. C'était sans doute son état général qui se détériorait.

Harriet s'était rendormie quand nous l'avons laissée. Nous sommes ressortis dans la nuit. Il était deux heures du matin, les étoiles brillaient toujours. Louise s'est arrêtée brusquement.

– Elle va mourir cette nuit ?

– Je ne crois pas. Elle est solide. Si elle a eu assez de forces pour traverser la glace jusque chez moi avec son déambulateur, ça veut dire qu'il lui en reste beaucoup. Je crois que quand le moment sera venu, elle nous le dira.

– Ça me donne faim d'avoir peur. J'ai toujours été comme ça. D'autres ont mal au cœur, moi il faut que je mange.

Nous sommes retournés au parking. L'intérieur de la voiture était glacial.

J'avais vu un fast-food ouvert à l'entrée de la ville. Nous y sommes allés. Une bande de loubards gras et chauves s'y trouvait déjà ; à les voir, ils vivaient encore dans les lointaines années cinquante. Ils étaient ivres, sauf un, comme ils ont l'habitude de procéder : il y en a toujours un qui reste sobre pour conduire les autres. Une Chevrolet étincelante était garée dehors. En passant devant eux, j'ai senti une odeur de brillantine.

À ma surprise, j'ai entendu qu'ils parlaient de Jussi Björling[1]. Louise, qui les écoutait aussi, m'a indiqué discrètement un des quatre types. Il avait des anneaux d'or aux oreilles, un ventre énorme débordant de son jean et de la sauce de salade aux coins des lèvres.

– Frère Olofsson, m'a-t-elle dit à voix basse. La bande se fait appeler les « Frères Brothers ». Frère a une belle voix. Dans son enfance, il chantait les solos à l'église. Il a arrêté à l'adolescence. Certains affirment qu'il aurait pu aller loin – jusque sur les scènes des opéras.

J'ai cessé de déchiffrer les menus affichés au comptoir et je l'ai regardée.

– Pourquoi n'y a-t-il personne de normal ici ? Pourquoi tous les gens sont-ils si étranges ? Ton Italien qui fabrique des chaussures, celui-ci qui parle de Jussi Björling…

– Il n'y a pas de gens normaux. C'est une fausse image du monde, une idée que les politiques veulent nous faire avaler. L'idée que nous ferions partie d'une masse infinie de gens ordinaires, qui n'ont ni la possibilité ni la volonté d'affirmer leur différence. Le citoyen lambda, l'homme de la rue, tout ça – c'est du flan. Ça n'existe pas. C'est juste une excuse que se donnent nos dirigeants pour nous mépriser. Je me suis souvent dit que je devrais écrire aussi à nos politiciens à nous – l'équipage secret du royaume de Suède.

– Quel équipage secret ?

– C'est moi qui leur ai donné ce nom-là. Ceux qui ont le pouvoir. Ceux qui reçoivent mes lettres et qui ne répondent jamais autrement que par des photos où

1. Artiste lyrique suédois, qui fut l'un des plus illustres ténors du vingtième siècle.

on voit leur bobine. L'équipage secret. Qui est aux manettes.

Elle a commandé quelque chose qui portait le nom de « menu royal », pendant que je me contentais d'un café, d'un petit paquet de chips et d'un hamburger. Son menu est arrivé. Elle avait vraiment faim. On aurait cru qu'elle voulait engouffrer en une bouchée tout ce qui était sur son plateau.

Ce n'était pas très joli à voir. Ses manières à table me gênaient.

Comme une gamine pauvre, ai-je pensé. Cela m'a rappelé un voyage au Soudan, où j'étais parti avec un groupe d'orthopédistes censés imaginer des cliniques adaptées à tous ceux qui avaient par erreur marché sur une mine et qui avaient besoin de prothèses. Là-bas, j'avais vu les enfants se jeter avec une sorte de rage du désespoir sur ce qu'on leur donnait – un peu de riz, un légume ou un biscuit venu d'un lointain pays donateur…

Mis à part les quatre loubards surgis du passé tels des troglodytes hors de leurs cavernes, il y avait dans la salle quelques routiers, penchés sur leur plateau vide comme s'ils dormaient, ou comme s'ils méditaient la question de leur propre mortalité ; il y avait aussi deux filles, très jeunes, quatorze ou quinze ans, pas plus. Elles chuchotaient entre elles jusqu'à avoir le fou rire, avant de reprendre leurs chuchotements. Je me souvenais de cela : ces éternelles confidences qu'on s'échangeait, adolescents ; serments jurés aussitôt violés, secrets qu'on promettait de garder et qu'on répandait au contraire le plus vite possible. Mais elles étaient vraiment trop jeunes pour se trouver là en pleine nuit. Cela m'a indigné. Ne devraient-elles pas être au lit ? Louise – qui avait fini son énorme repas le temps que j'ôte le couvercle de mon gobelet de café – a suivi mon regard.

– Je ne les ai jamais vues, a-t-elle dit. Elles ne sont pas d'ici.

– Pourquoi, tu connais tous les habitants de cette ville ?

– Non, mais quand même. Je sais.

J'ai essayé de boire mon café, mais il était trop amer. J'ai pensé qu'il aurait mieux valu retourner à la caravane et dormir quelques heures avant de reprendre la route de l'hôpital. Mais nous sommes restés assis là jusqu'à l'aube. Les loubards étaient partis. Les deux filles aussi. Je n'ai pas vu sortir les routiers. Soudain, ils n'étaient plus là. Louise non plus n'avait rien remarqué.

– Il y a des gens qui ressemblent aux oiseaux migrateurs, a-t-elle dit. Les grands départs ont lieu la nuit, et ils reprennent leur route sans que nous nous en apercevions.

Louise buvait du thé. Les deux hommes qui travaillaient derrière le comptoir avaient la peau mate et s'exprimaient dans un suédois confus, qui cédait souvent la place à une langue mélodieuse, mais aussi, me semblait-il, mélancolique. De temps à autre, Louise me demandait si nous ne devions pas retourner à l'hôpital. Je pensais que ce n'était pas la peine.

– S'il se passe quoi que ce soit, ils ont ton numéro. Nous sommes aussi bien ici.

En réalité, nous avions en perspective une conversation infinie, une chronique de près de quarante ans à combler. Peut-être ce fast-food avec ses tubes de néon et son odeur de friture était-il le cadre dont nous avions besoin ?

Louise m'a encore parlé de sa vie. Autrefois elle rêvait de devenir alpiniste. Quand je lui ai demandé pourquoi, elle a répondu qu'elle souffrait de vertige. Cela m'a paru étrange.

– Est-ce vraiment une bonne idée de se pendre au bout d'une corde sur une paroi verticale quand on a peur de grimper sur un escabeau ?

– J'ai pensé que ça m'apporterait plus qu'à ceux qui n'ont pas le vertige. J'ai essayé une fois, en Laponie. Ce n'était pas un mur très raide. Mais je manquais de force dans les bras. J'ai abandonné mes projets d'alpinisme là-haut dans la bruyère. Au retour, c'est-à-dire à peu près le temps d'arriver à Sundsvall, j'avais fini de pleurer sur mon rêve perdu et pris la décision de le remplacer par un autre : le jonglage.

– Qu'est-ce que ça a donné ?

– Je suis encore capable de garder trois balles en l'air assez longtemps. Ou trois bouteilles. Mais je ne suis jamais devenue aussi bonne que je l'aurais voulu.

J'attendais la suite. La porte du restaurant s'est ouverte dans un grincement, et un courant d'air froid m'a cinglé avant qu'elle ne se referme.

– Je ne croyais pas que je trouverais un jour ce que je cherchais. Parce que je ne savais pas du tout ce que je cherchais. Ou peut-être que si – mais je savais aussi que je n'arriverais pas à l'avoir.

– Un père ?

Elle a fait oui de la tête.

– J'ai essayé de te trouver dans mes jeux. Par exemple, je marchais dans la rue, et le onzième homme que je croisais était mon père. À la Saint-Jean, je n'ai jamais tressé une seule couronne de fleurs pour rêver à mon prince charmant. Par contre, j'ai tressé un nombre innombrable de couronnes pour toi, juste pour te voir.

Mais tu ne te montrais pas. Je me souviens d'un jour, j'étais dans une église et il y avait un tableau d'autel, un tableau où l'on voit Jésus monter vers une lumière qui vient à sa rencontre ; deux soldats romains s'agenouillent d'effroi car ils viennent de comprendre ce qu'ils ont fait en le clouant sur la croix. Soudain, j'étais persuadée que l'un de ces soldats était toi. Ton visage serait comme le sien… Voilà. La première fois que je t'ai vu, tu avais un casque sur la tête.

– Harriet n'avait aucune photo de moi à te montrer ?

– Je l'ai interrogée. J'ai fouillé dans ses affaires. Il n'y en avait pas.

– Nous nous prenions souvent en photo, tous les deux. C'était toujours elle qui s'occupait de les faire développer après.

– Elle m'a dit qu'il n'y en avait pas. Si elle les a détruites, c'est à toi qu'elle devra rendre des comptes.

Elle est allée remplir sa tasse de thé. L'un des hommes du comptoir dormait, assis contre un mur, le menton sur la poitrine.

Je me suis demandé à quoi il rêvait.

Dans la chronique de la vie de Louise venaient maintenant le cheval et la cavalière.

– Nous n'avions jamais assez d'argent pour me permettre de monter à cheval. Pas même dans les périodes où Harriet était gérante de magasin et qu'elle gagnait mieux sa vie. Je suis encore capable de me mettre dans des états de rage en pensant à son avarice. Donc, j'étais condamnée à rester collée à la clôture, du mauvais côté, à regarder monter les autres comme autant de petites guerrières orgueilleuses. Moi, j'avais l'impression de devoir être à la fois le cheval et la cavalière – les deux, à moi toute seule. Je me partageais en deux : une partie était le cheval, l'autre celle qui le montait.

Quand j'allais bien, quand c'était facile de me lever le matin, j'étais en selle et il n'y avait pas de fracture dans ma vie. Mais les jours où je ne voulais pas me lever, j'avais l'impression d'être le cheval dans un coin du pré, et on avait beau me fouetter je refusais d'obéir. J'essayais de sentir que le cheval et moi ne faisions qu'un. Je crois que ça m'a aidée à traverser pas mal de moments difficiles quand j'étais gamine. Plus tard aussi, peut-être. Je suis assise sur mon cheval, et il me porte – sauf quand je me fais tomber toute seule.

Elle s'est tue brusquement, comme si elle regrettait ses paroles.

Il était cinq heures. Nous étions seuls dans le restaurant. Le dormeur continuait de dormir contre le mur. Son collègue remplissait des sucriers avec des gestes lents.

Soudain, à brûle-pourpoint, Louise a dit :

– Le Caravage. Je ne sais pas pourquoi je pense à lui à l'instant – lui, sa rage et ses couteaux mortels. Peut-être parce que s'il avait vécu à notre époque, il aurait pu peindre cet endroit et des gens comme toi et moi.

Le Caravage ? Le peintre italien ? Je ne visualisais aucun de ses tableaux, je ne connaissais que son nom. Une vague représentation de couleurs sombres et violentes et de motifs spectaculaires s'est présentée à mon esprit fatigué.

– Je ne connais rien à l'art, ai-je dit à Louise.

– Moi non plus. Mais j'ai vu autrefois un tableau où on voyait un homme tenir dans sa main une tête coupée. Quand j'ai appris que cette tête était la sienne, celle du peintre, un autoportrait, j'ai compris que j'allais devoir creuser le sujet. J'ai décidé de ne pas me contenter de reproductions dans les livres, mais d'aller partout où se trouvaient ses tableaux. C'est comme ça que j'ai commencé à marcher sur les traces du Caravage. Dès que j'avais assez d'argent, j'allais à Madrid, ou ailleurs, dans toutes les villes où il est exposé. Je dépensais le moins d'argent possible, parfois je dormais dehors, dans les parcs, sur un banc. En tout cas j'ai vu ses toiles, j'ai appris à connaître les gens qu'il avait peints et j'en ai fait mes compagnons. Il me reste un long chemin à parcourir. Si tu veux, tu peux me payer les voyages qui me restent.

– Je ne suis pas riche.

– Je croyais que les médecins gagnaient bien leur vie ?

– Ça fait très longtemps que je ne travaille plus. Je suis à la retraite.

– Sans argent à la banque ?

Doutait-elle de ma parole ? J'ai conclu que c'étaient l'heure de la nuit et l'air vicié du fast-food qui me rendaient méfiant. Les néons ne nous éclairaient pas, ils nous observaient, nous épiaient.

Elle a continué à parler du Caravage et j'ai fini par saisir quelque chose de la passion qui la portait. Elle était un musée, qui se remplissait lentement, salle après salle, de ses propres interprétations de l'œuvre du grand peintre. Il était clair que, pour Louise, celui-ci n'avait pas existé quatre siècles auparavant ; c'était plutôt quelqu'un qui vivait près d'elle, ou tout comme, dans l'une des maisons abandonnées de la forêt parmi ses autres amis.

De temps en temps, une personne matinale entrait et consultait la carte : « Menu monstre », « demi-monstre », « mini-monstre », « noctambule ». Même un restaurant minable comme celui-ci, ai-je pensé, peut servir de cadre à un récit important. L'espace d'un instant, une suite de tableaux s'était matérialisée dans le graillon.

Ma fille parlait du Caravage comme s'il avait été un cousin à elle, un frère, ou un homme aimé avec lequel elle rêvait de vivre.

Autrefois il s'était appelé Michelangelo. Son père, Fermi, était mort quand il avait six ans. Il s'en souvenait à peine, le père n'était qu'une des ombres de sa vie, un portrait inachevé dans l'une de ses immenses galeries intérieures. Sa mère avait vécu plus longtemps, jusqu'aux dix-neuf ans du fils. Autour d'elle il n'y avait que silence, une grande colère muette et haineuse.

Louise m'a parlé d'un portrait du Caravage, pierre noire et sanguine, réalisé par un artiste du nom de Leoni. Ça ressemblait à un signalement de police collé sur une façade. Rouge et noir, sang et charbon. Il nous regarde. Son regard surgit de l'image, attentif, vigilant. Existons-nous ou sommes-nous seulement quelque chose qu'il se représente ? Il a des cheveux noirs, une barbe noire, un nez puissant, des paupières bombées : un bel homme, diraient certains. Pour d'autres, il ne serait jamais qu'une nature criminelle, remplie de violence et de haine, malgré son don exceptionnel pour figurer les êtres humains et le mouvement.

Comme un psaume qu'elle aurait appris par cœur, elle a cité un cardinal qui s'appelait peut-être Borromée, je ne suis pas certain d'avoir bien retenu le nom, qui avait écrit ceci : « En mon temps, j'ai connu à Rome un peintre qui se comportait mal, nourrissait des habitudes exécrables et se promenait toujours vêtu de guenilles. Ce peintre, tristement célèbre au demeurant pour son esprit querelleur et sa brutalité, n'a rien accompli dans son art. Les seuls sujets auxquels il voulait appliquer ses pinceaux étaient les tavernes, les ivrognes, les bohémiennes et les musiciens douteux.

Son incompréhensible félicité était de peindre ces gens dépourvus de valeur. »

Le Caravage était un peintre béni des dieux mais aussi un homme dangereux. Il était dangereux parce qu'il avait un tempérament violent et qu'il cherchait sans cesse la bagarre. Il se battait à coups de poing, à coups de couteau ; un jour il avait tué quelqu'un après une dispute sur un point perdu ou gagné au jeu de paume. Mais il l'était surtout parce que ses tableaux portaient l'aveu de sa peur. Cette peur qu'il ne cachait pas le rendait – et le rend toujours – dangereux.

Louise a parlé de la mort, visible partout chez lui : dans le trou laissé par un ver dans la pomme qui trône au sommet d'un panier de fruits, ou dans le regard de celui qui aura bientôt la tête tranchée.

Elle a dit qu'il n'avait jamais trouvé ce qu'il cherchait, mais autre chose. Comme ces chevaux qu'il peignait. Leur bouche écumante était tout autant la sienne, celle qu'il sentait en lui.

Il avait tout peint. Sauf la mer.

Louise a dit que si ces tableaux la touchaient si fort, c'est qu'ils lui proposaient toujours une intimité. Elle découvrait dans chacun d'entre eux un espace où elle pouvait se glisser. Elle aurait pu être l'un de ces personnages qu'il peignait ; elle n'avait jamais peur qu'ils la repoussent. Bien des fois, elle avait cherché une consolation dans ses toiles, en particulier dans les détails peints avec amour, où ses pinceaux se transformaient en doigts sensibles caressant les visages qu'il faisait apparaître avec ses couleurs sombres.

Puis Louise a transformé le fast-food minable où nous étions en une plage de la côte italienne, le 16 juillet 1609. La chaleur est suffocante ; le peintre marche sur cette plage, au sud de Rome ; il n'est plus qu'une épave. Une petite *felucca* (ce qu'était exactement une *felucca*, Louise n'avait jamais réussi à l'apprendre) s'éloigne ; à son bord, il y a ses tableaux, ses pinceaux, ses couleurs, un sac contenant ses vêtements et ses misérables chaussures. Il est seul sur la plage, l'été romain est caniculaire, peut-être y a-t-il un souffle d'air, là, sur le littoral, mais les moustiques sont là aussi, qui le piquent et introduisent la mort dans son sang. Au cours des nuits chaudes et humides pendant lesquelles il gît, épuisé, sur le sable, le parasite de la malaria se multiplie à l'intérieur de son foie. Les premières attaques de la fièvre sont rapides et brutales comme une attaque de brigands. Il ignore qu'il va mourir, mais les peintures non encore achevées qu'il a dans la tête se figent peu à peu. « La vie est comme un rêve qui fuit », avait-il dit un jour. Ou peut-être était-ce Louise qui formulait cette vérité poétique.

Je l'écoutais, médusé, avec le sentiment de la *voir* pour la première fois. J'avais une fille qui comprenait réellement ce que d'être un humain signifiait.

Que le Caravage, ce peintre mort depuis longtemps, fût l'un de ses plus proches amis, cela ne faisait à mes yeux pas le moindre doute. Elle fréquentait les morts avec autant de facilité que les vivants – peut-être même davantage ?

Elle parlait sans s'arrêter. Elle a continué un moment encore. Puis elle s'est tue. L'homme derrière le comptoir s'était réveillé et ouvrait en bâillant un sac plastique de frites surgelées, qu'il a versées dans l'huile chaude.

Nous sommes restés longtemps sans parler. Louise s'est levée pour aller remplir sa tasse.

Quand elle est revenue, je lui ai raconté le jour où j'ai commis une erreur alors que je devais pratiquer une amputation. Je n'étais pas du tout préparé à le lui dire ; c'est sorti tout seul, comme s'il était soudain devenu inévitable que je raconte à Louise l'événement que j'avais cru, jusqu'à ces derniers jours, être le plus important de mon existence. Au début, elle n'a pas eu l'air de saisir que je parlais de moi. Puis elle a compris. L'incident fatal s'était produit douze ans plus tôt. J'avais écopé d'un avertissement. Si je l'avais accepté, l'affaire n'aurait sans doute pas mis un terme à ma carrière. Mais la sanction me paraissait injuste. Je me suis défendu en arguant de conditions de travail inacceptables. Le nombre de patients ne cessait d'augmenter, en proportion inverse des réductions de personnel à l'hôpital. Je ne faisais rien d'autre que travailler. Pas étonnant que le filet de sécurité ait fini par craquer. C'était ainsi qu'un matin, peu après neuf heures, une jeune femme avait perdu son bras droit, parfaitement sain – tranché net au-dessus du coude. C'était une intervention simple. Une amputation ne peut certes jamais être qualifiée de routinière, mais rien ne m'a fait soupçonner un seul instant que je commettais une erreur monstrueuse.

– Comment est-ce possible ? a demandé Louise quand je me suis tu.

– Si tu vis assez longtemps, tu découvriras que rien n'est impossible.

– J'ai l'intention de vivre vieille. Pourquoi te metstu en colère ? Pourquoi deviens-tu désagréable ?

J'ai écarté les bras en signe d'excuse.

– Ce n'est pas volontaire. Je suis peut-être fatigué. Il est six heures et demie. On a passé toute la nuit ici. On aurait besoin de dormir quelques heures.

– Alors rentrons, a-t-elle dit en se levant. L'hôpital n'a pas téléphoné.

Je suis resté assis à ma place.

– Je ne peux pas dormir dans ton lit, il est trop étroit.

– Alors je dormirai par terre.

– On aura à peine le temps d'arriver qu'il faudra retourner à l'hôpital.

Elle s'est rassise. Je voyais bien qu'elle était aussi épuisée que moi. L'homme derrière le comptoir s'était rendormi, le menton contre la poitrine.

Les néons continuaient à nous surveiller, de là-haut, tels les yeux d'un dragon embusqué.

5

L'aube est arrivée comme une libération.

À huit heures et demie nous avons repris la route de l'hôpital. Il avait commencé à neiger, des flocons légers. En apercevant mon visage dans le rétroviseur, j'ai eu une morsure au cœur – un sentiment de mort, d'inexorable.

Je glissais, enfermé dans mon épilogue. Restaient un certain nombre d'entrées et de sorties – quelques-unes, pas davantage.

Mes songeries m'ont fait rater la sortie vers l'hôpital. Louise m'a jeté un regard.

– On aurait dû tourner à droite…

J'ai fait le tour du pâté de maisons sans répondre. Devant l'entrée des urgences, j'ai reconnu l'une des infirmières qui nous avaient accueillis dans la nuit. Elle fumait une cigarette et ne nous a pas reconnus. À une autre époque, ai-je pensé, elle aurait pu être un personnage d'un tableau du Caravage.

Nous sommes montés. La porte de la chambre où nous avions laissé Harriet était ouverte. La chambre était vide. J'ai interrogé une infirmière qui passait dans le couloir. Elle nous a dévisagés. Nous devions ressembler à des cloportes se hasardant au-dehors après une nuit passée sous une pierre froide.

– Mme Hörnfeldt n'est plus là.

– Pourquoi ? Où l'avez-vous envoyée ?

– Nous ne l'avons envoyée nulle part. Elle est partie d'elle-même. Elle s'est habillée et elle a disparu. Et nous ne pouvons rien faire.

Elle paraissait en colère, comme si Harriet l'avait trahie personnellement.

– Quelqu'un a bien dû la voir…

– Le personnel de nuit passait régulièrement dans sa chambre. À sept heures et quart, elle n'était plus là.

J'ai croisé le regard de Louise et je l'ai interprété comme un signe. Elle s'est tournée vers l'infirmière.

– A-t-elle laissé quelque chose ?

– Rien.

– Alors elle est sûrement rentrée à la maison.

– Elle aurait dû nous avertir si elle ne voulait pas rester chez nous.

– Elle est comme elle est, a répliqué Louise. C'est ma mère.

Nous sommes sortis par les urgences, à l'arrière de l'hôpital.

– Je sais où elle est, m'a dit Louise. Nous avons un accord qui remonte à l'enfance. Le café le plus proche. Si jamais on devait se perdre, on se retrouve là.

Nous avons contourné l'hôpital jusqu'à l'entrée principale et le grand hall, où il y avait une cafétéria.

Harriet était attablée devant un café. Elle a agité la main en nous apercevant. Elle paraissait presque gaie.

– Nous ne savons toujours pas ce que tu as ! lui ai-je dit avec reproche. Tu aurais dû laisser le temps aux médecins de lire le résultat de tes analyses.

– J'ai un cancer et pas assez de temps devant moi pour le perdre à paniquer pour rien dans un hôpital. Je ne sais pas ce qui s'est passé hier. J'avais trop bu sans doute. Je veux rentrer maintenant.

– Chez moi ou à Stockholm ? a demandé Louise.

Harriet a saisi son bras pour se lever. Le déambulateur était derrière, à côté des journaux. Ses doigts frêles ont agrippé les poignées. Il était incompréhensible que cette femme ait réussi à me hisser hors du lac.

De retour à la caravane, nous nous sommes allongés tous les trois. J'étais à nouveau du côté extérieur, un pied au sol, et je me suis vite endormi.

Dans mon rêve, Jansson arrivait à toute vitesse à bord de son hydrocoptère qui fendait la glace telle une scie aux dents acérées. Je me cachais derrière un rocher jusqu'à ce qu'il ait disparu. En me redressant, je voyais Harriet sur la glace avec son déambulateur. Elle était nue. À côté d'elle il y avait un grand trou.

Je me suis réveillé en sursaut. Les deux femmes dormaient. J'ai pensé très vite que je devrais prendre ma veste et partir. Mais je suis resté où j'étais, et je me suis bientôt rendormi.

Nous nous sommes réveillés tous les trois en même temps. Il était treize heures. Je suis sorti uriner. Dehors, il ne neigeait plus, et les nuages commençaient à se disperser.

Nous avons bu un café. Harriet m'a demandé de vérifier sa tension car elle avait mal à la tête. Je l'ai fait ; à peine plus élevée que la normale. Louise a voulu que je prenne sa tension, à elle aussi.

– Ce sera un de mes premiers souvenirs de mon père. Après les seaux d'eau.

Sa tension était très basse. Je lui ai demandé si elle était sujette aux vertiges.

– Seulement quand j'ai trop bu.

– Jamais sinon ?

– Je ne me suis jamais évanouie.

J'ai rangé mon tensiomètre. Le café était bu, il était quatorze heures quinze. Il faisait chaud dans la caravane. Trop, peut-être ? Une chaleur suffocante et pauvre en oxygène, qui les aurait mises soudain de mauvaise humeur ? Je n'en sais rien, toujours est-il que je me suis retrouvé attaqué des deux côtés. D'abord par Harriet, qui a voulu savoir quel effet ça me faisait d'avoir une fille, après ces quelques jours.

– Quel effet ça me fait ? Je ne peux sans doute pas répondre à cette question.

– Ton indifférence est effrayante, a-t-elle dit.

– Tu n'as aucune idée de ce que je peux ressentir.

– Je te connais.

– Nous ne nous sommes pas vus depuis quarante ans ! Je ne suis pas le même que celui que tu as connu alors.

– Tu es trop lâche pour admettre que j'ai raison, c'est tout. À l'époque, tu as manqué du courage qu'il fallait pour me dire que tu voulais me quitter. Tu as fui, exactement comme tu le fais maintenant. Ne pourrais-tu pas dire la vérité, ne serait-ce qu'une fois dans ta vie ? N'y a-t-il vraiment rien de vrai en toi ?

Avant que j'aie eu le temps de répondre, Louise a déclaré qu'un homme qui avait abandonné sa fiancée comme je l'avais fait ne pouvait sans doute pas réagir à la survenue inopinée d'un enfant autrement que par l'indifférence, peut-être par la peur, ou, dans le meilleur des cas, par une vague curiosité.

– Je n'accepte pas ça ! ai-je lancé à Harriet. J'ai demandé pardon pour ce que je t'avais fait il y a quarante ans, et comment aurais-je pu imaginer que j'avais un enfant alors que tu ne m'en as jamais rien dit ?

– Comment pouvais-je te le dire puisque tu avais disparu ?

– Sur le chemin du lac, dans la voiture, tu as dit que tu n'avais jamais tenté de me retrouver.

– Tu accuses une mourante de mentir ?

– Je n'accuse personne.

– Dis la vérité ! a crié Louise. Réponds à sa question !

– Quelle question ?

– Sur l'indifférence.

– Je ne suis pas indifférent. Je suis heureux.

– Ah bon ? On ne dirait pas.

– Il n'y a pas assez de place dans cette caravane pour danser sur la table, si c'est ça que tu veux !!

– Ne va surtout pas croire que c'est pour toi que je fais ça ! m'a crié Harriet. Je le fais pour elle !

Nous avons continué à hausser le ton. Les murs de la petite caravane menaçaient d'exploser. Tout au fond de moi, bien entendu, je savais qu'elles disaient la vérité. J'avais trahi Harriet et je n'avais peut-être pas exprimé une joie débordante après la rencontre avec ma fille. Pourtant c'en était trop. Je n'en pouvais plus. Je ne sais combien de temps ont duré ces cris et cette agitation absurdes. Plusieurs fois j'ai cru que Louise allait serrer ses poings de boxeuse et m'envoyer au tapis. Je n'ose même pas imaginer les sommets qu'a frôlés la tension d'Harriet. Pour finir je me suis levé, j'ai attrapé mon sac, ma veste et mes chaussures et j'ai crié :

– Allez vous faire voir toutes les deux ! J'en ai assez !

J'ai claqué la porte de la caravane derrière moi.

Louise n'est pas sortie à ma suite. Ni l'une ni l'autre n'a crié la moindre invective dans mon dos. Le silence était total. Je suis allé jusqu'à la voiture, en chaussettes, j'ai tourné la clé dans le contact et je suis parti. Arrivé sur la route je me suis arrêté, j'ai retiré mes chaussettes trempées et j'ai glissé mes pieds nus dans mes chaussures.

J'étais encore en colère en repensant à leurs accusations. Je revivais intérieurement notre échange. Je modifiais tel ou tel mot que j'avais dit, je rendais ma défense plus nette, plus tranchante. Mais leurs paroles à elles restaient toujours les mêmes.

Je suis arrivé à Stockholm dans la nuit, après avoir conduit beaucoup trop vite. J'ai dormi un moment dans la voiture ; quand j'ai eu trop froid, j'ai continué jusqu'à Södertälje. Je n'en pouvais plus. Je me suis arrêté dans un motel et me suis endormi à peine couché. À treize heures j'ai repris la route vers le sud, après avoir appelé Jansson et laissé un message sur son répondeur. Pouvait-il venir me chercher au port à dix-sept heures trente ? Je ne savais pas s'il serait d'accord pour une course de nuit. Je ne pouvais qu'espérer qu'il écoutait parfois ses messages et que son hydrocoptère était équipé de phares dignes de ce nom.

Quand je suis arrivé au port, Jansson m'attendait. Il m'a dit qu'il avait nourri mes animaux. Je l'ai remercié et j'ai ajouté que j'étais pressé de rentrer.

Jansson m'a déposé sur le ponton. Il a refusé que je le paie.

– On ne peut pas accepter d'argent de son médecin, a-t-il dit.

– Je ne suis pas ton médecin. On en reparlera la prochaine fois.

J'ai attendu jusqu'à ce que l'hydrocoptère ait disparu derrière les rochers et que je ne voie plus la lumière de ses phares. Ma chienne et ma chatte s'étaient soudain matérialisées à côté de moi. Je me suis penché pour les caresser. La chienne paraissait avoir maigri. J'ai laissé ma valise sur le ponton, j'étais trop fatigué pour la traîner jusque là-haut.

Nous étions trois sur cette île, de la même manière que nous avions été trois dans la caravane. Mais ici, personne ne m'agresserait. J'ai éprouvé un grand soulagement en entrant dans ma cuisine. J'ai nourri les animaux, je me suis assis à la table et j'ai fermé les yeux.

J'ai eu du mal à dormir cette nuit-là. Je me relevais sans cesse. C'était la pleine lune, le ciel était dégagé, la lumière pâle se répandait sur les rochers et sur la blancheur de la glace. J'ai enfilé mes bottes et ma fourrure et je suis redescendu jusqu'au ponton. La chienne n'a pas remarqué ma sortie ; la chatte a ouvert les yeux, dans la cuisine, mais n'a pas bougé de la banquette. Dehors il faisait froid. La valise s'était ouverte, des chemises et des chaussettes étaient éparpillées sur la neige. Pour la deuxième fois, j'ai laissé la valise où elle était.

C'est là, sur le ponton, que j'ai soudain compris qu'il me restait encore un voyage à accomplir. Pendant douze années j'avais réussi à me persuader que ce n'était pas nécessaire. La rencontre avec Louise et notre longue conversation nocturne avaient tout changé. Je n'étais pas obligé de le faire, ce voyage. Je *voulais* le faire.

Quelque part vivait une jeune femme que j'avais amputée d'un bras sain. Elle avait vingt ans à l'époque ; elle en avait donc trente-deux maintenant. Je me souvenais de son nom : Agnes Klarström. Debout sur mon ponton au clair de lune, je me suis rappelé tous les détails, comme si je venais de parcourir à l'instant son dossier médical. Elle était originaire d'une des banlieues sud de Stockholm, Aspudden ou Bagarmossen. L'histoire avait commencé par une douleur à l'épaule. Comme elle était nageuse de compétition, ses entraîneurs et elle avaient longtemps cru que c'était dû à son entraînement intensif. Quand elle n'avait plus pu entrer dans la piscine sans avoir mal, elle avait consulté un médecin. Après, tout est allé très vite ; le diagnostic de tumeur osseuse maligne a été confirmé, l'amputation était la seule issue, malgré le drame que cela impliquait pour elle. Du statut de nageuse émérite, elle allait passer à celui de manchote, et cela pour le restant de ses jours.

Ce n'était même pas moi qui devais l'opérer au départ : elle était la patiente d'un confrère. Mais la femme de celui-ci venait d'avoir un grave accident de voiture, les interventions inscrites sur son agenda avaient donc été réparties de façon quelque peu chaotique entre les autres chirurgiens orthopédistes du service. Voilà comment Agnes Klarström s'est retrouvée sur ma table d'opération.

L'intervention a duré un peu plus d'une heure. Je me la rappelle encore. Le personnel avait lavé et préparé le mauvais bras. Il m'incombait naturellement de vérifier que tout était en ordre. Mais je me fiais à mon équipe.

Un mois plus tard, j'ai été averti par la Direction nationale de la santé de l'existence d'une plainte à mon encontre.

Plus de douze ans s'étaient écoulés depuis. J'avais détruit la vie d'Agnes Klarström, mais aussi la mienne. Et, pour couronner le tout, un examen ultérieur avait conclu qu'il ne serait pas nécessaire d'amputer le bras où était localisée la tumeur.

Je n'avais jamais eu l'idée de lui rendre visite. Je ne lui avais jamais parlé, sinon une fois, juste après l'intervention, alors qu'elle était encore étourdie par l'anesthésie.

Je l'avais laissée derrière moi comme une affaire réglée. Jusqu'au moment où j'ai reçu la lettre de la Direction de la santé.

Il était deux heures du matin. Je suis remonté vers la maison et me suis assis à la table de la cuisine. Je n'avais pas encore ouvert la porte de la pièce aux fourmis. Peut-être redoutais-je qu'elles ne déferlent dans la cuisine si je l'ouvrais.

J'ai appelé les renseignements, mais il n'y avait aucune abonnée de ce nom-là dans la région de Stockholm. J'ai demandé à la téléphoniste, qui s'était présentée sous le nom d'Elin, de faire une recherche dans toute la Suède.

Il y avait une Agnes Klarström qui pouvait être la bonne. Elle habitait la commune de Flen ; l'adresse indiquait une ferme dans un village du nom de Sångledsbyn. J'ai noté l'adresse ainsi que le numéro de téléphone.

La chienne dormait. La chatte était dehors, au clair de lune. Je suis allé dans la pièce où se trouve encore le métier à tisser de ma grand-mère avec, dessus, un tapis de lirette inachevé. Il n'y a pas d'image plus nette à mes yeux : la mort ressemble toujours à ça. Quel que soit le moment où elle vient, elle dérange. Comme nos vies, ce tapis ne sera jamais achevé. Sur une étagère qui recevait autrefois les pelotes multicolores de ma grand-mère, je conservais à présent certains papiers qui m'avaient suivi au fil des ans. Une mince liasse, depuis mes notes de baccalauréat, plutôt médiocres, que mon père avait apprises par cœur à force d'orgueil, jusqu'à la maudite copie du compte rendu de l'amputation. Pas grand-chose – j'ai toujours réussi à me débarrasser des documents que d'autres aiment à conserver pieusement. Il y avait là également le testament que m'avait rédigé un avocat moyennant une somme insensée. J'étais obligé d'en faire un nouveau maintenant que j'avais gagné une fille. Mais ce n'était pas pour cela que j'étais entré dans cette pièce où je pouvais encore sentir l'odeur de ma grand-mère. J'ai pris le compte rendu opératoire daté du 9 mars 1991. Bien que connaissant le texte par cœur, je l'ai rapporté dans la cuisine, je l'ai posé sur la table et je l'ai parcouru. Chaque mot était comme un caillou pointu sur le chemin de la déchéance, depuis le premier diagnostic : « chondrosarcome de l'humérus proximal » jusqu'à l'ultime étape : « pansement ».

Pansement. Rien de plus. L'opération était terminée, la patiente emmenée en salle de réveil. Amputée d'un bras, mais avec la maudite tumeur intacte dans l'autre.

J'ai lu :

> *Évaluation préopératoire. Femme, vingt ans, droitière, saine, examinée à Stockholm pour tuméfaction bras gauche. Image IRM compatible avec chondrosarcome bas grade bras gauche. Les analyses complémentaires confirment le diagnostic, la patiente accepte le protocole : amputation de l'humérus proximal, avec une bonne marge. CRO : anesthésie avec intubation, position « en chaise longue », bras dégagé. Prophylaxie antibio d'usage. Incision du processus coracoïde suivant le bord inférieur du deltoïde jusqu'au bord postérieur du creux axillaire. Ligature de la veine*

céphalique, désinsertion du pectoral. Identification du paquet vasculo-nerveux, avec ligature de la veine, double ligature de l'artère. Dégagement des nerfs. Séparation deltoïde/humérus. Grand dorsal et grand rond séparés au niveau de l'insertion osseuse. Chefs long et court du biceps et coraco-brachial séparés sous hauteur de résection. Humérus sectionné au niveau du col chirurgical et limé. Moignon recouvert avec le triceps, préalablement désinséré, et avec le coraco-brachial. Suture du pectoral avec le bord latéral de l'humérus. Pose d'un drain et suture sans tension des bords de la plaie. Pansement.

J'ai pensé qu'Agnes Klarström avait dû lire ce texte et se le faire expliquer bien des fois. Elle avait dû réagir au fait qu'au milieu de tous ces termes abscons il y ait eu soudain un mot ordinaire. Elle avait été opérée en position dite de la « chaise longue » – ainsi qu'on peut l'être au bord d'une piscine, sur une terrasse –, le bras dénudé, avec les lumières du bloc pour dernière vision avant d'être emportée dans le sommeil de la narcose. Je l'avais exposée à une agression effroyable pendant qu'elle reposait ainsi, comme dans un transat.

Se pouvait-il que ce fût une autre Agnes Klarström ? Elle avait été toute jeune à l'époque. S'était-elle mariée entre-temps, avait-elle changé de nom ? D'après Elin des renseignements, son nom n'était assorti d'aucun titre.

Ce fut une nuit effrayante, mais décisive. Je ne pouvais plus continuer à fuir. Je devais lui parler, expliquer l'inexplicable, et dire aussi que je m'étais, de bien des façons, amputé moi-même.

Je me suis recouché. J'ai mis très longtemps à m'endormir. Quand j'ai ouvert les yeux, c'était le matin. Ce n'était pas jour de courrier, Jansson ne viendrait pas. Je pourrais rouvrir mon trou tranquille.

J'ai dû recourir à une pioche pour fendre l'épaisseur de la glace. La chienne observait mes efforts depuis le ponton. La chatte avait disparu dans la remise à bateaux, en quête de mulots. Enfin le trou s'est ouvert, j'ai pu m'immerger et ressentir la brûlure du froid. J'ai pensé à Harriet et à Louise. Et si j'oserais appeler Agnes Klarström ce jour-là et lui demander si elle était la femme que je cherchais.

Je n'ai pas appelé. À la place, j'ai nettoyé la maison comme dans un accès de rage. Une épaisse couche de poussière recouvrait tout. J'ai réussi à mettre en route mon vieux lave-linge et à laver mes draps – tellement sales qu'ils auraient pu être ceux d'un clochard. Puis j'ai fait le tour de l'île en m'arrêtant pour scruter l'immensité gelée à travers mes jumelles et en pensant que je devais prendre une décision.

Une vieille femme avec un déambulateur sur la glace, une fille inconnue dans une caravane. À l'âge de soixante-six ans, tout ce que je croyais réglé et figé une fois pour toutes commençait soudain à bouger et à se transformer.

Cet après-midi-là, je me suis assis à la table de la cuisine et j'ai écrit deux lettres. La première était pour Harriet et Louise, la seconde pour Agnes Klarström. Jansson serait très surpris quand je lui donnerais les deux enveloppes en lui demandant de les affranchir. Par mesure de sécurité, je les avais fermées avec du scotch. Je ne lui faisais pas confiance. Jansson possédait peut-être une curiosité que je ne lui connaissais pas, de nature à l'inciter à ouvrir les lettres que je lui remettrais.

Qu'ai-je écrit ? À Harriet et à Louise, que ma colère était passée, que je les comprenais, mais que je ne pouvais pas les revoir dans l'immédiat. J'étais retourné sur mon île m'occuper de mes animaux délaissés. Mais je tenais pour acquis que nous nous reverrions bientôt. Nos relations devaient naturellement se poursuivre.

Cela m'avait pris beaucoup de temps d'écrire ces quelques lignes. Quand enfin j'ai renoncé à améliorer ma prose, le sol était jonché de feuilles de papier froissées. Ce que j'avais écrit n'était pas vrai. Ma colère n'était pas passée. Mes animaux auraient pu se débrouiller encore quelque temps grâce aux bons soins de Jansson. Et je ne savais pas si j'avais réellement envie de revoir avant longtemps Harriet et Louise. J'avais besoin de temps pour réfléchir, en particulier à ce que j'allais dire à Agnes Klarström, à supposer que je la retrouve.

La lettre à celle-ci ne m'avait pas posé de problème. En l'écrivant, j'ai compris que je la portais en moi depuis des années. Je voulais seulement la rencontrer, rien d'autre. J'ai indiqué mon adresse et j'ai signé du nom qu'elle n'avait sûrement jamais oublié. J'espérais m'adresser à la bonne personne.

Quand Jansson est arrivé le lendemain, le vent s'était levé. J'ai noté dans mon journal de bord que la température avait chuté au cours de la nuit et que les rafales de vent oscillaient entre l'ouest et le sud-ouest.

Jansson était ponctuel. Je lui ai donné trois cents couronnes pour être venu me chercher sur le port la veille, et j'ai refusé de reprendre mes billets.

– Je voudrais que tu m'affranchisses ces deux-là, ai-je dit en lui tendant mes lettres.

J'avais scotché les quatre bords de l'enveloppe. Jansson n'a pas cherché à dissimuler sa surprise. J'y ai coupé court.

– J'écris seulement quand c'est nécessaire.

– Merci pour la belle carte, a-t-il dit.

– Quoi, la clôture enneigée ? Qu'est-ce que ça a de beau ?

Il m'irritait.

– Comment va ton mal de dents ? ai-je demandé pour masquer mon irritation.

– Ça va, ça vient. Je le sens surtout en haut à droite.

Jansson a ouvert le bec.

– Je ne vois rien. Parles-en à un dentiste.

Jansson a fait mine de refermer la bouche. On a entendu un craquement. Sa mâchoire s'était bloquée ; il est resté bouche ouverte. On voyait bien qu'il souffrait, même s'il n'arrivait plus à parler. J'ai exercé une pression douce avec mes pouces de part et d'autre de sa mandibule, j'ai cherché l'articulation et je l'ai massée jusqu'à ce qu'elle retrouve sa place naturelle.

– Ça m'a fait mal, a déclaré Jansson.

– Essaie de ne pas bâiller et de ne pas ouvrir trop grand la bouche pendant quelques jours.

– Est-ce que c'est le signe d'une maladie grave ?

– Pas du tout, rassure-toi.

Jansson est parti avec mes lettres. Je suis remonté vers la maison. Le vent me griffait au visage.

Cet après-midi-là, j'ai ouvert la porte de la pièce aux fourmis. Il m'a semblé qu'une nouvelle portion de nappe avait été engloutie par la fourmilière. Mais à part ça, tout était comme nous l'avions laissé en partant, y compris le lit de camp où avait dormi Harriet.

Il ne s'est rien passé au cours des jours suivants. Je me suis aventuré sur la glace en direction de la haute mer. J'ai mesuré son épaisseur en trois endroits. Sans même consulter mes précédents journaux, je savais que la glace n'avait jamais été si épaisse depuis que j'habitais sur l'île.

Un jour j'ai soulevé la bâche, dans la remise, et j'ai essayé d'évaluer la possibilité que mon bateau reprenne un jour la mer. Était-il resté à sec trop longtemps ? Aurais-je la patience nécessaire pour le réparer ? J'ai laissé retomber la bâche sans avoir répondu.

Un soir, le téléphone a sonné. Il est très rare que quelqu'un m'appelle. Quand ça arrive, ce sont des télévendeurs qui veulent me convaincre de changer d'abonnement ou me faire passer au haut débit. Quand je leur dis que j'habite sur une île isolée et qu'en plus je suis à la retraite, leur enthousiasme s'envole illico. Le haut débit, je ne sais même pas ce que c'est.

Quand j'ai pris le combiné, c'était une voix de femme inconnue.

– Ici Agnes Klarström. J'ai bien reçu ta lettre.

J'ai attendu en retenant mon souffle.

– Allô ? a-t-elle fait. Allô ?

Je n'ai rien dit. Elle a encore fait deux tentatives pour me tirer de ma grotte. Puis elle a raccroché.

Agnes Klarström existait. Je l'avais retrouvée. La lettre était parvenue à sa destinataire. Elle habitait près de Flen.

Dans l'un des tiroirs de la cuisine, je conservais une vieille carte de Suède – je crois qu'elle appartenait à mon grand-père. Celui-ci disait souvent qu'il voulait au moins une fois dans sa vie visiter Falkenberg. Pourquoi cette ville-là en particulier, je n'en sais rien. En réalité, il n'est même jamais allé à Stockholm et il n'a jamais quitté la Suède. Le rêve de Falkenberg, il l'a emporté dans sa tombe.

J'ai étalé la carte sur la table et j'ai cherché Flen. La carte n'était pas assez détaillée pour me permettre de trouver Sångledsbyn. Il me faudrait deux heures au plus pour y aller. Ma décision était prise. J'allais lui rendre visite.

Deux jours plus tard, j'ai retraversé la glace à pied jusqu'à ma voiture. Cette fois, je n'avais pas mis un mot sur ma porte. Et je n'avais rien dit à Jansson : je le laissais à ses suppositions. Les animaux avaient de quoi manger. Le ciel était bleu, pas de vent, deux degrés au-dessus de zéro. J'ai pris la route en direction du nord, avant de bifurquer vers l'intérieur du pays. Je suis arrivé à Flen peu après quatorze heures. J'ai acheté une carte détaillée dans une librairie, et j'ai localisé le village. Celui-ci n'était qu'à quelques kilomètres du manoir de Harpsund, la résidence secondaire des Premiers ministres suédois. Autrefois la maison appartenait à un homme d'affaires qui avait fait fortune dans le liège ; il l'avait léguée à l'État. La célèbre barque amarrée au ponton de Harpsund avait fait bien des tours dans l'eau avec à son bord des chefs d'État que plus personne de la jeune génération ne connaissait.

Je savais tout cela à propos de Harpsund parce que mon père y avait servi du temps où Tage Erlander était Premier ministre et recevait là-bas de nombreux hôtes de marque venus de l'étranger. Mon père ne se lassait jamais de décrire ces hommes – c'étaient toujours des hommes, jamais de femmes – qui conduisaient à table de graves discussions sur la situation mondiale. C'était au temps de la guerre froide ; mon père s'efforçait de se rendre rigoureusement invisible, mais il se souvenait de tout, des menus, des mets et des vins. Et il avait malheureusement été témoin un jour d'un incident qui avait failli tourner au scandale. Il racontait cela sous le sceau du secret, comme si ces informations ne nous étaient livrées, à ma mère et à moi, qu'au prix des plus grandes hésitations. L'un des invités, après avoir beaucoup bu, s'était lancé dans un discours de remerciement alors que le moment n'en était pas encore venu. Ceci avait jeté la confusion parmi les serveurs, mais ils avaient maîtrisé l'imprévu et attendu avant de servir le vin censé accompagner le dessert. Plus tard dans la soirée, l'homme s'était étalé devant le manoir, sur la pelouse.

– Fagerholm s'est enivré de la façon la plus regrettable, disait mon père, la mine grave.

Qui était ce Fagerholm, ma mère et moi ne l'avons jamais su. Longtemps après le décès de mon père, j'ai pris mes renseignements et j'ai conclu que l'homme ivre devait être un des dirigeants du parti ouvrier finnois.

Vivait à présent non loin de Harpsund une femme à qui j'avais volé un bras.

Le village se composait de quelques fermes disséminées sur la rive d'un lac long et étroit. Les champs et les prés étaient couverts de neige. J'avais emporté mes jumelles. J'ai grimpé sur une hauteur pour mieux voir. De temps à autre, quelqu'un se déplaçait dans une cour, entre remise et grange, domicile et garage. Aucune de ces personnes ne pouvait être Agnes Klarström.

J'ai sursauté en découvrant qu'un chien était occupé à renifler mes pieds. En contrebas, j'ai aperçu un homme vêtu d'un long manteau et chaussé de bottes qui marchait sur la route. Il a rappelé son chien. Voyant qu'il levait la main pour me saluer, j'ai caché mes jumelles et je suis descendu. Nous avons échangé quelques mots sur la vue et sur le long hiver sec.

– Y a-t-il dans le village une personne du nom d'Agnes Klarström ?

L'homme a indiqué la maison la plus éloignée.

– Elle habite là, avec ses sales gosses. Avant leur arrivée, personne n'avait de chien ici. Maintenant tout le monde en a un.

Il est parti sur un hochement de tête réprobateur. Ce que je venais d'entendre ne me plaisait guère. Je ne voulais pas être mêlé à quelque chose qui mettrait encore plus de désordre dans ma vie. J'ai résolu de repartir. Mais, devant la voiture, quelque chose m'a retenu. J'ai contourné le village et je me suis arrêté sur un chemin de traverse déblayé. De là je pouvais m'approcher de la dernière ferme, par l'arrière, en traversant un petit bois.

L'après-midi était déjà bien avancé ; il ferait bientôt nuit. Je me suis immobilisé en apercevant la maison entre les arbres. J'ai débarrassé quelques branches de sapin de la neige qui les alourdissait. La maison était bien entretenue. Une voiture était garée devant l'entrée ; un câble reliait le moteur à une prise électrique.

Une silhouette s'est matérialisée dans mes jumelles. Une jeune fille, de face, qui me regardait. Soudain elle a brandi quelque chose qu'elle tenait jusque-là caché dans son dos. C'était une épée. Elle a commencé à courir vers moi, son arme levée au-dessus de la tête.

J'ai jeté mes jumelles dans la neige et j'ai pris la fuite, mais une racine ou une pierre ou Dieu sait quoi m'a fait trébucher et j'ai roulé au sol. Avant que j'aie pu me relever, la fille était sur moi. Il y avait de la haine dans son regard.

– Des comme toi, a-t-elle dit, il y en a partout. Avec leurs jumelles, dans les buissons.

Au même moment, une femme a surgi dans son dos. De sa main gauche, elle a désarmé la fille et j'ai compris que c'était Agnes Klarström. Peut-être aussi avais-je mémorisé tout au fond de moi le visage de la jeune fille qui s'était trouvée douze ans plus tôt exposée à mes mains impeccablement brossées et gantées de caoutchouc.

Elle portait une veste bleue dont la fermeture à glissière était remontée jusqu'au cou. Sa manche droite était attachée à l'épaule par une épingle à nourrice. La fille à ses côtés braquait toujours sur moi son regard haineux.

J'aurais voulu que Jansson vienne me chercher. Pour la deuxième fois en peu de temps, un pan de glace s'était détaché sous mes pieds et je dérivais sans pouvoir regagner la terre ferme.

6

Je me suis relevé, dans la neige, j'ai épousseté mes vêtements et j'ai expliqué qui j'étais. La fille a commencé à me bourrer de coups de pied, mais Agnes lui a ordonné de cesser et elle a disparu.

– Je n'ai pas besoin de chien pour me garder, m'a dit Agnes. Sima repère tout ce qui bouge, tout individu qui approche de la maison. Elle a un regard de faucon. En réalité, je pense qu'elle aurait dû naître rapace.

– J'ai cru qu'elle allait me tailler en pièces.

Agnes m'a jeté un rapide regard sans répondre. J'ai compris que l'hypothèse n'était pas exclue.

Elle m'a fait entrer et nous nous sommes installés dans son bureau. J'entendais à l'arrière-plan de la musique rock à plein volume. Agnes, elle, paraissait ne pas l'entendre. Elle a retiré sa veste, aussi vite que si elle avait eu deux bras, deux mains.

J'ai pris place dans un fauteuil. Sa table était vide, mis à part un stylo-bille.

– Comment crois-tu que j'ai réagi en recevant ta lettre ? a-t-elle commencé.

– Je ne sais pas. Tu as dû éprouver de la surprise. Peut-être de la colère ?

– J'ai été soulagée. Enfin ! ai-je pensé. Puis je me suis demandé : pourquoi maintenant ? Pourquoi pas hier, ou il y a dix ans ?

Elle s'est reculée dans son fauteuil. Elle avait de longs cheveux bruns retenus par une barrette, des yeux bleus limpides. Elle paraissait pleine de force, résolue.

Quant à l'épée de samouraï, elle l'avait posée sur une étagère près de la fenêtre. Elle a suivi mon regard.

– Je l'ai reçue autrefois, a-t-elle dit, d'un homme qui disait m'aimer. Quand l'amour a cessé, curieusement, il a emporté le fourreau mais il m'a laissé l'épée. La lame était aiguisée. Il espérait peut-être que je m'ouvrirais le ventre, de désespoir ?

Elle parlait vite, comme si le temps était compté. Je lui ai raconté Harriet et Louise, comment le fait de prendre conscience de toutes mes trahisons m'avait forcé à partir à sa recherche, pour découvrir si elle vivait toujours.

– Tu espérais que ce ne serait pas le cas ?

– À une époque, oui. Plus maintenant.

Le téléphone a sonné. Elle a écouté brièvement, puis prononcé un « non » très ferme. Non, il n'y avait pas de place libre dans son foyer, elle avait déjà à s'occuper de trois filles.

J'ai découvert un monde dont j'ignorais tout. Agnes Klarström vivait dans cette grande maison avec trois adolescentes qui, du temps de ma jeunesse, auraient été directement rangées dans la catégorie « mauvais genre ». La dénommée Sima venait d'une banlieue défavorisée de Göteborg. Il n'était pas possible de connaître son âge avec certitude. Elle était arrivée en Suède recroquevillée, seule, au fond d'un camion qui avait débarqué un jour dans le port de Trelleborg. Au cours de sa longue fuite hors d'Iran elle avait reçu le conseil, une fois qu'elle serait en Suède, de se débarrasser de ses papiers, de s'inventer un nouveau nom et d'effacer toute trace de sa véritable identité. Ainsi nul ne pourrait l'expulser, même si chacun de ceux qu'elle rencontrait n'avait que cette idée en tête. Son unique bien était un bout de papier sur lequel étaient tracés les trois mots de suédois qu'elle était censée devoir connaître.

Réfugiée, poursuivie, seule.

Le camion avait terminé son voyage à côté de l'aéroport de Malmö. Le chauffeur lui avait indiqué le terminal en disant qu'elle devait aller voir la police. Elle avait onze ou douze ans à l'époque, à présent elle en avait à peu près dix-sept, et la vie qu'elle avait menée entre-temps en Suède faisait qu'elle ne se sentait en sécurité qu'avec l'épée entre les mains.

Deux autres filles habitaient en principe dans la maison, mais l'une des deux était actuellement en fuite. Il n'y avait pas de clôture, aucune porte n'était fermée à clé, mais celle qui quittait les lieux sans permission était considérée comme fugueuse. Si cela se reproduisait trop souvent, Agnes perdait patience. L'adolescente était alors transférée dans une institution où les portes étaient lourdes, et les trousseaux de clés aussi.

La fille qui avait fugué deux jours auparavant s'appelait Miranda et était originaire du Tchad. Elle était probablement partie rejoindre une de ses amies qui, pour une raison inconnue, se faisait appeler Tea-Bag. Miranda avait seize ans et elle était arrivée en Suède avec un statut de réfugiée, à la faveur d'un quelconque quota des Nations unies, après avoir vécu dans un camp avec sa famille.

Le père, un homme simple qui était calé en menuiserie et très pieux, avait vite perdu courage en Suède face au froid permanent et à l'impression que rien n'avait tourné comme il l'espérait. Il s'était alors enfermé dans la plus petite des trois pièces où s'entassait sa nombreuse famille. C'était une pièce sans meubles, qui contenait uniquement un petit tas de sable – le reste de sable africain qui traînait encore dans leurs valises à l'arrivée dans le nouveau pays. Trois fois par jour, sa femme déposait un plateau de nourriture devant sa porte. Il profitait de la nuit, quand tout le monde était endormi, pour se rendre aux toilettes. Peut-être aussi sortait-il pour des promenades nocturnes en solitaire. C'est du moins ce qu'ils croyaient car le matin, au réveil, ils trouvaient parfois des empreintes mouillées sur le sol de l'appartement.

À la fin, Miranda n'avait plus supporté la situation. Elle était partie un soir, comme ça, peut-être dans l'idée de repartir comme ils étaient venus. Le nouveau pays s'était révélé être une voie sans issue. Après son départ, en peu de temps, la police l'avait arrêtée tant de fois pour vol à la tire et vol à l'étalage que son errance d'une institution à l'autre avait commencé pour de bon.

À présent, elle avait donc fugué et Agnes Klarström était folle furieuse ; elle n'avait pas l'intention de s'avouer vaincue tant que la police n'aurait pas fait tout ce qui était en son pouvoir pour la retrouver et la lui ramener.

Une photographie de Miranda était punaisée au mur. Ses cheveux étaient coiffés avec art en un tressage serré qui épousait la forme de son crâne.

– Si on regarde bien, on voit qu'elle a tressé le mot « shit » sur sa tempe gauche, a dit Agnes Klarström.

J'ai regardé ; elle avait raison.

Dans cette institution aux allures de foyer d'accueil qui était à la fois le gagne-pain et la mission vitale d'Agnes Klarström, il y avait encore une autre fille. C'était la plus jeune des trois, elle n'avait que quatorze ans : une créature maigre, qui ressemblait à un animal farouche capturé depuis peu. Agnes ne savait presque rien d'elle, m'a-t-elle dit. Elle semblait surgie tout droit de ce vieux conte où une enfant apparaît un jour sur une place publique en ayant oublié qui elle est et d'où elle vient.

Deux ans plus tôt, en fin de soirée, un fonctionnaire de la gare de Skövde s'apprêtait à fermer pour la nuit quand il l'avait découverte, assise sur un banc. Il lui avait dit de s'en aller, mais elle ne paraissait pas comprendre, se contentant de montrer un bout de papier où il était écrit : « train pour Karlsborg ». Il s'était demandé lequel, d'elle ou de lui, était fou, car il ne circulait plus de train entre Skövde et Karlsborg depuis au moins quinze ans.

Quelques jours plus tard, elle était en première page des journaux sous le nom de « l'enfant de la gare de Skövde ». Personne ne l'avait identifiée, bien que sa photo fût affichée partout. Elle n'avait pas de nom. Les psychologues qui l'avaient examinée et les interprètes maîtrisant les langues les plus exotiques avaient beau tenter de la faire parler, impossible de déterminer son pays d'origine. Le seul lien vers son passé était ce message énigmatique tracé sur un bout de papier : « train pour Karlsborg ». La petite ville de Skövde, située à l'ouest du lac Vättern, avait été en ébullition, sans résultat : personne ne la connaissait et personne ne savait pourquoi elle avait attendu ce soir-là un train qui ne roulait plus depuis quinze ans. Enfin un tabloïd avait fait voter ses lecteurs, et ceux-ci avaient majoritairement opté pour le prénom « Aïda ». On lui avait donné la nationalité suédoise et, les médecins s'étant accordés à estimer qu'elle avait douze ans, treize tout au plus, on lui avait donné aussi un numéro de sécurité sociale. En raison de sa chevelure noire et de son teint mat, on la supposait originaire du Moyen-Orient.

Aïda continuait de se taire. Deux ans durant, elle ne dit rien. Après que chacun eut renoncé et qu'Agnes Klarström eut fait son entrée dans l'histoire, il se produisit toutefois un changement. Un matin, Aïda était descendue comme d'habitude s'asseoir à la table du petit déjeuner, et Agnes, qui n'avait jamais cessé de lui adresser la parole – elle lui parlait même sans arrêt, cela faisait partie de son programme pour tenter d'ouvrir les verrous, pour ainsi dire, à l'intérieur d'Aïda –, lui avait demandé, comme d'habitude, ce qu'elle voulait manger.

– Des céréales.

Sans faute et presque sans accent. Après ça, Aïda s'était mise à parler. Les psychologues s'attroupèrent une fois de plus autour d'elle. Ils déclarèrent qu'elle avait sans doute appris la langue en écoutant ceux qui tentaient de la faire parler, car elle comprenait le sens d'un grand nombre de termes de psychologie et de médecine qui ne faisaient pas partie du vocabulaire normal de son âge.

Aïda s'était mise à parler, mais elle n'avait rien à dire sur son identité ni sur la raison pour laquelle elle devait aller à Karlsborg. Quand on lui demandait quel était son vrai nom, elle répondait comme on pouvait s'y attendre :

– Je m'appelle Aïda.

Elle se retrouva à nouveau en première page des journaux. Et il ne manqua pas de voix, dans les coins sombres, pour marmonner qu'elle avait roulé tout le monde dans la farine ; de la poudre aux yeux, voilà ce que c'était, pour faire fondre toute résistance et être admise sans coup férir dans la communauté nationale. Mais Agnes Klarström, elle, avait une tout autre explication. Dès leur première rencontre, Aïda avait eu le regard rivé au moignon d'Agnes. Comme s'il lui offrait un point d'ancrage, comme si elle avait nagé longtemps en eaux profondes et que là, elle atteignait enfin un banc de sable sur lequel elle pouvait tenir debout. Peut-être le bras amputé d'Agnes représentait-il une sécurité pour Aïda. Peut-être avait-elle assisté à des mutilations. Ceux qui les infligeaient étaient ses ennemis, ceux qui les subissaient étaient des gens à qui elle pouvait se fier.

Le mutisme d'Aïda, selon Agnes, tenait au fait qu'elle avait vu ce que personne, et surtout pas un petit enfant, ne devrait voir.

Aïda ne parlait jamais de sa vie d'avant. À la voir, on avait l'impression qu'elle se libérait peu à peu des derniers lambeaux d'expériences atroces et qu'elle pourrait ensuite, lentement, commencer le voyage vers une vie qui serait digne d'être vécue.

Voilà les trois filles avec lesquelles Agnes Klarström faisait tourner sa petite institution, moyennant l'aide de différents organismes, dont beaucoup la suppliaient d'ouvrir sa porte à d'autres filles qui rôdaient dans les zones les plus marginales de la société. Mais elle refusait, car il n'y avait aucune sécurité, aucun moyen pour elle d'aider qui que ce fût si elle développait son activité. Les filles qui habitaient chez elle fuguaient souvent, mais revenaient toujours ou presque. Elles restaient longtemps. Quand enfin elles la quittaient pour de bon, elles avaient une autre vie vers laquelle aller. Agnes n'accueillait jamais plus de trois adolescentes dans la maison.

– Je pourrais en avoir mille, m'a-t-elle dit. Mille filles abandonnées, furieuses, qui haïssent leur solitude et ce sentiment de ne pas être les bienvenues là où elles doivent pourtant vivre. Mes filles ont appris très tôt que celui qui n'a pas d'argent ne mérite que mépris. Mes filles se blessent exprès, elles attaquent des inconnus au couteau, mais tout au fond, elles hurlent d'une douleur à laquelle elles ne comprennent rien.

– Comment en es-tu venue à faire ça ?

Elle a montré son moignon.

– Je nageais, tu t'en souviens peut-être, ce doit être mentionné dans mon dossier. Ce n'était pas un loisir. J'aurais pu réussir dans la natation. Réussir vraiment. Gagner des médailles. Je peux le dire, sans amertume : ma force n'était pas dans mon battement de jambes, mais dans mes bras.

Un jeune homme à catogan est entré dans le bureau.

– Je t'ai déjà dit de frapper ! Ressors et recommence !

Le garçon a paru se ratatiner ; il est ressorti, a frappé et est entré à nouveau.

– C'était presque ça. Tu dois attendre que je te dise d'entrer. Que veux-tu ?

– Aïda est en colère. Elle menace tout le monde, moi surtout. Elle veut étrangler Sima.

– Que s'est-il passé ?

– Je ne sais pas. Je me demande si elle ne s'ennuie pas, tout simplement.

– Il faut qu'elle apprenne à s'ennuyer. Laisse-la tranquille.

– Elle veut te parler.

– Dis-lui que j'arrive.

– Elle veut te parler maintenant.

– Dis-lui que j'arrive bientôt.

Le jeune homme est ressorti.

– Un bon à rien, a-t-elle commenté en souriant. Je crois qu'il a besoin d'être cadré, et sévèrement. Par chance, il ne se formalise pas de mes engueulades. Au pire, je peux toujours rejeter la faute sur mon bras. Il m'a été envoyé par un programme quelconque d'aide à l'emploi. Il rêve d'être sélectionné pour participer à une de ces séries télé où ils couchent ensemble devant les caméras. À défaut, il voudrait être présentateur. Mais le simple job de m'aider en étant un jeune homme au milieu de mes filles est trop compliqué pour lui. Je ne crois pas que Mats Karlsson fera une grande carrière dans les médias.

– Tu es cynique ?

– Pas du tout. J'aime mes filles, et j'aime même Mats Karlsson. Mais je ne lui rends pas service en encourageant ses fantasmes ou en le laissant croire qu'il se rend utile ici. Je lui donne juste une possibilité d'entrevoir qui il est – et peut-être de trouver sa voie. Dans le meilleur des cas, je me trompe. Un beau jour il se coupera peut-être les cheveux et il s'essaiera sérieusement à quelque chose.

Elle s'est levée et m'a conduit dans une autre pièce en disant qu'elle revenait tout de suite. La musique rock résonnait encore à plein volume ; le bruit semblait provenir de l'étage au-dessus.

Je me suis approché des fenêtres. La neige gouttait des toits. De petits oiseaux se déplaçaient telles des ombres rapides dans les branches des arbres.

J'ai sursauté. Sima était entrée sans bruit dans mon dos. Cette fois elle n'avait pas d'épée. Elle a pris place dans le canapé et replié ses jambes sous elle. Sa vigilance ne se relâchait pas un instant.

– Pourquoi me regardais-tu avec des jumelles ?

– Ce n'était pas toi que je regardais.

– Mais je t'ai vu. Pédophile.

– Que veux-tu dire ?

– Je connais les types comme toi. Je sais comment vous êtes.

– Je suis venu pour rencontrer Agnes.

– Pourquoi ?

– C'est une affaire entre nous.

– Elle te fait bander ?

Sa réplique m'a pris complètement de court. Je me suis senti rougir.

– Je crois que cette conversation est terminée, ai-je dit.

– Quelle conversation ? Réponds à ma question !

– Il n'y a rien à répondre.

Sima n'a pas insisté. Elle a détourné la tête, elle paraissait avoir renoncé à m'adresser la parole. Je me sentais humilié. M'accuser de pédophilie – c'était au-delà de mes facultés de représentation. Je l'ai regardée à la dérobée. Elle se rongeait frénétiquement les ongles. Ses cheveux, qui hésitaient entre le roux et le noir, formaient une tignasse ébouriffée comme si elle s'était peignée rageusement. Sous la surface dure, je devinais une très petite fille dans des vêtements beaucoup trop noirs et trop larges pour elle.

Agnes est revenue. Sima s'est levée aussitôt et elle a disparu. Le dompteur se montre, la bête bat en retraite, ai-je pensé. Agnes s'est assise au même endroit que Sima, en repliant les jambes de la même façon, comme si elles se copiaient l'une l'autre.

– Aïda est une petite nana qui se met tout à coup à prendre l'eau de toutes parts, a-t-elle dit.

– Que s'est-il passé ?

– Pas grand-chose. Elle venait juste de se rappeler une fois de plus qui elle était : un gros tas de rien du tout, comme elle dit. Une perdante comme les autres. Si on devait créer le Parti des perdants aujourd'hui en Suède, beaucoup de gens pourraient prétendre à des responsabilités et faire profiter les autres de leur expérience. J'ai trente-trois ans. Et toi ?

– Le double.

– Soixante-six. Ça fait beaucoup. Trente-trois, c'est peu, mais assez pour savoir que les tensions n'ont jamais été aussi fortes dans ce pays. Curieusement, personne n'a l'air de s'en apercevoir, du moins parmi ceux qui sont pourtant payés pour sentir tourner le vent. Il y a un mur invisible qui traverse cette société. Il ne cesse de grandir, il sépare les gens, il creuse les distances, alors que superficiellement on peut avoir l'impression du contraire. Prends le métro à Stockholm et va jusqu'au bout de la ligne. Va faire un tour en banlieue. En kilomètres, ce n'est pas loin, mais la distance est énorme. Dire que c'est un autre monde est absurde. C'est le même monde. Mais chaque station qui t'éloigne du centre est un mur supplémentaire. À la fin, tu te retrouves à la vraie périphérie, et là tu peux choisir de voir la vérité ou non.

– Quelle vérité ?

– Que ce que tu prends pour la plus lointaine périphérie est en réalité le centre à partir duquel la Suède est en train d'être recréée. L'axe tourne lentement, dedans et dehors, proche et lointain, centre et marge changent progressivement de place. Mes filles se trouvent dans un no man's land où elles n'ont aucune visibilité, aucun horizon, ni devant ni derrière. Personne ne veut d'elles. Elles sont inutiles, comment dire ?… rejetées d'avance. Pas étonnant que la seule chose dont elles soient sûres, c'est qu'elles ne valent rien. C'est comme une grimace qui les attend chaque matin au réveil. Elles n'ont pas envie de se réveiller ! Elles n'ont pas envie de se lever ! Elles ont eu l'amertume enfoncée dans l'âme dès l'âge de cinq, six ans.

– C'est vraiment terrible à ce point ?

– C'est pire.

– Moi, j'habite sur une île. Il n'y a pas de banlieue là-bas, rien que des cailloux. Et absolument aucune fille malheureuse susceptible de débouler d'un instant à l'autre avec une épée.

– Nous faisons tant de mal à nos enfants qu'à la fin ils n'ont plus d'autre moyen d'expression que la violence. Dans le temps, c'était réservé aux garçons. Aujourd'hui, nous avons des gangs de filles qui n'hésitent pas à employer des méthodes qui font vraiment froid dans le dos. C'est la plus grande des défaites. Que des filles soient amenées, par désespoir, à croire que leur salut consiste à se comporter comme les pires des garçons qu'elles connaissent.

– Sima m'a traité de pédophile.

– Moi, elle me traite de pute quand ça l'arrange. Mais le pire, c'est ce qu'elle dit d'elle. Je n'ose presque pas y penser.

– Qu'est-ce qu'elle dit ?

– Qu'elle est morte. Son cœur, à l'intérieur, soupire et gémit. Elle écrit de drôles de poèmes qu'elle pose sur ma table sans un mot ou qu'elle glisse dans mes poches. Il se peut parfaitement qu'elle soit morte d'ici quelques années. Elle se sera suicidée, ou quelqu'un l'aura fait pour elle. Ou alors elle aura eu un accident, avec le corps bourré de drogues et de merdes de toutes sortes. C'est la fin hautement probable de sa triste histoire. Mais elle peut aussi s'en sortir. Il y a de la force en elle. À condition qu'elle arrive à se débarrasser de ce qui la poursuit, cette certitude de ne rien valoir. Et *pour ça*, il faut que je réussisse. À oxygéner sa petite personne, qui pour l'instant se traîne avec un sang pourri et des sentiments qui ne valent pas mieux.

Agnes s'est levée.

– Il faut que j'appelle la police, histoire de les convaincre de fournir un petit effort pour trouver Miranda. Va faire un tour pendant ce temps, on pourra continuer à parler après.

Je suis sorti. Sima, cachée derrière un rideau au premier étage, épiait tous mes faits et gestes. Dans la grange, j'ai découvert quelques chatons occupés à escalader des balles de foin. Il y avait des chevaux et des vaches. J'ai vaguement reconnu les odeurs de ma toute petite enfance, à l'époque où mes grands-parents avaient encore des bêtes sur l'île. J'ai caressé le nez des chevaux et le flanc des vaches. Agnes Klarström semblait avoir sa vie bien en main. Qu'aurais-je fait, pour ma part, si un chirurgien m'avait exposé à une agression pareille ? Aurais-je fini dans la peau d'un ivrogne, ressassant son amertume sur un banc jusqu'à en finir ? Ou aurais-je eu la force de réagir ? Je n'en savais rien.

Mats Karlsson est arrivé et a commencé à distribuer du foin dans les boxes. Il travaillait très lentement, comme s'il exécutait sous la contrainte une besogne repoussante.

– Ah oui, a-t-il dit soudain. Agnes veut que tu ailles la voir, j'ai oublié de te le dire.

J'ai repris le chemin de la maison. Sima n'était plus à la fenêtre. Le vent soufflait, et il neigeait à flocons légers. J'étais fatigué et j'avais froid. Agnes m'attendait dans l'entrée.

– Sima est partie, m'a-t-elle annoncé.

– Mais je l'ai vue à l'instant !

– Ça, c'était à l'instant. Maintenant elle est partie. Avec ta voiture.

J'ai tâté ma poche ; ma clé y était. Et je savais que j'avais verrouillé les portières. Avec l'âge, on se retrouve à trimballer un nombre de clés de plus en plus important, même quand on vit seul sur une île déserte.

– Tu ne me crois pas, a dit Agnes, mais j'ai vu la voiture démarrer. Et la veste de Sima a disparu. Elle a une veste spéciale qu'elle met toujours quand elle fugue. Elle croit peut-être qu'elle la rend invulnérable, ou invisible, ou Dieu sait quoi. Elle a aussi pris l'épée. Satanée gamine !

– Mais la clé de la voiture est dans ma poche !

– Sima avait un petit ami dans le temps qui s'appelait Filippo, un gentil Italien qui lui a tout appris sur l'art d'ouvrir les voitures et de les faire démarrer. Il choisissait toujours celles qui stationnaient devant les piscines, ou devant des salles de jeu clandestines. Comme ça, il était sûr que leurs propriétaires mettraient un petit moment à revenir. Il n'y a que les amateurs pour voler des voitures sur les parkings. En plus, les piscines et les clubs se trouvent en ville, contrairement au parking longue durée de l'aéroport d'Arlanda. Filippo ne voulait pas perdre de temps dans les transports.

– Comment sais-tu tout cela ?

– Sima me l'a raconté. Elle me fait confiance.

– Ah oui ? Et s'enfuir de chez toi en prenant ma voiture, c'est un signe de confiance ?

– Oui, on peut le voir comme ça. Elle a confiance dans le fait que nous allons comprendre son geste.

– Je veux récupérer ma voiture !

– Sima a l'habitude d'épuiser les moteurs. Tu as pris un risque en venant ici, même si tu ne pouvais pas le savoir, bien sûr.

– En venant, j'ai croisé un homme qui promenait son chien. Il a dit quelque chose comme « maudits gosses », en parlant de tes filles.

– Moi aussi, je le dis. C'était quoi, comme race de chien ?

– Je ne sais pas. Marron hirsute, je dirais.

– Alors c'est Alexander Bruun que tu as croisé. Un petit farceur qui était employé à la Caisse d'épargne et qui en profitait pour escroquer les gens. Il falsifiait des signatures, prétendait tout savoir sur les cours de la Bourse, etc. Il a vendu des actions en pagaille jusqu'à ce que tout s'effondre. Après, il n'a même pas fait un tour par la case prison et maintenant il vit confortablement grâce à l'argent qu'il a détourné et que la police n'a jamais retrouvé. Il me hait, et il hait mes filles.

Nous sommes retournés dans son bureau et elle a appelé la police. J'ai écouté, avec une colère croissante, ce qui ressemblait à un bavardage téléphonique amical avec un policier guère pressé, semblait-il, de se lancer aux trousses de la fuyarde occupée à achever ma voiture.

Elle a raccroché.

– Alors ? ai-je dit.

– Rien.

– Ils doivent bien faire quelque chose ?

– Ils n'ont pas assez de personnel pour mettre quelqu'un sur le coup de ta voiture. Le réservoir finira bien par être vide, alors Sima l'abandonnera sur place et elle prendra un train ou un bus. Ou alors elle volera une nouvelle voiture. Une fois, elle est revenue sur un triporteur. Tôt ou tard, elle finit toujours par rentrer. La plupart des fugueurs n'ont pas de destination quand ils mettent les voiles. Ça ne t'est jamais arrivé ?

La seule réponse honnête aurait été de dire que j'étais en cavale depuis plus de douze ans. Mais je ne l'ai pas dit. Je n'ai rien dit du tout.

Nous avons dîné vers dix-huit heures. Il y avait autour de la table Agnes, Aïda, Mats Karlsson et moi. Aïda avait aussi dressé deux couverts pour les fugueuses.

Le dîner consistait en un gratin de poisson insipide. J'ai mangé beaucoup trop vite, car j'étais en colère à propos de ma voiture. Aïda paraissait excitée par la disparition de Sima ; elle parlait sans interruption. Mats Karlsson l'écoutait en l'encourageant par ses commentaires. Agnes mangeait en silence.

Après le dîner, pendant qu'Aïda et Mats Karlsson débarrassaient la table et lavaient la vaisselle, Agnes et moi sommes sortis faire un tour.

Je lui ai demandé pardon. J'ai expliqué de mon mieux, avec le plus de détails possible, ce qui avait mal tourné en ce jour funeste, douze ans plus tôt. Je parlais lentement pour ne pas omettre une précision importante. Mais en fait, j'aurais pu tout aussi bien le dire en quelques mots. Une erreur s'était produite qui n'aurait pas dû se produire. De même qu'un commandant de bord est tenu d'inspecter son appareil, de l'extérieur, avant le décollage, j'aurais dû remplir mon devoir et vérifier par moi-même que le bras idoine avait été préparé pour l'intervention. Je ne l'avais pas fait.

Nous étions dans la grange, face à face, assis chacun sur une balle de foin. Elle me regardait sans ciller.

Quand j'ai eu fini, elle s'est levée et elle est allée donner aux chevaux des carottes qu'elle avait apportées, dans un sac. Puis elle est venue s'asseoir à côté de moi.

– Je t'ai maudit. Tu ne pourras jamais savoir ce que c'est, pour quelqu'un qui aime la nage par-dessus tout, d'être contraint d'y renoncer. J'imaginais qu'un jour, je partirais à ta recherche et que je te couperais un bras avec un couteau bien émoussé. Je t'emballerais dans du fil barbelé et je te larguerais dans la mer. Mais à présent que je te vois et que je t'entends, tout ça disparaît. La haine peut servir de moteur pendant un certain temps – pas davantage. Elle peut te donner une force un peu illusoire, mais elle reste toujours en premier lieu un parasite qui te dévore. Maintenant, ce sont les filles qui m'importent.

Elle m'a serré la main, fort.

– Allez, on laisse tomber, a-t-elle dit. Sinon ça va sombrer dans le mélo et je ne le veux pas. Les manchots sont connus pour être de grands sentimentaux…

Nous sommes retournés dans la maison. De la musique s'échappait de la chambre d'Aïda, le volume était toujours aussi puissant. Des guitares stridentes, des basses qui pulsaient en faisant vibrer toute la maison. Le portable d'Agnes a sonné dans sa poche. Elle a décroché, écouté, dit quelques mots, puis raccroché.

– C'était Sima. Elle te salue.

– Elle me salue ?! Où est-elle ?

– Elle ne l'a pas dit. Elle voulait juste qu'Aïda la rappelle.

– Je ne t'ai pas entendue lui dire de revenir ici tout de suite avec ma voiture.

– J'ai écouté. C'est elle qui parlait.

Agnes a monté l'escalier. Je l'ai entendu crier pour se faire entendre par-dessus la musique. J'avais retrouvé

Agnes Klarström et elle ne m'avait pas couvert d'invectives ni d'insultes. Elle ne m'avait pas accablé de reproches. Elle n'avait pas même haussé le ton pour me raconter qu'elle avait eu, vis-à-vis de moi, des désirs de meurtre.

Les sujets de réflexion ne manquaient pas. En l'espace de quelques semaines, trois femmes avaient fait irruption dans ma vie. Harriet, puis Louise et à présent Agnes. Il aurait peut-être fallu leur ajouter Sima, Miranda et Aïda.

Agnes est revenue. Nous avons bu un café. Mats Karlsson ne se montrait pas. La musique rock martelait les murs.

On a sonné à la porte. Quand Agnes a ouvert, j'ai vu deux policiers encadrant une jeune fille : j'ai deviné que ce devait être Miranda. Ils la tenaient par les bras comme si elle était dangereuse. Son visage était parmi les plus beaux que j'aie jamais vus. Une Marie-Madeleine encadrée par deux soldats romains.

Miranda ne disait rien, mais d'après la conversation entre Agnes et les policiers j'ai cru comprendre qu'elle avait été attrapée par un fermier alors qu'elle essayait de voler un veau. Agnes protestait avec véhémence : pourquoi diable Miranda aurait-elle eu l'idée saugrenue de voler un veau ? Le ton montait, les policiers paraissaient épuisés, personne ne s'écoutait, Miranda restait immobile, debout.

Les policiers sont partis sans avoir éclairci l'affaire. Agnes a posé quelques questions à Miranda, sur un ton de reproche. La fille au beau visage a répondu d'une voix si basse que je n'ai pas compris ce qu'elle disait.

Elle a disparu dans l'escalier et la musique s'est tue. Agnes s'est assise dans le canapé. Elle contemplait les ongles de sa main.

– Miranda est une fille dont je regrette qu'elle ne soit pas mon enfant. De toutes celles qui sont venues et reparties, c'est elle qui s'en sortira le mieux, je pense. À condition de trouver cet horizon qu'elle porte en elle.

Elle m'a montré une chambre derrière la cuisine en disant que je pouvais dormir là, mais qu'elle devait me laisser à présent car elle avait à faire dans son bureau. À peine allongé sur le lit, j'ai imaginé ma voiture. Le moteur fumait. Sima conduisait et à côté d'elle, sur le siège du passager, il y avait l'épée à la lame tranchante. Que se serait-il passé, à supposer que mes grands-parents aient encore été en vie, si j'avais tenté de leur raconter ? Ils ne m'auraient jamais cru. Ils n'auraient pas compris. Qu'aurait dit mon serveur de père ? Et ma pleureuse de mère ? J'ai éteint la lampe et je suis resté couché dans le noir, entouré de voix murmurantes qui me disaient que les douze années passées sur mon île m'avaient fait perdre le contact avec le monde, un monde qui était pourtant le mien, celui dans lequel je vivais.

J'ai dû m'assoupir. Une sensation de froid contre mon cou m'a tiré du sommeil. La lampe de chevet s'est allumée simultanément. J'ai ouvert les yeux et j'ai vu Sima, debout, appliquant la lame de son épée contre ma gorge. Je ne sais pas combien de temps je suis resté sans respirer, jusqu'à ce qu'elle prenne le parti d'éloigner l'épée de ma peau.

– Ta voiture me plaît. Elle est vieille, elle ne va pas vite. Mais elle me plaît.

Je me suis redressé tant bien que mal en position assise. Sima avait posé l'épée sur l'appui de la fenêtre.

– Elle est dehors, a-t-elle continué. Tout va bien, elle n'a rien.

– Je n'aime pas qu'on prenne ma voiture sans ma permission.

Elle s'était assise sur le sol, le dos contre le radiateur.

– Parle-moi de ton île.

– Et pourquoi donc ? Et d'abord, comment sais-tu que je vis sur une île ?

– Je sais ce que je sais.

– Elle est loin, dans la mer, en ce moment elle est entourée de glace. En automne, il y a parfois des tempêtes qui rejettent les bateaux sur la terre si on ne les amarre pas solidement.

– Tu habites vraiment là-bas tout seul ?

– J'ai une chatte et une chienne.

– Tu n'as pas peur ?

– Les rochers et les buissons m'agressent rarement avec des épées.

Elle est restée silencieuse. Puis elle s'est levée et a ramassé son arme.

– Je viendrai peut-être te rendre visite un jour.

– Ça m'étonnerait.

Elle a souri.

– Moi aussi. Mais je me trompe souvent.

J'ai essayé de me rendormir. Vers cinq heures du matin, j'ai renoncé, je me suis rhabillé et j'ai laissé un mot à Agnes disant que je partais. J'ai glissé le bout de papier sous la porte de son bureau. La porte était fermée à clé.

La maison dormait quand je suis parti.

La voiture dégageait une odeur de brûlé. En m'arrêtant pour prendre de l'essence à une station-service ouverte toute la nuit, j'ai aussi rajouté de l'huile. Je suis arrivé sur le port peu avant l'aube.

Je suis sorti sur la jetée. Le vent était frais. J'ai perçu l'odeur salée de la mer malgré la glace épaisse. Des lampes disséminées éclairaient le port, où quelques bateaux de pêche solitaires frottaient contre les pneus de protection.

J'attendais la lumière du jour pour entreprendre la traversée. Comment j'allais me débrouiller avec ma vie, après tout ce qui s'était passé, je n'en avais aucune idée.

Là, tout à coup, sur la jetée, j'ai fondu en larmes. Chacune de mes portes intérieures battait au vent, et ce vent, me semblait-il, ne cessait de gagner en puissance.

La mer

1

Il a fallu attendre début avril pour que la glace s'ouvre enfin. Depuis que je vivais sur l'île, elle ne s'était jamais attardée aussi longtemps. Fin mars, il était encore possible de gagner le continent à pied.

Jansson venait tous les trois jours aux commandes de son hydrocoptère et me délivrait son rapport sur l'état du dégel. Il prétendait se rappeler un hiver des années soixante qui avait été aussi long, avec de véritables murs de glace flottante près des derniers îlots avant la haute mer.

C'était un long hiver.

Le paysage était d'une blancheur aveuglante quand j'escaladais le rocher derrière la maison pour contempler l'horizon. Parfois je suspendais à mon cou les vieilles pointes de grand-père, je prenais un bâton de ski et je partais à pied visiter les îlots, près des hauts-fonds où mon grand-père, et son père avant lui, se livrait autrefois à des pêches au hareng miraculeuses dont personne n'oserait même rêver aujourd'hui. Je me promenais sur ces bouts de caillou où rien ne pousse, en me rappelant le temps de mon enfance, quand j'y allais à la rame. Dans les failles se cachaient parfois des épaves remarquables. Une fois j'avais trouvé une tête de poupée, une autre fois une caisse étanche contenant une collection de 78 tours. Mon grand-père avait interrogé un expert et appris qu'il s'agissait de rengaines allemandes de la Seconde Guerre – celle qui avait pris fin quand j'étais petit. Je ne sais pas où sont passés ces disques. Sur l'un des îlots j'avais aussi trouvé un journal de bord de grandes dimensions qu'un capitaine avait jeté à la mer, par rage ou par désespoir ou pour une autre raison mystérieuse. Son bateau était un cargo qui acheminait du bois depuis les scieries et les points de stockage littoraux du Norrland jusqu'à l'Irlande, qui avait besoin de ce bois pour ses maisons. Un cargo de trois mille tonnes qui répondait au nom de *Flanagan*. Personne ne savait pour quelle raison ce journal de bord s'était retrouvé à l'eau. Grand-père avait dû retourner voir son informateur, un professeur de lycée à la retraite qui passait ses étés sur l'île de Lönö, dans la bicoque laissée par le pilote côtier Grundström. Le professeur avait traduit les phrases d'anglais, sans découvrir pour autant la moindre information remarquable à la date du jour où le journal était passé par-dessus bord. Je me souviens encore de cette date : le 9 mai 1947. La dernière entrée concernait la nécessité de « graisser d'urgence les câbles de hissage ». Après cela, rien. Le journal de bord inachevé s'était retrouvé à l'eau. Le bateau, chargé et parti de Kubikenborg, était en route vers la lointaine Belfast. Le temps était calme, la mer belle, une entrée datée du matin indiquait un vent de sud-sud-est d'un mètre par seconde.

Au cours de ce long hiver j'ai souvent pensé au journal du capitaine, avec ses pages qui ne seraient jamais remplies. Ma vie après la catastrophe avait ressemblé à cela. Comme si j'avais jeté mon journal à la mer et que j'avais continué à circuler ensuite entre différents ports sans laisser de trace de mon passage. Le journal que je tenais, et où il était essentiellement question de jaseurs disparus et des maux dont souffraient ma chienne et ma chatte, avait pour but de me rappeler chaque jour la vie creuse que je menais. Je parlais des oiseaux pour confirmer l'existence d'un vide.

Cet hiver a aussi été une plongée dans le passé. Soudain je rêvais à nouveau de mes parents. Je me réveillais la nuit avec des images étonnantes en tête, des souvenirs depuis longtemps perdus, qui me revenaient à présent. Je voyais mon père agenouillé dans notre petit salon, quand il alignait ses soldats de plomb pour reproduire les mouvements de troupes qui avaient eu lieu à Waterloo ou à Narva. Ma mère, depuis son fauteuil, le regardait faire avec une grande tendresse. Elle se contentait de rester assise ; le jeu avec les soldats de plomb se déroulait toujours en silence.

L'avancée des soldats assurait une grande paix provisoire dans notre foyer. Mes rêves ont ramené à la surface la peur que j'avais, enfant, des disputes qui éclataient parfois entre eux. Ma mère pleurait et mon père s'efforçait de maudire à haute voix le maître d'hôtel qui, pour l'heure, le tourmentait – ses tentatives pour manifester de la colère étaient toujours pitoyables. À présent, moi, je rêvais et, ce faisant, je retournais lentement à mes racines. J'avais la sensation de tenir une pioche et de creuser la terre à la recherche d'un bien perdu. Confusément, je devinais qu'il était question de cela.

Mais cet hiver était aussi marqué par tout ce qui avait été regagné contre toute attente : Harriet m'avait donné une fille et Agnes ne me haïssait pas.

C'était un hiver émaillé de lettres. J'écrivais, et on me répondait. Pour la première fois en douze ans de vie sur l'île, les sempiternelles visites de Jansson avaient enfin un sens. Il me considérait toujours comme son médecin et exigeait de moi des consultations à n'en plus finir pour soigner toutes ses maladies imaginaires. Mais maintenant il m'apportait aussi du courrier, et il arrivait que je lui glisse en retour une enveloppe timbrée.

La première lettre, je l'ai écrite le jour même de mon retour. J'avais traversé la glace, depuis le port, dans la lumière grise du matin. Mes animaux paraissaient affamés bien que je leur eusse laissé des quantités de croquettes. Après les avoir nourris, je me suis attablé dans la cuisine et j'ai écrit à Agnes :

> *Je regrette d'être parti si vite. Peut-être était-ce un trop grand bouleversement de te voir, toi à qui j'ai causé une souffrance si extrême. J'aurais voulu te dire bien des choses encore, et de ton côté tu avais peut-être des questions à me poser. Je suis maintenant de retour sur mon île. La glace couvre encore la mer, elle est dure et épaisse au bord du rivage. J'espère que mon départ précipité ne signifie pas la fin de notre contact.*

Je n'ai pas changé un mot à cette lettre. Le lendemain je l'ai donnée à Jansson, qui ne paraissait pas s'être aperçu de mon absence. J'ai bien vu qu'il était dévoré de curiosité au sujet de la destinataire. Mais il n'a rien dit. Et ce jour-là, par extraordinaire, il n'avait mal nulle part.

Le soir j'ai commencé un autre courrier, destiné cette fois à Harriet et à Louise, les deux ensemble, et bien que le précédent fût resté sans réponse. Cette lettre a fini par être beaucoup trop longue. En la relisant, je me suis aussi aperçu qu'elle n'était pas juste. Je ne pouvais pas leur envoyer une lettre commune, dans la mesure où je ne pouvais que deviner ce qu'elles savaient l'une de l'autre, et quelle était la vraie nature de leur relation. J'ai tout déchiré et j'ai recommencé à zéro. La chatte dormait sur la banquette de la cuisine, la chienne soupirait à côté du fourneau. J'essayais de voir, à la regarder, si elle avait mal aux pattes. Elle ne survivrait probablement pas à l'automne. La chatte non plus, d'ailleurs.

Je demandais à Harriet comment elle allait. C'était une question idiote puisque la réponse allait de soi : mal, évidemment. Je la lui posais néanmoins. Une question impossible, mais naturelle. Puis je parlais de notre voyage :

> *Nous sommes allés jusqu'à ce lac. J'ai failli me noyer. Tu m'as sauvé. Ce n'est que maintenant, après mon retour, que je comprends à quel point j'ai été près de mourir. Encore une minute dans l'eau et c'était fini. La chose étrange, cependant, c'est que quand tu m'en as tiré, j'ai eu le sentiment que tu me pardonnais.*

Le souvenir de cet épisode me donnait encore des frissons. Mais je ne cessais pas pour autant de m'immerger dans mon trou chaque matin. Au bout de quelques jours, j'ai compris que cette habitude avait perdu de sa nécessité. Depuis ma rencontre avec Harriet et Louise, je n'avais plus autant besoin de m'exposer au froid. Ces bains matinaux sont devenus de plus en plus brefs.

J'ai écrit à Louise le soir du même jour. J'avais appris des choses sur le Caravage dans ma vieille encyclopédie qui datait de 1909. Ma lettre commençait par une variante d'une phrase lue dans cet ouvrage : « Son coloris puissant, bien que sombre, et son audacieuse restitution de la nature ont suscité au fil du temps un intérêt considérable et légitime. » J'ai déchiré la feuille. Je n'avais pas la force de prétendre que ce fût là mon opinion personnelle. Je ne voulais pas non plus révéler à Louise que je pillais un livre vieux de près d'un siècle, même si j'en avais supprimé les archaïsmes, pour avoir quelque chose à lui dire.

J'ai recommencé. Ma lettre, quand enfin je l'ai relue, n'était pas bien longue :

> *J'ai claqué la porte de ta caravane. Je n'aurais pas dû. Je n'arrivais pas à dominer ma confusion. Je t'en demande pardon. J'espère que nous ne vivrons pas à l'avenir comme des étrangers.*

Ce n'était pas une bonne lettre. Je l'ai envoyée quand même. Le fait qu'elle n'avait pas été bien reçue m'a été confirmé quarante-huit heures plus tard, quand le téléphone a sonné en pleine nuit. Je suis descendu, tout étourdi, à la cuisine, manquant trébucher sur mes animaux inquiets avant de réussir à attraper le combiné. C'était Louise. Elle était folle de rage. Elle criait si fort que j'en ai eu mal au tympan.

– Ça me met tellement en colère !! Que tu sois capable d'envoyer des lettres pareilles ! Dès que ça devient un peu désagréable, un peu intime, qu'est-ce que tu fais ? Tu fermes ta porte ! Et voilà !

J'entendais à sa voix qu'elle avait bu. Il était trois heures du matin. J'ai essayé de la calmer. Ça n'a fait que l'électriser davantage. Je n'ai rien ajouté, je l'ai laissée déverser sa rage contre moi.

C'est ma fille, me répétais-je en silence. Elle dit ce qu'elle a à me dire. Et d'ailleurs je savais depuis le début que c'était une mauvaise lettre que j'avais confiée à Jansson.

Je ne sais pas combien de temps elle a crié dans le combiné. Soudain, en pleine phrase, il y a eu un déclic. La conversation était terminée. J'ai raccroché. Le vide résonnait autour de moi. Je me suis levé, j'ai ouvert la porte du salon, j'ai allumé le plafonnier. La fourmilière avait encore grandi. C'était du moins mon impression. Mais les fourmilières peuvent-elles réellement se développer l'hiver, alors que les fourmis hibernent ? Je ne savais pas répondre à cette question, pas plus que je ne savais quoi répondre à Louise. Je comprenais son ressentiment. Mais elle ? Me comprenait-elle ? Y avait-il d'ailleurs quoi que ce soit à comprendre ? Peut-on éprouver un sentiment paternel vis-à-vis d'une femme adulte dont on n'avait jamais jusque-là soupçonné l'existence ? Et qui étais-je pour elle ?

Cette nuit-là, je n'ai pas pu me rendormir. J'ai été saisi d'une peur contre laquelle j'étais absolument sans défense. Je suis allé me rasseoir à la cuisine, en me cramponnant à la toile cirée bleue qui avait recouvert cette table depuis l'époque de ma grand-mère. Le vide et l'impuissance m'ont englouti. Louise, avec ses griffes, m'avait lacéré jusqu'au tréfonds.

Je suis sorti à l'aube. Le mieux, pensais-je, aurait été qu'Harriet ne se fût jamais montrée sur la glace. J'aurais pu continuer à vivre ma vie sans fille, et Louise, de son côté, se serait débrouillée sans père.

Je me suis enveloppé dans la fourrure de mon grand-père et je suis allé m'asseoir sur le banc du ponton. La chienne et la chatte avaient disparu. Elles avaient leurs propres itinéraires ; leurs traces dans la neige en portaient le témoignage. Elles allaient rarement ensemble.

Je me suis demandé s'il leur arrivait, à elles aussi, de mentir sur leurs intentions.

Je me suis levé du banc et j'ai hurlé, droit devant moi, dans la brume. Le bruit a résonné avant de s'évaporer dans la lumière grise. L'ordre était perturbé. Harriet était venue et elle avait bouleversé ma vie. Louise avait crié dans mon oreille une vérité contre laquelle je ne pouvais me défendre. Et Agnes ? Elle finirait peut-être par m'agresser avec une rage imprévue, elle aussi…

Je suis retombé sur le banc. Les paroles de ma grand-mère, et la peur qu'elles trahissaient, me sont revenues en mémoire. Si on partait, si on s'enfonçait dans le brouillard, à pied ou en bateau, on pouvait fort bien ne jamais revenir.

Pendant douze ans j'avais vécu seul. À présent mon île, je le sentais, avait été envahie par trois femmes.

Au fond, ai-je pensé, je devrais les inviter à venir, toutes les trois. Par un beau soir d'été, je les autoriserais à m'attaquer, chacune à tour de rôle. Tout à la fin, quand je serais presque mort, Louise pourrait enfiler ses gants de boxe et m'envoyer au tapis pour le décompte final.

Elles pourraient compter jusqu'à mille. Et je ne me relèverais pas.

Quelques heures plus tard, je rouvrais mon trou à la hache et je m'immergeais dans le bain glacé. J'ai noté dans mon journal de bord que je m'étais obligé à rester dans l'eau plus longtemps que d'habitude ce matin-là.

Jansson est arrivé, ponctuel comme toujours. Il n'avait pas de lettre pour moi, et je n'en avais pas non plus à lui donner. Il allait repartir quand je me suis rappelé qu'il ne s'était pas plaint d'avoir mal aux dents depuis un long moment.

– Comment vont tes dents ?

Jansson a eu l'air perplexe.

– Quelles dents ?

Je n'ai pas insisté. L'hydrocoptère a été englouti par le brouillard.

Avant de remonter vers la maison, je me suis arrêté auprès de mon bateau dans la remise et j'ai soulevé la bâche une fois de plus. Sa membrure maltraitée m'a fait l'effet d'un reproche vivant. Encore un an comme cela, et il serait irrécupérable.

Ce jour-là j'ai écrit une nouvelle lettre à Louise. Je lui demandais pardon pour tout, y compris ce que j'aurais éventuellement oublié, et pour tous les désagréments que je pourrais lui causer à l'avenir. Je terminais ma lettre en parlant du bateau :

> *J'ai un vieux bateau en bois qui me vient de mon grand-père et qui traîne dans une remise. C'est une honte de le négliger comme je le fais. Je n'ai tout simplement pas réussi à me mettre au travail. J'ai l'impression d'être moi-même retourné sur des tréteaux sous une bâche depuis que je suis sur cette île. Je n'arriverai jamais à remettre le bateau en état si je ne commence pas par me réparer moi-même.*

Deux jours plus tard, je remettais ma lettre à Jansson. La semaine suivante, il m'a apporté la réponse de Louise. Le froid s'était à nouveau installé sur l'île, après quelques jours de dégel. L'hiver refusait d'abandonner la partie. Je me suis attablé dans la cuisine pour lire. La chatte et la chienne n'avaient qu'à rester dehors. Parfois je n'avais pas le courage de les supporter.

Louise écrivait :

Parfois j'ai l'impression d'avoir vécu ma vie entière avec des lèvres gercées. Ce sont les mots qui me sont venus un matin alors que la vie me paraissait pire que d'habitude. Je n'ai pas besoin de te raconter toute mon histoire, tu connais les grandes lignes, les détails ne changent rien. Maintenant j'essaie de trouver une façon de vivre avec toi – avec ce troll qui a surgi d'entre les arbres et qui s'est révélé être mon père. Je sais bien que tu n'y es pour rien, qu'Harriet ne t'avait rien dit, etc., mais je ne peux m'empêcher de t'en vouloir aussi. Quand tu es parti en claquant la porte, ça m'a fait l'effet d'un direct en pleine face. Au début j'ai pensé que c'était une bonne chose, que tu disparaisses. Mais après, la sensation de vide n'a fait que grandir. C'est pourquoi j'espère que nous pourrons trouver le moyen d'être au moins amis, un jour.

Elle signait sa lettre d'un L joliment calligraphié, comme une arabesque.

Ce n'est pas une belle histoire, ai-je pensé. Harriet, Louise et moi. Louise a réellement toutes les raisons du monde d'enrager contre nous.

L'hiver s'est passé, avec des lettres circulant entre la caravane et l'île. De temps à autre je recevais aussi des nouvelles d'Harriet, qui était entre-temps rentrée à Stockholm. Ni Louise ni elle ne précisaient qui l'y avait conduite. Harriet écrivait qu'elle était très fatiguée mais que la pensée du lac et celle de notre rencontre, à Louise et à moi, l'aidaient à tenir. Je continuais de l'interroger sur sa santé, mais elle ne me répondait jamais là-dessus.

Ses lettres étaient empreintes d'une résignation presque mystique. Contrairement à celles de Louise, où une explosion de rage potentielle était toujours tapie entre les lignes.

Chaque matin au réveil, je me promettais de commencer sérieusement à prendre ma vie en main. Je ne pouvais plus laisser mes jours s'écouler ainsi – tous pareils et sans utilité pour quiconque.

Mais je ne parvenais à rien. Aucune décision ne prenait forme. De temps à autre, j'allais soulever la bâche en pensant que c'était moi que je contemplais en réalité. Cette couleur écaillée était la mienne, les fissures et les traces d'humidité aussi. Peut-être même l'odeur du bois qui commençait tout doucement à pourrir.

Les jours rallongeaient. Les oiseaux migrateurs revenaient peu à peu. Ils arrivaient le plus souvent de nuit. À travers mes jumelles, j'apercevais les oiseaux marins voguant en bordure de la glace, à l'horizon.

Le 19 mars, ma chienne est morte. Je l'avais laissée sortir comme d'habitude, le matin de bonne heure en descendant à la cuisine. Je voyais bien qu'elle souffrait et qu'elle ne se levait plus qu'avec difficulté. Mais j'avais cru qu'elle survivrait au moins jusqu'à l'été. Après m'être baigné dans mon trou, puis séché et habillé à la cuisine, j'étais redescendu jusqu'à la remise pour prendre les outils dont j'avais besoin pour réparer une petite fuite dans la salle de bains. Je trouvais étrange que la chienne ne se montre pas, mais je ne suis pas parti à sa recherche. C'est seulement à l'heure du repas que j'ai compris qu'elle avait disparu. Même la chatte, à ce stade, paraissait se poser des questions. Elle faisait le guet sur les marches du perron. Je suis sorti, j'ai appelé ma chienne, qui n'est pas venue. Alors j'ai enfilé une veste et j'ai commencé à chercher. Je l'ai découverte au bout d'une heure de l'autre côté de l'île, près des formations rocheuses inhabituelles qui se dressent hors de la glace tels de gigantesques piliers. Elle était couchée dans un creux de rocher, à l'abri du vent. Je ne sais pas combien de temps je suis resté à la regarder. Ses yeux étaient ouverts, brillants comme des cristaux, semblables à ceux de la mouette que j'avais trouvée morte de froid près du ponton au début de l'hiver.

La mort était une coupe claire où ne subsistait plus aucune des cachettes de la vie.

J'ai porté la chienne jusqu'à la maison. Elle était plus lourde que je ne l'aurais imaginé. Les morts sont toujours lourds. Puis je suis allé chercher une pioche et j'ai réussi à creuser, après beaucoup d'efforts, un trou suffisamment grand sous le pommier. La chatte me regardait faire du haut du perron. Le corps de la chienne était raide quand je l'ai enfoui avant de combler le trou.

J'ai rangé la pioche et la pelle contre le mur de la maison. La brume du matin était de retour sauf que, maintenant, elle venait de moi ; c'étaient mes yeux qui s'embuaient. Je pleurais ma chienne.

J'ai noté l'événement dans mon journal de bord. J'ai calculé qu'elle avait vécu neuf ans et trois mois. Je l'avais achetée tout jeune chiot à un chalutier retraité, qui se livrait à l'élevage de chiens au pedigree douteux.

Pendant quelques jours j'ai pensé que je devrais m'acheter un autre chien. Mais l'avenir était trop incertain. Ma chatte allait bientôt mourir elle aussi. Plus rien ne me retiendrait alors sur cette île si je ne le souhaitais pas.

J'ai écrit à Louise et à Harriet pour leur raconter la mort de ma chienne. Les deux fois j'ai fondu en larmes.

Elles m'ont répondu très différemment. Louise comprenait ma peine, tandis qu'Harriet demandait comment diable on pouvait regretter un vieil animal perclus de douleurs qui avait enfin trouvé la paix.

Les semaines ont passé sans que je me mette au travail sur mon bateau. Comme si j'attendais quelque chose. Peut-être aurait-il fallu que je m'écrive une lettre à moi-même pour me raconter à quoi ressemblaient mes projets d'avenir ?

Les jours rallongeaient et la neige commençait à fondre dans les failles des rochers. Mais la mer restait prise.

Un beau jour, la glace a tout de même fini par céder. En sortant un matin, j'ai vu que des fissures s'étaient ouvertes qui allaient jusqu'à la mer. Plus tard, Jansson est arrivé à bord de son bateau : il avait rangé l'hydrocoptère. Il m'a annoncé qu'il avait décidé d'acheter un hydroglisseur pour l'hiver suivant. Je n'étais pas tout à fait sûr de savoir ce qu'était un hydroglisseur, malgré ses explications détaillées, que je n'avais pas sollicitées, d'ailleurs. Il m'a demandé d'examiner son omoplate gauche. N'y avait-il pas, à mon avis, une grosseur à cet endroit ? Peut-être une tumeur ?

Il n'y avait rien du tout. Jansson continuait de jouir d'une santé de fer.

Ce jour-là j'ai retiré la bâche de mon bateau et j'ai commencé à gratter les bordages. J'ai réussi à débarrasser la poupe de sa couche de peinture écaillée.

Mon intention était de continuer le lendemain. Mais le lendemain il s'est produit un imprévu : alors que je descendais vers le ponton pour mon bain matinal, j'ai découvert qu'un petit bateau à moteur avait accosté.

J'ai pilé net, retenant mon souffle.

La porte de la remise était ouverte.

J'avais de la visite.

2

Un reflet lumineux jouait à l'intérieur de la remise. Je n'aurais pas deviné qu'il venait de la rencontre entre le soleil et la lame affûtée d'une épée. Mais quand j'ai ouvert la porte, c'est bien Sima que j'ai vue. Pas de doute. Elle tenait son épée à la main.

– J'ai cru que tu ne te réveillerais jamais, a-t-elle dit en guise de salut.

– Comment es-tu venue jusqu'ici ? Qu'est-ce que c'est que ce bateau ?

– Je l'ai pris.

– Où donc ?

– Dans le port. Il y avait des chaînes. Mais les chaînes et les cadenas, ça me connaît.

– Tu l'as volé ?

Ma chatte était descendue jusque sur le ponton et observait Sima de loin.

– Où est la chienne ?

– Elle est morte.

– Comment ça ?

– Morte. Il n'y a qu'une mort. On est mort. Non vivant. Mort. Ma chienne est morte.

– J'avais un chien, dans le temps. Il est mort aussi.

– Les chiens meurent. Et ma chatte se fait vieille, elle n'en a plus pour longtemps.

– Tu vas lui tirer une balle ? Est-ce que tu as un fusil ?

– Si j'en avais un, je ne te le dirais pas. Je veux savoir ce que tu fais ici et pourquoi tu as volé ce bateau.

– Je voulais te voir.

– Pourquoi ?

– Tu ne m'as pas plu.

– C'est pour ça que tu es venue ?

– Je veux savoir pourquoi tu me déplais.

– Tu es complètement folle. Et où as-tu appris à conduire un bateau ?

– À une époque, j'étais dans un foyer au bord du lac Vättern. Ils avaient un bateau là-bas.

– Comment as-tu trouvé mon adresse ?

– J'ai demandé à un vieux qui ratissait des feuilles devant l'église. Ce n'était pas difficile. Je lui ai juste demandé s'il connaissait un médecin qui se cachait sur une île. Je lui ai dit que j'étais ta fille.

J'ai renoncé. Sima avait réponse à tout. Que Hugo Persson, le bedeau chargé de l'entretien du cimetière, soit un moulin à paroles, je le savais. Il lui avait sans doute expliqué l'itinéraire en détail, d'ailleurs ce n'était pas compliqué, d'abord tout droit jusqu'au phare de Mittbåden, ensuite traverser Järnsundet, un détroit bordé de rochers escarpés, puis droit devant jusqu'à mon île où deux pieux signalaient l'entrée de la crique.

J'ai vu qu'elle était épuisée : ses yeux ternes, son visage pâle, ses cheveux relevés n'importe comment avec des barrettes en plastique… Elle était vêtue de noir des pieds à la tête ; mais ses baskets avaient des lacets rouges.

– Viens, lui ai-je dit. Tu as sûrement faim. Quand tu auras mangé j'appellerai les gardes-côtes, je leur dirai que tu es chez moi et que tu as volé un bateau. Ils viendront te chercher.

Elle n'a pas protesté et elle n'a pas levé son épée vers moi. Une fois dans la cuisine, je lui ai demandé ce qu'elle voulait manger.

– De la bouillie d'avoine.

– Je croyais que personne ne mangeait plus ça.

– Je ne sais pas ce que font les autres, mais moi, j'en veux. Je peux la préparer moi-même.

J'avais en stock des flocons d'avoine et un bocal de compote de pommes non périmé. Elle a préparé sa bouillie ; elle l'aimait épaisse. Puis elle a ajouté du lait dans l'assiette. La compote, elle n'en voulait pas. Elle mangeait lentement. L'épée était posée sur la table. Je lui ai demandé si elle voulait du café, ou du thé. Elle a fait non de la tête. Elle ne voulait que la bouillie. J'essayais de comprendre pourquoi elle était venue jusqu'ici. Que me voulait-elle ? La première fois que je l'avais vue, elle s'était jetée sur moi avec son épée. Maintenant elle mangeait de la bouillie dans ma cuisine. Ça ne tenait pas debout. Elle a fini son assiette, l'a rincée et l'a posée sur l'égouttoir. Puis :

– Je suis fatiguée. Il faut que je dorme.

– Il y a un lit de camp dans la pièce d'à côté. Tu peux te coucher là si tu veux, mais je te préviens, il y a une fourmilière. Et comme c'est le printemps, elles commencent à se réveiller.

Elle m'a cru. Elle avait douté de la mort de ma chienne, mais la fourmilière, elle y croyait. Elle a indiqué la banquette.

– Je peux dormir là.

Je lui ai donné un oreiller et une couverture. Elle n'a ôté ni ses vêtements ni ses chaussures, elle a tiré la couverture jusque par-dessus sa tête et elle a fermé les yeux. J'ai attendu d'être sûr qu'elle dorme, et ensuite je suis allé m'habiller.

Je suis retourné au bord de l'eau en compagnie de ma chatte. C'était un bateau en plastique équipé d'un moteur hors-bord Mercury vingt-cinq chevaux. La coque avait durement raclé les pierres du rivage. Pas de doute : Sima l'avait échoué exprès. J'ai cherché à savoir si le plastique s'était fissuré, mais je n'ai rien vu.

C'était jour de courrier ; Jansson allait découvrir le bateau. Autrement dit, j'avais deux heures devant moi pour prendre une décision. Il n'était pas certain que j'appelle les gardes-côtes. Dans la mesure du possible, je préférais persuader Sima de retourner chez Agnes sans y mêler les autorités. Je pensais aussi à moi. Il n'est pas exactement convenable pour un vieux docteur de recevoir la visite de jeunes filles qui volent des bateaux après avoir fugué loin de leur foyer d'accueil.

À l'aide d'une gaffe et d'une planche, j'ai réussi à remettre le bateau à l'eau. Avec la gaffe, je l'ai ensuite fait glisser jusqu'au ponton. J'ai attaché ma barque en remorque. Le hors-bord possédait un démarreur électrique, mais celui-ci supposait l'existence d'une clé qui n'était évidemment pas à sa place quand Sima avait emprunté le bateau. Elle l'avait démarré à la ficelle, et j'ai fait de même. Le moteur a acquiescé du premier coup. L'hélice et l'arbre étaient intacts. Je suis sorti en marche arrière et j'ai mis le cap sur deux îlots qu'on appelle les Soupirs. Entre les deux, il existe un petit port naturel abrité des regards. Je pourrais y laisser le bateau volé jusqu'à nouvel ordre.

L'origine du nom des deux îlots fait débat. Jansson affirme qu'il y avait autrefois par ici un chasseur d'oiseaux qui s'appelait Måsse et qui avait l'habitude de pousser un soupir chaque fois qu'il réussissait à abattre un eider. Selon Jansson, les îlots ont été baptisés en son honneur.

Je ne sais pas si c'est vrai. Sur ma carte marine, ils n'ont pas de nom. Mais cela me plaît que quelques rochers dénudés à fleur d'eau puissent s'appeler ainsi. Quelquefois je me figure que les arbres murmurent, que les fleurs chuchotent, que les buissons fredonnent des mélodies mystérieuses et que les églantines, dans les crevasses derrière le pommier de ma grand-mère, font résonner des notes pures sur des instruments invisibles. Alors pourquoi des îlots ne soupireraient-ils pas ?

J'ai mis presque une heure à rentrer à la rame. Il n'y aurait pas de bain ce matin-là. Je suis remonté à la maison. Sima dormait sous la couverture ; elle n'avait pas changé de position. Au même instant, j'ai entendu le bateau de Jansson à l'approche. Je suis descendu l'attendre sur le ponton. Un vent léger soufflait du nord-est, il faisait peut-être cinq degrés, pas plus, et le printemps paraissait encore loin. J'ai entraperçu un brochet dans l'eau ; puis il a disparu.

Jansson s'inquiétait ce jour-là pour ses cheveux. Il craignait de devenir chauve. Je lui ai suggéré de s'adresser à un coiffeur. Au lieu de m'écouter, il a déplié une feuille qu'il avait manifestement arrachée à un magazine et m'a demandé de la lire. C'était une publicité pleine page pour une lotion qui promettait des résultats immédiats à condition qu'on l'applique scrupuleusement.

Parmi les ingrédients, ai-je lu, figurait entre autres la lavande. J'ai pensé à ma mère et j'ai dit à Jansson qu'il ne devait pas croire tout ce que racontaient les annonceurs.

– Ce que je veux, a répliqué Jansson, c'est un conseil.

– Je te l'ai déjà donné. Va voir un coiffeur. Il en saura plus que moi sur la chute des cheveux.

– Vous n'appreniez rien sur la calvitie pendant tes études ?

– Pas grand-chose, je le crains.

Il a enlevé son bonnet et incliné la tête, comme pour exprimer une soudaine vénération à mon endroit. Je ne pouvais que constater la belle épaisseur de sa chevelure, y compris sur le sommet du crâne.

– Tu ne vois pas de signe de calvitie ? a insisté Jansson.

– Ça vient avec l'âge ; c'est naturel.

– D'après cette annonce, tu te trompes.

– Dans ce cas, je trouve que tu devrais acheter cette lotion et t'en enduire la tête.

Jansson a chiffonné la page du magazine.

– Parfois je me demande si tu es vraiment médecin comme tu le prétends.

– En tout cas, je sais faire la différence entre les gens qui souffrent de maladies réelles et les facteurs hypocondriaques.

Jansson allait répliquer quand j'ai vu son regard se déplacer de mon visage à un point situé derrière mon dos. Je me suis retourné. Sima ! Debout sur le chemin, ma chatte dans les bras ; l'épée pendait à sa ceinture ; elle ne disait rien, se contentait de sourire. Jansson était cloué sur place, bouche ouverte. Avant la fin de la journée, tout l'archipel saurait que je recevais la visite d'une jeune dame hirsute aux yeux noirs, qui se promenait sur mon île armée d'une épée de samouraï.

– Je crois que je vais me commander ce produit pour les cheveux, a dit Jansson sur un ton aimable. Je ne vais pas te déranger plus longtemps. Je n'ai pas de courrier pour toi aujourd'hui.

Il est retourné dans son poste de pilotage, il a manœuvré. Je l'ai suivi du regard. Quand je me suis détourné, Sima remontait déjà vers la maison. Elle avait lâché la chatte dans la pente.

Je l'ai trouvée attablée dans la cuisine, fumant une cigarette.

– Où est le bateau ? a-t-elle demandé.

– Je l'ai rangé dans un endroit où personne ne risque de le voir.

– À qui parlais-tu, dehors ?

– Il s'appelle Jansson et il distribue le courrier dans l'archipel. Ce n'est pas bien qu'il t'ait vue.

– Pourquoi ?

– Il va le répéter. Commérages.

– Ça m'est égal.

– Tu n'habites pas ici. Moi, oui.

Elle a écrasé son mégot sur une vieille soucoupe de ma grand-mère. Ça ne m'a pas plu.

– J'ai rêvé que tu déversais une fourmilière sur moi. J'essayais de me défendre avec l'épée, mais la lame s'est cassée. Ça m'a réveillée. Pourquoi as-tu une fourmilière dans la pièce d'à côté ?

– Tu n'avais pas à y entrer.

– Je trouve ça beau. La moitié de la nappe a disparu à l'intérieur. Encore quelques années et on ne verra même plus la table.

J'ai remarqué soudain une chose qui m'avait échappé jusque-là. Sima était inquiète. Ses gestes étaient nerveux et, en l'observant à la dérobée, j'ai vu qu'elle frottait ses doigts les uns contre les autres.

J'ai pensé alors que j'avais déjà observé cette manie, chez un patient à qui j'avais dû ôter une jambe suite à un diabète avec complications. Ce patient souffrait d'une grave phobie des microbes ; psychiquement, c'était un cas limite, sujet à des crises de dépression profonde.

La chatte a sauté sur la table. Dans le temps, je la chassais systématiquement ; depuis quelques années, non. Elle m'avait vaincu. J'ai juste déplacé l'épée pour qu'elle ne se blesse pas les pattes. En me voyant toucher la poignée, Sima a tressailli. La chatte s'est roulée en boule en ronronnant sur la toile cirée. Sima et moi la contemplions en silence.

– Raconte-moi, ai-je dit. Pourquoi tu es venue ici et où tu crois que tu vas aller après. Ensuite nous déciderons de la meilleure manière de sortir de cette situation sans complications inutiles.

– Où est le bateau ?

– Je l'ai laissé dans une crique entre deux petites îles qu'on appelle les Soupirs.

– Comment une île peut-elle s'appeler Soupir ?

– Il y en a une par ici qu'on appelle le Cul de cuivre, et une autre qu'on appelle le Pet. Les îles ont des noms, comme les personnes, mais on ne sait pas toujours d'où ils viennent.

– Tu as caché le bateau ?

– Oui.

– Merci.

– Je ne sais pas si ça mérite des remerciements. Mais si tu ne me racontes pas vite fait pourquoi tu es venue, je prends le téléphone et j'appelle les gardes-côtes. Ils seront ici dans une demi-heure.

– Si tu touches au téléphone, je te tranche la main.

Ça m'a coupé le souffle l'espace d'une seconde. Puis je lui ai dit le fond de ma pensée :

– Tu ne peux pas prendre l'épée maintenant parce que je l'ai touchée tout à l'heure. Tu as une peur panique des microbes. Tu es terrorisée à l'idée d'attraper des maladies contagieuses.

– Je ne sais même pas de quoi tu parles.

J'avais vu juste. Sa main, sur la table, tremblait de façon perceptible. Une faille dans sa carapace dure. Alors elle a contre-attaqué. Empoignant ma vieille chatte par la peau du cou, elle l'a envoyée valdinguer contre le tas de bûches à côté du fourneau. Puis elle s'est mise à crier. Je ne comprenais pas un mot de ce qu'elle racontait, c'était dans une autre langue. Je l'ai regardée en pensant que Sima n'était pas ma fille, qu'elle ne relevait pas de ma responsabilité.

Elle s'est tue d'un coup. J'ai repris la parole posément :

– Alors ? Tu ne ramasses pas l'épée ? Tu ne me découpes pas en rondelles ?

– Pourquoi es-tu si salaud avec moi ?

– On ne s'en prend pas à ma chatte comme tu viens de le faire.

– Je ne supporte pas les poils de chat. Je suis allergique.

– Ça ne te donne pas le droit de la tuer.

Je me suis levé pour laisser sortir la chatte – qui s'était mise devant la porte et me regardait d'un air méfiant. Je l'ai suivie dehors, en pensant que Sima avait peut-être besoin d'être seule. Le soleil avait transpercé la couche nuageuse, il n'y avait pas un souffle de vent, la journée s'annonçait comme la plus chaude que nous ayons eue jusqu'à présent. La chatte a disparu à l'angle de la maison. J'ai jeté un regard prudent par la fenêtre. Sima était devant l'évier et se lavait les mains. Elle les a soigneusement essuyées, puis elle a frotté la poignée de l'épée avec le torchon avant de la reposer sur la table.

Elle était pour moi un être incompréhensible. Je ne pouvais pas même imaginer ses pensées. Qu'avait-elle donc dans la tête ? Je n'en avais aucune idée.

Je suis retourné à l'intérieur. Sima attendait, assise à la table de la cuisine. Je n'ai rien dit, à propos de l'épée. Soudain elle a levé les yeux vers moi.

– Chara. C'est comme ça que je voudrais m'appeler.

– Pourquoi ?

– Parce que c'est beau. Parce que c'est un télescope. Il se trouve sur une montagne près de Los Angeles. Mount Wilson. J'irai là-bas avant de mourir. On voit les étoiles au travers. Et autre chose, qu'on ne peut même pas imaginer. C'est le plus puissant de tous les télescopes.

Elle a baissé la voix, comme saisie par l'émerveillement, ou comme si elle voulait me confier un secret précieux.

– Il est si puissant que, grâce à lui, on peut voir une personne qui se trouverait sur la Lune. Je voudrais être cette personne-là.

Je devinais plus que je ne comprenais ce qu'elle essayait de me dire. Une petite fille pourchassée, en fuite, loin de tout, loin d'elle-même, s'imaginait que quelqu'un comme elle, qui n'était pas visible sur cette Terre, pourrait le devenir grâce à un télescope puissant.

J'ai eu l'impression, un instant, d'apercevoir un petit fragment de son être. J'ai tenté de prolonger l'échange en parlant des myriades d'étoiles qu'on pouvait voir depuis mon île par les nuits d'automne dégagées et sans lune. Mais Sima s'est retirée en elle-même, elle ne voulait plus, comme si elle regrettait déjà de m'en avoir trop dit.

Nous sommes restés silencieux. Puis je lui ai demandé une fois de plus pourquoi elle était venue.

– Le pétrole, a-t-elle dit. Je veux aller en Russie et gagner plein d'argent. Il y a du pétrole là-bas. Ensuite je reviens et je deviens pyromane.

– Que veux-tu faire brûler ?

– Toutes les maisons où on m'a forcée à rester alors que je ne voulais pas.

– Tu veux aussi faire brûler la mienne ?

– Non, c'est la seule que je laisserai debout. La tienne et celle d'Agnes. Mais les autres, je les brûle.

Je commençais sérieusement à croire que cette fille était folle. Non seulement elle se baladait avec une épée, mais elle avait des projets d'avenir totalement délirants.

Elle a paru deviner mes pensées.

– Tu ne me crois pas ?

– Franchement, non.

– Alors tu peux aller te faire foutre.

– Tu ne parles pas comme ça dans ma maison. J'ai le pouvoir de faire venir les gardes-côtes plus vite que tu ne le penses.

J'ai abattu mon poing sur la soucoupe de ma grand-mère – celle qui lui avait servi de cendrier un peu plus tôt. Les débris de faïence ont volé à travers la cuisine, mais Sima n'a pas bronché. Comme si mon coup d'éclat ne la concernait pas.

– Je ne veux pas que tu te fâches, a-t-elle dit d'une voix calme. Je veux juste rester ici cette nuit. Ensuite je partirai.

– Pourquoi es-tu venue ?

Sa réponse m'a sidéré.

– Tu m'avais invitée.

– Je n'en ai aucun souvenir.

– Tu as dit que tu ne pensais pas que je viendrais. J'ai voulu te montrer que tu avais tort. En plus, je suis en route pour la Russie.

– Je ne crois pas un mot de ce que tu racontes. Ne peux-tu pas me dire la vérité ?

– Je ne crois pas que tu aies envie de l'entendre.

– Et pourquoi non ?

– Pourquoi crois-tu que j'ai emporté l'épée ? Je veux pouvoir me défendre. À un moment, je n'ai pas pu. J'avais onze ans.

J'ai compris que c'était vrai. Sa vulnérabilité débordait de toutes parts la colère de façade.

– Je te crois. Mais pourquoi viens-tu chez moi ? Tu ne vas tout de même pas me dire que tu as sérieusement l'intention d'aller en Russie ?

– Je sais que je vais réussir là-bas.

– Qu'est-ce que tu veux faire ? Chercher le pétrole en creusant avec tes mains ? On ne te laissera même pas entrer dans le pays. Pourquoi ne restes-tu pas chez Agnes ?

– Je dois partir. J'ai laissé un mot disant que je partais vers le nord.

– Mais c'est vers le sud ici !

– Je ne veux pas qu'elle me retrouve. Parfois elle est comme un chien, elle flaire la piste de celles qui partent. Je veux juste rester ici un moment. Ensuite je disparais.

– Tu comprends bien que ce n'est pas possible !

– Si tu me laisses rester, tu pourras.

– Je pourrai quoi ?

– Qu'est-ce que tu crois ?

J'ai compris d'un coup ce qu'elle me proposait.

– Mais pour qui tu me prends ? J'oublie ce que tu viens de dire ! Je ne l'ai même pas entendu !

J'étais tellement scandalisé que je suis sorti. J'ai pensé à la réputation que Jansson était certainement en train de me tailler en ce moment même d'une île à l'autre. Je deviendrais Fredrik, celui qui entretient en cachette des jeunes filles importées des pays arabes.

Je me suis assis sur le ponton. Ce qu'avait dit Sima me remplissait non seulement de gêne et de désarroi, mais aussi de chagrin. Je commençais tout doucement à comprendre quel fardeau elle traînait, cette petite.

Elle m'a rejoint sur le ponton.

– Assieds-toi, ai-je dit. Tu peux rester ici quelques jours, si tu veux.

Je percevais son angoisse. Ses jambes tremblaient. Je ne pouvais pas la flanquer dehors. En plus, j'avais besoin de temps pour réfléchir. La quatrième femme venait d'envahir ma vie et mon île pour exiger de moi quelque chose dont j'ignorais encore la nature.

Nous avons mangé le dernier morceau de lièvre qui restait dans le congélateur. Sima chipotait et ne disait pas grand-chose. Son angoisse semblait croître d'heure en heure. Elle ne voulait pas dormir avec les fourmis, a-t-elle dit, alors j'ai mis des draps sur la banquette de la cuisine. Il était à peine vingt et une heures, mais elle a déclaré qu'elle avait sommeil.

La chatte a dû rester dehors cette nuit-là. Je suis monté à l'étage, je me suis couché, j'ai lu. Je n'entendais aucun bruit de la cuisine, même si je voyais, au reflet de la lumière devant la maison, que Sima n'avait pas encore éteint. Quand je me suis relevé pour baisser le store, j'ai aperçu ma chatte ; elle était assise, éclairée par la lumière de la cuisine.

Bientôt elle aussi me quitterait. En la regardant, j'avais déjà l'impression d'avoir affaire à un être transparent.

Je lisais un livre ayant appartenu à mon grand-père, un ouvrage de 1911 qui traitait des échassiers rares. J'ai dû m'assoupir. Quand j'ai rouvert les yeux, la lampe de chevet était allumée, et j'ai vu qu'il n'était pas vingt-trois heures. J'avais dormi une demi-heure tout au plus. J'ai entrouvert le store. Sima avait éteint, en bas, et la chatte n'était plus là. J'allais me recoucher quand soudain j'ai dressé l'oreille. Des bruits en provenance de la cuisine, que je ne parvenais pas à identifier. J'ai entrouvert ma porte, j'ai écouté, et j'ai compris. Sima pleurait. Je suis resté là, en proie à l'indécision. Fallait-il que je descende la voir ? Ou préférait-elle rester seule ? Après un moment les pleurs ont décru. J'ai refermé doucement ma porte et je suis retourné au lit. Je savais où poser les pieds pour ne pas faire grincer les lames du plancher.

Mon livre avait glissé à terre. Je ne l'ai pas repris, je suis resté allongé dans le noir en essayant de prendre une décision. Appeler les gardes-côtes, c'était la seule chose à faire. Mais pourquoi toujours m'en tenir à la seule chose à faire ? J'ai décidé d'appeler Agnes. Ce serait à elle de trancher. Agnes était malgré tout la personne au monde la plus proche de Sima, si j'avais bien compris sa triste histoire.

Je me suis réveillé comme d'habitude peu après six heures. Le thermomètre extérieur fixé à la fenêtre de ma chambre indiquait quatre degrés au-dessus de zéro. Il y avait du brouillard.

Je me suis habillé et suis descendu. Sans faire de bruit, car je supposais que Sima dormait encore. Mon intention était de prendre la cafetière et l'emporter dans la remise, où j'ai une plaque électrique qui date du temps de mon grand-père. Il s'en servait pour cuire les mélanges de goudron et de résine avec lesquels il calfatait son bateau.

La porte de la cuisine était entrebâillée. Sachant qu'elle grinçait, je l'ai ouverte doucement. Sima était allongée sur la banquette, en sous-vêtements. La lampe était allumée. Le corps de Sima et le drap étaient inondés de sang.

C'était comme si elle avait été éclairée par un projecteur. Je n'en croyais pas mes yeux. Je savais que c'était vrai, et pourtant c'était impossible. Impossible que cela se soit produit. J'ai tenté de la ranimer, tout en cherchant fébrilement à quels endroits elle s'était infligé les blessures les plus profondes. Elle n'avait pas utilisé son épée, mais un des vieux couteaux de pêche de mon grand-père. Pour une raison inconnue, cela intensifiait mon désespoir. Comme si elle avait entraîné, d'une certaine manière, ce vieux pêcheur plein de bonté dans la calamité qu'était sa vie. Je lui ai crié de se réveiller, mais ses membres restaient inertes, ses yeux fermés. Les plus vilaines plaies étaient au bas-ventre, au ventre et aux poignets. Elle avait aussi, étrangement, des blessures à la nuque. Comment avait-elle réussi à faire ça ? Cela dépassait mon entendement. Mais la lésion la plus profonde était au bras droit. La veille, j'avais remarqué que Sima était gauchère. Le sang coulait encore, et elle en avait déjà perdu beaucoup. J'ai improvisé un garrot avec deux torchons. J'ai tâté son pouls. Il était faible. J'essayais continuellement de la ranimer. J'ignorais si elle avait pris des cachets, ou peut-être des drogues. Il flottait dans la cuisine une odeur que je ne reconnaissais pas.

J'ai reniflé un cendrier – une autre soucoupe de ma grand-mère qu'elle avait prise sans ma permission. Sans doute avait-elle fumé du hasch ou de l'herbe. Je me suis maudit de ranger mes instruments de médecine dans la remise. Je me suis élancé, j'ai trébuché sur la chatte assise sur les marches, j'ai dévalé le chemin jusqu'à la remise, j'ai attrapé un tensiomètre et je suis remonté en courant jusqu'à la cuisine. Sa tension était très basse. Sima était dans un état critique.

J'ai composé le numéro des gardes-côtes. Hans Lundman a décroché. J'avais joué autrefois avec lui, quand j'étais enfant, pendant les vacances d'été. Son père était pilote côtier et un proche ami de mon grand-père.

– Hans, c'est Fredrik Welin. J'ai chez moi une fille qui doit être hospitalisée d'urgence.

Hans est un homme sage, qui sait qu'on n'appelle pas les gardes-côtes à l'aube à moins que ce ne soit grave.

– Qu'est-ce qu'elle a ?

Je n'ai pu que lui dire la vérité.

– Tentative de suicide. Elle s'est tailladée de partout et elle a perdu beaucoup de sang. Le pouls et la tension sont inquiétants.

– Il y a du brouillard, a dit Hans Lundman, mais on sera chez toi d'ici une demi-heure.

– Tu appelles l'ambulance ?

– Elle est déjà en route.

J'ai attendu trente-deux minutes avant d'entendre le moteur puissant du bateau des gardes-côtes. Les minutes les plus longues de mon existence. Plus longues que celles de mon agression à Rome, quand je croyais que j'allais mourir, plus longues que tout. Je ne pouvais rien faire. Sima s'éloignait. Je ne savais pas combien de sang elle avait perdu. Je ne pouvais rien lui offrir en dehors de mes garrots. Quand j'ai compris que mes rugissements ne servaient à rien, j'ai essayé de murmurer à son oreille. Je lui ai dit qu'elle devait vivre, qu'elle ne pouvait pas mourir comme ça, que ce n'était pas juste, pas ici dans ma cuisine, pas maintenant alors que le printemps arrivait, pas un jour comme celui qui venait de commencer. M'a-t-elle entendu ? Je n'en sais rien. J'ai continué à chuchoter à son oreille. Je lui ai raconté toutes les bribes de contes dont je me souvenais, je lui ai raconté le parfum de l'île quand le lilas et le cerisier sauvage étaient en fleurs. Je lui ai dit ce qu'on mangerait à dîner, je lui ai parlé des oiseaux extraordinaires qui marchent dans l'eau, au bord du rivage, et qui capturent leurs proies en un éclair. Je parlais pour sa vie et pour la mienne, j'étais terrifié à l'idée qu'elle meure. Est-ce que j'allais réussir à la maintenir en vie ? Quand j'ai enfin vu Hans Lundman et son collègue arriver en courant, je leur ai crié de se dépêcher. Ils avaient une civière avec eux, ils n'ont pas attendu une seconde, nous sommes partis. Je courais en chaussettes, derrière eux, mes bottes coupées à la main. J'ai oublié de refermer la porte d'entrée.

Le bateau a démarré dans le brouillard. Hans Lundman était à la barre. Il m'a demandé comment ça allait.

– Je ne sais pas. Sa tension baisse.

Il avançait pleins gaz, droit dans la blancheur. Son assistant, que je ne connaissais pas, était assis près de Sima, le regard rivé à elle, qui gisait attachée sur sa civière. Je me suis demandé s'il allait s'évanouir.

L'ambulance nous attendait sur le port. Tout était enseveli par le brouillard.

– J'espère qu'elle s'en sortira, a dit Hans Lundman en me quittant.

Il paraissait inquiet. L'expérience lui avait sans doute appris à reconnaître ceux que la mort frôlait.

Le trajet jusqu'à l'hôpital a duré quarante-trois minutes. La femme qui était maintenant à côté de la civière s'appelait Sonja et avait une quarantaine d'années. Elle avait mis Sima sous perfusion et travaillait à présent avec des gestes calmes et méthodiques, en appelant régulièrement l'hôpital pour échanger quelques mots sur l'état de la patiente. Elle m'a posé des questions d'horaires auxquelles je n'ai pas su répondre.

– A-t-elle pris quelque chose ? Des cachets ?

– Je ne sais pas. Elle a peut-être fumé de l'herbe.

– Est-ce que c'est ta fille ?

– Non. Elle m'a rendu visite à l'improviste.

– As-tu contacté ses parents ?

– Je ne connais pas ses parents. Elle habite dans un foyer d'accueil. Je ne l'avais rencontrée qu'une fois auparavant. Je ne sais pas pourquoi elle est venue chez moi.

– Appelle le foyer.

Elle a attrapé le combiné fixé à la paroi de l'ambulance. J'ai appelé les renseignements, qui m'ont donné le numéro de la ferme d'Agnes. Quand le répondeur s'est déclenché, j'ai expliqué ce qui s'était passé, vers quel hôpital nous nous dirigions et j'ai terminé en épelant le numéro de téléphone que m'a indiqué Sonja.

– Rappelle-la, a-t-elle dit. Les gens se réveillent si on insiste.

– Elle est peut-être à l'étable.

– Elle n'a pas de portable ?

J'ai senti que je n'avais plus la force de téléphoner.

– Non. Elle n'a pas de portable. Elle n'est pas comme tout le monde.

À l'hôpital, une fois Sima prise en charge par l'équipe des urgences, je me suis retrouvé assis dans un couloir avec mes bottes coupées. J'ai enfin réussi à joindre Agnes. Je percevais sa peur rien qu'à sa façon de respirer.

– Comment va-t-elle ?

– Mal.

– Dis-moi la vérité.

– Elle peut mourir. Ça dépend de la quantité de sang qu'elle a perdue, de la profondeur du trauma. Sais-tu si elle prenait des somnifères ?

– Je ne crois pas.

– C'est important.

– Avec Sima, on ne peut rien savoir avec certitude. Je ne crois pas qu'elle prenait de somnifères.

– Des drogues ?

– Elle fumait du hasch, mais pas chez moi. Je ne le permets pas.

– A-t-elle pu prendre autre chose ?

– Je n'en sais rien, je te l'ai déjà dit !

En voyant arriver l'infirmière qui m'avait reçu aux urgences, je lui ai tendu le combiné.

– Tiens, ai-je dit, c'est elle, la parente la plus proche de la petite. Je lui ai expliqué que c'était grave.

Je suis sorti. Un vieil homme, nu de la taille jusqu'aux pieds, gémissait sur un lit à roulettes. Deux infirmiers s'efforçaient de calmer une mère hystérique qui tenait dans ses bras un nourrisson en pleurs. J'ai continué jusqu'au bout du couloir et je me suis retrouvé dehors, devant l'entrée des urgences où une ambulance stationnait tous feux éteints. J'ai pensé à ce que m'avait dit Sima à propos du télescope géant sur la montagne près de Los Angeles. Fais un effort, ai-je murmuré tout bas. Chara, petite Chara. Fais un effort, tu seras peut-être un jour cette personne qu'on ne voyait pas sur la Terre, mais qui a pris sa revanche sur nous tous et qui nous fait signe maintenant depuis la Lune.

C'était une prière, ou peut-être une tentative d'exorcisme. Sima, qui était couchée là-bas de l'autre côté des portes, avait besoin de toute l'aide qu'on pourrait lui apporter. Je ne crois pas en Dieu. Mais il faut pouvoir en créer un, quand c'est nécessaire.

J'ai donc prié un télescope nommé Chara. Si Sima survivait, je lui paierais le voyage. Et je voulais savoir qui était ce Wilson qui avait donné son nom à la montagne.

Rien n'empêche qu'un dieu ait un nom. Pourquoi le Créateur ne s'appellerait-Il pas Wilson ?

Si elle mourait, ce serait ma faute. Si j'étais allé la voir au moment où elle pleurait, elle ne se serait peut-être pas tailladée. Je suis médecin, j'aurais dû comprendre. Plus que tout, je suis un être humain qui aurait dû deviner l'invraisemblable solitude que peut ressentir une fillette qui se balade nuit et jour avec une longue épée tranchante.

Soudain mon père m'a manqué. Ça ne m'était pas arrivé depuis sa mort. Sa disparition, sur le coup, m'avait causé une grande douleur. Il y avait une entente tacite entre nous, même si nous n'avions jamais eu de conversations intimes. Il avait eu le temps de me voir devenir médecin et il n'avait jamais caché l'étonnement et l'orgueil que lui inspirait ma réussite. Les derniers temps, alors qu'il était alité et souffrait terriblement de son cancer – qui s'était répandu, à partir d'un petit point noir sous le talon, jusqu'à former des métastases qu'il se représentait, disait-il, comme de la mousse sur une pierre –, il parlait souvent de cette blouse blanche que j'avais, moi, le droit de porter. J'étais gêné par cette vision de la blouse blanche synonyme de pouvoir. Après j'ai compris qu'il m'avait chargé de le venger. Lui avait porté une veste blanche toute sa vie, et on l'avait piétiné. Sa revanche, c'était moi. Un médecin n'est pas quelqu'un qu'on traite par le mépris.

À présent, il me manquait. Lui et ce voyage magique où il m'avait entraîné, jusqu'au petit lac noir de la forêt. J'aurais voulu être ailleurs, j'aurais voulu remonter le temps, j'aurais voulu défaire la plus grande partie de ma vie. Ma mère m'est apparue un court instant, lavande et larmes, une existence que je n'avais jamais comprise. Portait-elle aussi, ma mère, une invisible épée affûtée ? Se tenait-elle en cet instant de l'autre côté du fleuve, la main levée, pour saluer Sima ?

J'ai aussi tenté de parler, dans ma tête, à Harriet et à Louise. Mais elles étaient, l'une et l'autre, remarquablement muettes, comme si elles estimaient que je devais cette fois me débrouiller seul.

Je suis retourné à l'intérieur de l'hôpital et j'ai trouvé une petite salle d'attente déserte. Après un moment, quelqu'un est venu me dire que Sima était toujours dans un état critique et qu'on allait la transférer en réanimation. Les deux hommes qui conduisaient le chariot étaient des Noirs. J'ai pris l'ascenseur avec eux. L'un m'a souri. Je lui ai rendu son sourire. J'ai eu envie de lui parler du télescope de Mount Wilson. Sima avait les yeux fermés ; elle était reliée à une perfusion, avec un cathéter nasal pour l'oxygène. Je me suis penché et j'ai murmuré à son oreille :

– Quand tu iras mieux, Chara, tu iras à Mount Wilson et tu verras qu'il y a quelqu'un sur la Lune qui te ressemble à un point incroyable.

Un médecin m'a confié ses incertitudes ; il faudrait sans doute opérer, a-t-il dit. Il était surpris de voir que Sima ne réagissait pas au traitement. Il m'a posé quelques questions, auxquelles je n'ai pas su répondre. J'ignorais si elle était malade ou si elle avait fait de précédentes tentatives. La femme qui détenait peut-être la réponse était en route ; elle n'allait pas tarder.

Agnes est arrivée peu après dix heures. Je m'étais déjà demandé comment elle faisait pour conduire avec un seul bras. Avait-elle une voiture spéciale ? Mais ce n'était pas une question prioritaire. Je l'ai menée auprès de Sima. Agnes a fondu en larmes. Elle pleurait sans bruit, mais je ne voulais pas que Sima l'entende, alors je l'ai entraînée dans le couloir.

– Son état est inchangé, mais tout va déjà beaucoup mieux du simple fait que tu es là. Essaie de lui parler. Elle a besoin de sentir ta présence.

– Est-ce qu'elle peut entendre ma voix ?

– Nous n'en savons rien. Nous pouvons l'espérer.

Agnes est retournée auprès de Sima. Puis elle a parlé au médecin. Elle a pu répondre à toutes ses questions : pas de maladie, pas de médicaments, pas d'autre tentative de suicide à sa connaissance. Le médecin, qui avait mon âge, a dit que son état s'était stabilisé après son arrivée à l'hôpital et qu'il restait stable. Il n'y avait pas de raison de s'inquiéter dans l'immédiat.

J'ai vu le soulagement d'Agnes. Il y avait un distributeur de boissons dans le couloir ; en conjuguant nos efforts, nous avons réuni la monnaie suffisante pour deux gobelets de mauvais café. J'ai admiré la technique dont elle faisait preuve pour réussir d'une main ce que je ne pouvais faire qu'avec deux.

Je lui ai raconté toute l'histoire depuis le début. Elle m'a écouté sans m'interrompre, puis elle a secoué la tête.

– Il se peut fort bien qu'elle ait eu l'intention d'aller en Russie. Sima veut toujours escalader les montagnes. Elle ne se contente pas des routes normales comme nous autres.

– Mais pourquoi est-elle venue me voir ?

– Tu vis sur une île. De l'autre côté de cette mer, il y a la Russie.

– Mais à peine est-elle sur mon île qu'elle essaie de se tuer… Je ne comprends pas.

– Sima a vécu des choses que nous ne pouvons même pas imaginer. C'est impossible de voir sur le visage de quelqu'un à quel point il ou elle est abîmé à l'intérieur.

– Elle m'a raconté deux ou trois choses.

– Alors tu peux peut-être deviner le reste.

Vers quinze heures, une infirmière est venue nous dire que l'état de Sima était inchangé. Si nous voulions partir, c'était possible. Elle nous appellerait dès qu'il y aurait du nouveau. Mais nous n'avions nulle part où aller, alors nous sommes restés là, toute la journée et toute la nuit suivante. Agnes a fini par s'endormir, recroquevillée sur un banc. Je suis resté dans un fauteuil à feuilleter de vieux magazines aux couleurs criardes où des gens que je ne connaissais pas proclamaient leur très grande importance. De temps à autre, nous allions avaler quelque chose à la cafétéria. Mais nous ne nous absentions jamais longtemps.

Peu après cinq heures du matin, une infirmière est entrée dans la salle d'attente et nous a annoncé une aggravation brutale avec hémorragie interne ; les médecins allaient opérer sur-le-champ pour tenter de l'arrêter et stabiliser une fois de plus la situation.

Nous avions été trop sûrs de nous. Voilà que Sima s'éloignait à nouveau...

Le médecin est revenu à six heures vingt. Son visage était gris de fatigue. Il s'est assis et il a regardé ses mains. Ils n'avaient pas réussi à arrêter l'hémorragie. Sima était partie. Elle ne s'était réveillée à aucun moment. Si nous le souhaitions, il pouvait nous mettre en contact avec la cellule d'aide psychologique de l'hôpital.

Nous sommes allés la voir ensemble. Les tuyaux avaient été débranchés, les machines sifflantes s'étaient tues. La couleur cireuse caractéristique des personnes qui viennent de mourir était déjà apparue sur son visage. Je ne sais pas combien de morts j'ai vus dans ma vie. J'ai assisté à des agonies, j'ai participé à des explorations d'anatomopathologie, j'ai tenu dans mes mains des cerveaux d'hommes et de femmes. Pourtant c'est moi qui ai fondu en larmes pendant qu'Agnes demeurait muette de douleur. Elle a saisi mon bras et l'a serré, avec sa main unique. J'ai senti sa force ; j'aurais voulu qu'elle ne me lâche jamais.

Je lui ai proposé de rester avec elle, mais elle a refusé. J'avais fait ce que j'avais pu, elle m'en était reconnaissante, mais elle voulait être seule à présent pour s'occuper de Sima. Elle m'a raccompagné jusqu'au taxi. La matinée était belle, froide encore. Sur le talus, face à l'entrée des urgences, j'ai vu que le tussilage était en fleur.

L'instant du tussilage. C'était maintenant, ce matin-ci, alors que Sima gisait morte dans une chambre de cet hôpital. Un court instant elle avait scintillé tel un rubis. À présent, c'était comme si elle n'avait jamais existé.

La mort ne m'effraie que par sa grande indifférence.

– L'épée, ai-je dit. Et le sac, elle avait aussi un sac. Qu'est-ce que j'en fais ?

– Je t'appellerai. Pas tout de suite, sans doute. Mais je sais où te trouver.

Je l'ai regardée disparaître entre les portes vitrées. Un ange manchot plein de chagrin qui venait de perdre une de ses enfants mal élevées et extraordinaires. Je suis monté dans le taxi, j'ai dit où je voulais aller. Au regard du chauffeur, dans le rétro, j'ai compris que je devais avoir une drôle d'allure, avec mes bottes coupées, mes habits froissés, ma barbe de deux jours et mes yeux caves.

– On a pris l'habitude de demander un acompte pour les longues courses. On a eu quelques mauvaises expériences.

C'est en tâtant mes poches que j'ai réalisé que je n'avais même pas emporté mon portefeuille. Je me suis penché vers le chauffeur.

– Ma fille vient de mourir. Je veux rentrer chez moi. Tu auras ton argent. Mais je veux que tu sois prudent sur la route.

J'étais en larmes. Il n'a pas insisté. Il est resté silencieux jusqu'à notre arrivée au port. J'ai vu qu'il était dix heures du matin. Une brise légère soufflait sur l'eau. Je lui ai demandé de s'arrêter devant le bâtiment rouge des gardes-côtes. Hans Lundman avait dû voir arriver le taxi car il était déjà dehors. Il lui a suffi d'un coup d'œil pour comprendre que les choses avaient mal tourné.

– Elle n'a pas survécu, lui ai-je dit. Hémorragie interne. On ne s'y attendait pas du tout, on croyait qu'elle allait s'en sortir. J'aurais besoin que tu me prêtes un billet de mille pour payer le taxi.

– Je le prends sur ma carte, a dit Hans Lundman en se dirigeant vers la voiture.

Son service était terminé depuis plusieurs heures. J'ai compris qu'il était resté uniquement pour guetter mon retour. Hans Lundman habitait sur une île de l'archipel sud.

– Je te dépose, a-t-il dit.

– Je n'ai pas d'argent chez moi. Pour en prendre, je dois passer par Jansson.

– Qui se soucie d'argent dans un moment pareil ?

Le fait d'être en mer me procure toujours une sensation d'apaisement. Le bateau de Hans Lundman était un vieux bateau de pêche trafiqué, qui avançait lentement mais sûrement. Hans pouvait se montrer pressé dans le cadre de son travail, mais en dehors de cela, jamais.

Il a accosté. Le soleil brillait, il faisait chaud. Le printemps était arrivé, mais c'était comme s'il ne me concernait pas. Toute cette verdure tendre était pour moi comme de l'autre côté d'une clôture invisible. J'ai dit au revoir à Hans.

– Ah, au fait, il y a un petit hors-bord amarré du côté des Soupirs. Un bateau volé.

Il a tout de suite compris.

– On le retrouvera demain. Par hasard, j'irai patrouiller dans le secteur. On ne sait pas qui est le voleur, ni pourquoi il a choisi de le laisser là.

Nous nous sommes serré la main.

– Elle n'aurait pas dû mourir.

– Non. Elle n'aurait pas dû.

Je suis resté sur le ponton pendant que Hans manœuvrait. Puis il a levé la main et il est parti.

Je me suis assis sur le banc. Un long moment s'est écoulé avant que je remonte vers ma maison. La porte était grande ouverte.

3

Les chênes étaient étonnamment tardifs cette année. J'ai noté dans mon journal que le grand chêne qui se dressait entre la remise à bateaux et ce qui était autrefois le poulailler de mes grands-parents n'avait reverdi que le 25 mai. Ceux qui poussaient dans la baie côté nord – cette baie que pour une raison insondable on avait toujours appelée la Querelle – étaient en feuilles depuis quelques jours seulement.

On raconte que ces chênes ont été plantés sur les îles au début du dix-neuvième siècle par la Couronne afin de fournir en bois les vaisseaux de guerre qui se construisaient à Karlskrona. Une nuit de mon enfance, la foudre s'était abattue sur la chênaie, détruisant un arbre. Mon grand-père a scié ce qui restait du tronc. Ce chêne-là, m'a-t-il raconté, avait pris racine et commencé à croître en 1802, du temps de Napoléon. Je ne savais pas à l'époque qui était Napoléon, mais je comprenais que le chêne remontait loin dans le temps. L'histoire de ses anneaux de croissance m'a suivi toute ma vie. Du vivant de Beethoven, le chêne n'était encore qu'un plant fragile. À la naissance de mon père, il était déjà un arbre.

L'été est arrivé, comme souvent dans l'archipel, par sauts successifs. On ne sait jamais à quel moment il est là pour de bon. Pour ma part, je n'en voyais pas grand-chose, malgré les brèves remarques que je m'obligeais à consigner chaque jour dans le journal de bord. D'habitude, mon sentiment de solitude diminuait avec la chaleur. Cette année, non. J'étais là, en compagnie de ma fourmilière, d'une épée tranchante et d'un sac presque vide qui avait appartenu à Sima.

J'ai parlé plusieurs fois au téléphone avec Agnes pendant cette période. Elle m'a raconté que les funérailles avaient eu lieu à l'église de Mogata. Mis à part Agnes et les deux filles que j'avais rencontrées chez elle, Miranda et Aïda, il ne s'était présenté qu'un très vieil homme, qui se prétendait un parent éloigné de Sima. Il était arrivé à bord d'un taxi ; Agnes m'a dit avoir eu peur qu'il ne meure dans ses bras, tant il avait l'air frêle. Elle n'avait pas réussi à établir la nature de sa parenté avec Sima. Peut-être l'avait-il prise pour une autre ? Quand Agnes lui avait montré une photographie de la jeune fille, il n'avait pas été certain de la reconnaître.

Mais quelle importance ? L'église aurait dû être pleine, remplie de gens venus dire adieu à celle qui n'avait jamais eu la possibilité d'explorer ses dons intérieurs ni le monde qui aurait pourtant dû s'ouvrir pour elle.

Le cercueil était couvert d'une gerbe de roses rouges. Une paroissienne avait pris place à l'orgue – avec à côté d'elle son gamin qui ne tenait pas en place, m'a raconté Agnes – et elle avait chanté deux psaumes. Ensuite Agnes avait prononcé quelques mots. Quant au pasteur, elle l'avait exhorté à ne pas trop évoquer un Dieu de bonté omniscient.

Quand j'ai appris que la tombe de Sima n'aurait droit qu'à un numéro, j'ai proposé de financer l'achat d'une pierre. Un jour, Jansson m'a apporté une lettre d'Agnes contenant le dessin de la pierre, telle qu'elle l'avait imaginée. Il y aurait le nom de Sima, et ses dates. Au-dessus, elle avait envisagé une rose.

Je l'ai appelée le soir même et je lui ai demandé si à la place de la rose on ne devrait pas faire graver une épée de samouraï. Elle m'a répondu qu'elle avait eu la même idée.

– Mais ça va faire des histoires. Je n'ai pas la force de me battre pour le droit de graver une épée sur la pierre de Sima.

– Que dois-je faire de ses affaires ? L'épée et le sac ?

– Qu'y a-t-il dans le sac ?

– Des sous-vêtements. Un pantalon, un tee-shirt. Une vieille carte de la Baltique et du golfe de Finlande.

– Je viens les chercher. Je veux voir ta maison. Je veux voir la pièce où Sima a pleuré, où elle s'est blessée.

– J'aurais dû descendre. Je sais, je te l'ai déjà dit. Je regretterai toujours de ne pas l'avoir fait.

– Je ne t'accuse de rien. Je veux juste voir l'endroit où elle a commencé à mourir. Celui de la fin, je l'ai déjà vu, avec toi.

Nous avons convenu qu'elle me rendrait visite la dernière semaine de mai. Mais il y a eu des empêchements. Deux fois de suite, elle a repoussé la date. La première fois, Miranda avait fugué, la deuxième, elle était malade. Les chênes ont reverdi ; Agnes n'était toujours pas venue. L'épée et le sac contenant les vêtements de Sima, je les avais rangés dans le salon en attendant. Une nuit, je me suis réveillé après un rêve où les fourmis avaient commencé à inclure dans leur construction le sac et l'épée. Je me suis précipité au rez-de-chaussée et j'ai ouvert la porte. Mais les fourmis se contentaient d'annexer tranquillement la table et sa nappe blanche.

J'ai rangé les affaires de Sima dans la remise à bateaux.

Un jour, Jansson m'a raconté l'air de rien que les gardes-côtes avaient découvert quelque temps plus tôt un bateau à moteur volé du côté des Soupirs. J'ai compris que Hans Lundman avait tenu sa promesse.

– Un jour ou l'autre on les a sur le dos, poursuivait Jansson sur un ton amer.

– Qui ça ?

– Les gangsters. Ils déboulent de tous les côtés à la fois. Comment fait-on pour se défendre ? On s'en va droit devant, vers le large ?

– Que seraient-ils venus faire ? Il n'y a rien à prendre ici.

– Rien que d'y penser, j'ai la tension qui monte.

Je suis allé chercher mon appareil pendant que Jansson s'allongeait sur le banc. Après cinq minutes de repos, j'ai pris sa tension.

– Elle est parfaite : 14/8.

– Je crois que tu fais erreur.

– Dans ce cas, je te recommande de changer de médecin.

Je suis retourné à la remise et j'ai attendu dans la pénombre jusqu'à ce que j'entende démarrer le bateau de Jansson.

Les derniers jours avant l'éclosion des chênes, je me suis enfin occupé de mon bateau. Quand j'ai réussi, après bien des efforts, à le débarrasser de la lourde bâche qui le recouvrait, j'ai découvert un écureuil mort dans la carlingue. Cela m'a surpris car je n'avais jamais vu d'écureuils sur l'île, ni même entendu parler de leur existence.

Le bateau était en plus mauvais état encore que je ne le redoutais. Deux jours d'inventaire méticuleux plus tard, j'étais prêt à tout laisser tomber. Le lendemain, j'ai quand même continué à gratter les bordages pour les débarrasser de leur couleur écaillée. J'ai appelé Hans Lundman et je lui ai demandé conseil. Il a promis de passer. Le travail avançait lentement. Je n'étais pas habitué à avoir d'autre occupation régulière que mon bain matinal et la prise de notes dans mon journal.

Le jour où j'ai commencé à gratter le bateau, je suis aussi allé chercher le volume de mon journal qui correspondait à ma première année sur l'île et je l'ai ouvert à la date du jour. À ma grande surprise, j'ai lu que je m'étais saoulé la veille. « Hier, j'ai beaucoup bu. » C'était tout. Je n'en avais qu'un très vague souvenir ; et je ne me rappelais absolument pas les raisons de cette cuite. La veille, j'avais juste noté que j'avais réparé une gouttière, et le lendemain, que j'avais posé mes filets et capturé trois perches et sept flets.

J'ai rangé le vieux volume. C'était le soir. Le pommier était en fleur. Il m'a semblé voir ma grand-mère sur son banc, une silhouette scintillante qui se confondait avec l'arrière-plan, le tronc de l'arbre, les rochers, les ronces.

Le lendemain, Jansson m'a apporté une lettre d'Harriet et une autre de Louise. J'avais enfin réussi à leur raconter la visite de Sima et sa mort tragique. J'ai commencé par la lettre d'Harriet. Comme toujours, elle ne disait pas grand-chose. Elle était trop fatiguée, écrivait-elle, pour trouver la force de composer une vraie lettre. J'ai continué à lire en fronçant les sourcils ; son écriture était difficilement déchiffrable, ce qui n'avait jamais été le cas avant. Les mots se tordaient sur le papier. En plus, elle me racontait des choses contradictoires : elle allait mieux, mais elle se sentait plus malade. Sur la mort de Sima elle ne disait rien.

J'ai posé la lettre. La chatte a sauté sur la table. J'envie parfois les animaux, qui n'ont pas, eux, à prendre position par rapport à des messages qui arrivent dans des enveloppes fermées. Harriet était-elle étourdie par les médicaments au moment de rédiger cette lettre ? J'ai pris le téléphone et je l'ai appelée pour en avoir le cœur net. Si elle était en train de glisser vers la toute dernière phase de sa vie, je voulais le savoir. La sonnerie résonnait dans le vide. J'ai essayé son portable. Pas de réponse. J'ai enregistré un message où je lui demandais de me rappeler.

Puis j'ai ouvert la lettre de Louise. Elle m'y parlait du remarquable réseau souterrain connu sous le nom de grottes de Lascaux, dans le sud-ouest de la France, où des garçons avaient découvert par hasard au cours de leurs jeux, en 1940, des peintures rupestres vieilles de dix-sept mille ans. Certains des animaux représentés sur la roche mesuraient quatre mètres de long. Elle m'écrivait :

> *À présent, ces œuvres d'art immémoriales sont menacées de disparition car des fous furieux ont installé des appareils à air conditionné dans les passages. Les touristes américains ne doivent sous aucun prétexte être privés de leur confort, dont l'air froid artificiel constitue un élément important. Du coup, les parois sont attaquées par des colonies de champignons très résistants. Si rien n'est fait, si le monde ne prend pas ses responsabilités, le plus ancien de nos musées d'art va*

disparaître et les générations futures ne pourront plus voir ces peintures que sous forme de copies.

Louise, elle, avait l'intention d'agir. Voilà ce qu'elle m'annonçait dans sa lettre – sans doute, ai-je pensé, en prenant sa plume pour écrire à tous les dirigeants européens. J'ai éprouvé de l'orgueil à cette idée. J'avais une fille qui faisait de la résistance.

Sa lettre avait apparemment été écrite en plusieurs étapes car la calligraphie et les stylos variaient. Entre deux passages graves et pleins de colère, elle insérait des observations quotidiennes : elle s'était fait une entorse à la cheville en allant chercher de l'eau, Giaconelli avait été malade, on avait craint une pneumonie mais il commençait tout doucement à se remettre. Elle m'exprimait ses condoléances pour la mort de Sima. Tout à la fin, elle ajoutait :

Je vais bientôt venir chez toi. Je veux voir l'île où tu t'es caché pendant toutes ces années. Je rêvais parfois que mon père était un homme d'une beauté effrayante, comme le Caravage. On ne peut pas dire que ce soit le cas. Mais au moins, tu ne peux plus te rendre invisible. Je veux te connaître, je veux toucher mon héritage, je veux que tu m'expliques tout ce que je ne comprends pas encore.

Pas un mot à propos d'Harriet. Cela me dépassait. N'avait-elle donc aucun souci de sa mère mourante ?

J'ai refait les numéros d'Harriet. Toujours pas de réponse. J'ai appelé le portable de Louise. Éteint. J'ai grimpé en haut du rocher derrière la maison. C'était une belle journée du début de l'été. Il ne faisait pas vraiment chaud encore, mais les îles commençaient à verdir. Au loin j'ai aperçu l'un des premiers voiliers de la saison. Il était de sortie, sans que je puisse savoir d'où il venait, ni où il allait. Soudain j'ai éprouvé un violent désir de quitter mon île. J'avais gaspillé tant de temps de ma vie en allers-retours entre le ponton et la cuisine.

Je voulais simplement partir. En surgissant sur la glace avec son déambulateur, Harriet avait rompu le sortilège qui me tenait enfermé depuis si longtemps, de mon propre fait, comme dans une cage. J'avais découvert que ces douze années passées sur l'île étaient des années gâchées, ni plus ni moins : un liquide que j'aurais laissé s'écouler d'un récipient fêlé. Or il n'y avait pas de retour en arrière, on ne pouvait pas recommencer et faire les choses autrement.

J'ai fait le tour de l'île. L'odeur de la mer et celle de la terre étaient entêtantes. Des huîtriers-pies guillerets couraient au bord de l'eau en picorant de-ci de-là avec leur bec rouge. J'avais la sensation de marcher de long en large dans la cour d'une prison quelques jours avant d'en franchir le portail pour redevenir un homme libre. Mais allais-je réellement le faire ? Où pouvais-je aller ? Quelle vie m'attendait ?

Je me suis assis sous un chêne de la face nord. Tout à coup, j'ai senti que j'étais pressé. Quel que soit l'avenir qui m'attendait, il n'y avait plus de temps à perdre.

Le soir je suis descendu au ponton, j'ai pris ma barque et je suis parti à la rame jusqu'à Starrudden, la Pointe aux Laîches, où le fond est lisse. J'ai posé un filet, mais je n'avais aucun espoir de pêcher quoi que ce soit, sinon peut-être un flet solitaire ou une perche qui ferait plaisir à la chatte. Pour le reste, mon filet se remplirait de ces algues gluantes qui tapissent désormais le fond de la Baltique.

La mer qui s'étend sous mes yeux au cours de ces belles soirées du début de l'été est peut-être en train de devenir, peu à peu, un marécage.

Plus tard dans la soirée, j'ai fait une chose que je ne comprendrai jamais. Je suis allé chercher une pelle et j'ai entrepris de déterrer ma chienne. La pelle a vite rencontré son corps ; j'ai dégagé la carcasse entière. La décomposition était bien avancée, les vers avaient déjà mangé les muqueuses de la bouche, des yeux, des oreilles, et ouvert l'estomac. Une grappe blanche de vers était agglutinée autour de l'anus. J'ai posé ma pelle et je suis allé chercher la chatte qui dormait sur la banquette de la cuisine. Je l'ai soulevée dans mes bras, je suis retourné près du trou et je l'ai posée sur le cadavre. La chatte a fait un bond vertical comme si elle venait de voir une vipère, avant de disparaître à l'angle de la maison où elle s'est retournée vers moi, prête à reprendre la fuite. J'ai ramassé quelques gros vers dans ma main en me demandant si je serais capable de les avaler ou si la nausée m'en empêcherait. Puis je les ai rejetés sur la chienne et j'ai rapidement refermé la tombe.

Je ne savais pas ce que je fabriquais. Étais-je en train de me préparer à ouvrir une autre tombe, en moi celle-ci ? L'ouvrir, et oser voir ce que je gardais enfoui depuis si longtemps ?

Je me suis longuement frotté les mains sous le robinet de la cuisine. Ce que j'avais fait me rendait malade.

Vers vingt-trois heures j'ai rappelé Harriet, puis Louise. Toujours personne.

Tôt le lendemain matin j'ai relevé mon filet, qui contenait deux flets maigrichons et une perche morte.

Conformément à mes craintes, le filet était saturé de vase et d'algues gluantes. Il m'a fallu plus d'une heure pour le nettoyer tant bien que mal, avant de le suspendre au mur de la remise. J'étais content que mon grand-père n'ait pas eu à assister à cette mort lente par asphyxie d'un monde qu'il aimait tant. Puis je me suis remis à gratter la coque du bateau. Je travaillais à moitié dévêtu, en essayant de me réconcilier avec ma chatte, qui restait sur ses gardes après sa rencontre de la veille avec la chienne morte. Elle n'a pas voulu de mes flets. Elle a juste pris la perche, l'a emportée dans une faille de rocher et l'a mâchée patiemment. À dix heures, je suis remonté à la maison pour téléphoner. Toujours personne au bout du fil. Et ce n'était pas jour de courrier. Je ne pouvais rien faire.

J'ai cuit des œufs pour le déjeuner et je les ai mangés en feuilletant une brochure qui proposait différentes peintures pour bateaux en bois. La brochure avait huit ans d'âge.

Après manger, je me suis allongé sur la banquette. Décidément, gratter le bateau me fatiguait. J'ai somnolé.

Il était presque treize heures quand j'ai été réveillé en sursaut. Par la fenêtre ouverte me parvenait le bruit d'un vieux moteur de bateau diesel qui ressemblait furieusement à celui de Jansson. Or Jansson ne devait pas passer ce jour-là. Je me suis levé, j'ai glissé mes pieds dans mes bottes et je suis sorti. Le bruit se rapprochait. Pas de doute, c'était bien le moteur de Jansson – il rend un son irrégulier car le flexible d'échappement se retrouve tantôt sous l'eau, tantôt au-dessus. Je suis descendu l'attendre sur le ponton. D'après le bruit, il avançait à vitesse réduite. Pourquoi ? Enfin la proue est apparue au coin des rochers. Il avançait vraiment très lentement.

Puis j'ai compris : il traînait une remorque. Un vieux bac à bestiaux, plus exactement. Enfant, j'avais vu ces bacs transporter des vaches sur certaines îles qui servaient de pâturage d'été. Mais c'était une époque révolue. Depuis que j'étais revenu vivre dans l'archipel, je n'en avais pas vu un seul.

Sur la plateforme du bac à bestiaux se dressait la caravane de Louise. Louise elle-même était debout dans l'ouverture de sa porte, comme la première fois que je l'avais vue. Il y avait encore quelqu'un à bord du bac, accoudé au plat-bord : Harriet ! Avec son déambulateur.

Si j'avais pu, je serais parti à la nage. Mais je n'avais nul endroit où aller, nulle part où disparaître. Jansson a encore ralenti l'allure. Puis il a détaché le bac et l'a poussé de manière à ce qu'il glisse de lui-même jusqu'au fond de la baie. J'étais pétrifié. J'ai vu le bac avec la caravane s'échouer mollement sur le rivage. Jansson a amarré son bateau au ponton.

– Je n'aurais jamais cru que ce vieux bac resservirait un jour, a-t-il dit. La dernière fois que je l'ai sorti, c'était pour conduire deux chevaux à Rökskär. Ça fait vingt-cinq ans de ça. Ou peut-être plus.

– Tu aurais pu m'appeler. Tu aurais pu me prévenir.

Jansson a paru sincèrement surpris.

– Je croyais que tu étais au courant. C'est ce que m'a dit la dénommée Louise en tout cas. Bon, je crois qu'on va avoir besoin de ton tracteur. Par chance, c'est marée haute. Sinon on aurait été obligés de descendre la caravane dans l'eau.

Personne ne m'avait prévenu. Voilà donc la raison pour laquelle leurs téléphones restaient muets. Louise a aidé Harriet à descendre du bac, avec le déambulateur. Harriet avait maigri ; elle s'était beaucoup affaiblie depuis le jour où j'avais claqué la porte de la caravane.

Je suis descendu jusqu'au rivage. Louise soutenait Harriet.

– C'est beau chez toi, a dit Louise. Je préfère la forêt, mais quand même. C'est beau.

– J'imagine que je suis censé vous souhaiter la bienvenue.

Harriet a levé la tête. Elle était en sueur.

– Si je lâche, je tombe. J'aimerais bien aller m'allonger dans la pièce aux fourmis.

Nous l'avons aidée à monter jusqu'à la maison. J'ai dit à Jansson qu'il pouvait toujours essayer de ranimer mon vieux tracteur si ça lui chantait. Harriet s'est étendue sur le lit de camp. Sa respiration était bruyante ; elle paraissait souffrir. Louise est partie chercher un verre d'eau et un comprimé qu'elle a donné à Harriet. Celle-ci l'a avalé avec difficulté. Puis elle m'a regardé.

– Je n'en ai plus pour longtemps, a-t-elle dit. Donne-moi ta main.

J'ai pris sa main chaude dans la mienne.

– Je veux rester allongée dans cette pièce, écouter la mer, et vous avoir tous les deux près de moi. C'est tout. La vieille promet de ne pas se rendre insupportable. Je ne crierai même pas quand j'aurai mal. Je prendrai mes cachets, ou alors Louise me fera une piqûre.

Elle a fermé les yeux. Nous la regardions. Elle s'est endormie. Louise a contourné la table pour observer la fourmilière en expansion.

– Combien de fourmis y a-t-il là-dedans ? a-t-elle murmuré.

– Jusqu'à un million, paraît-il, peut-être plus.

– Depuis combien de temps l'as-tu ?

– C'est la onzième année.

Nous sommes sortis de la chambre.

– Tu aurais pu appeler, lui ai-je dit.

Louise s'est plantée devant moi et m'a agrippé, durement, par les épaules.

– Si je t'avais appelé, tu aurais dit non. Je ne voulais pas prendre ce risque. Nous sommes venues, c'est tout. Tu nous le dois, surtout à elle. Si elle a envie d'entendre la mer plutôt que des klaxons de voitures au moment de mourir, c'est son droit. Et tu peux être content que je ne te poursuive pas de mes accusations jusqu'à la fin de ta vie.

Elle a quitté la maison. Jansson, entre-temps, avait réussi à faire démarrer mon tracteur. Un truc que je soupçonnais depuis toujours : Jansson a un don avec les moteurs récalcitrants.

Nous avons encordé la caravane, qui était toujours à bord du bac, et avons réussi à la débarquer, après beaucoup d'efforts. Jansson était à la manœuvre.

– Où veux-tu la mettre ? a-t-il crié du haut du tracteur.

– Ici ! a crié Louise en montrant le carré d'herbe au-dessus de l'étroite bande de sable du rivage, de l'autre côté de la remise à bateaux. Je veux ma propre plage, a-t-elle ajouté. J'ai toujours rêvé d'avoir une plage à moi.

Jansson a manœuvré adroitement pour amener la caravane pile à l'emplacement voulu par Louise. Nous l'avons calée avec du bois flotté et des casiers de pêche récupérés dans la remise.

– C'est parfait, a déclaré Jansson avec satisfaction quand nous en avons eu fini. La seule île de l'archipel qui possède sa caravane.

– Et maintenant, nous offrons le café, a claironné Louise.

Jansson m'a jeté un regard. Je n'ai pas réagi. Nous sommes montés jusqu'à la maison.

C'était la première fois, depuis que j'habitais seul sur l'île, que Jansson pénétrait à l'intérieur. Il a regardé partout avec curiosité.

– C'est comme dans mon souvenir, a-t-il déclaré ensuite. Tu n'as presque rien changé. Si je ne me trompe pas, c'est la même nappe que du temps des vieux.

Louise a préparé le café. Elle m'a demandé si j'avais de la brioche. Je n'en avais pas. Elle est allée en chercher dans sa caravane.

– C'est une belle femme, a dit Jansson. Comment l'as-tu trouvée ?

– C'est elle qui m'a trouvé.

– Tu as passé une annonce ? Moi-même, j'y pense, des fois.

Jansson n'est pas un rapide ; personne ne saurait l'accuser de se livrer à des activités cérébrales intenses. Mais qu'il puisse croire que Louise soit une dame que j'avais réussi à attirer chez moi, avec sa caravane et tous ses accessoires, parmi lesquels une vieille femme à l'article de la mort – c'était incompréhensible.

– C'est ma fille. Je ne t'ai pas dit que j'avais une fille ? Il me semble bien que si pourtant. Nous étions sur le banc, tu avais mal à l'oreille, c'était l'automne, je t'ai dit que j'avais une fille adulte. Tu as oublié ?

Jansson n'en avait naturellement aucun souvenir. Mais il n'a pas osé protester. Il ne peut pas prendre le risque de me perdre, moi son médecin personnel perpétuellement disponible.

Louise est revenue avec un panier à pain rempli de tranches de brioche à la cannelle et nous avons pris le café. Jansson et ma fille s'entendaient visiblement comme larrons en foire. J'avais l'intention d'expliquer à Louise, dès que nous serions seuls, qu'elle pouvait régner tant qu'elle voulait sur sa caravane, mais que sur mon île, c'était moi et moi seul qui dictais les règles. L'une de ces règles était qu'on n'invitait pas Jansson à prendre le café dans ma cuisine.

Jansson a fini par repartir, en traînant derrière lui son bac à bestiaux. Je n'ai pas demandé à Louise combien elle l'avait payé pour la traversée. Nous avons fait le tour de l'île, après avoir constaté qu'Harriet dormait toujours. J'ai montré à Louise l'endroit où était enterrée ma chienne. Puis nous avons escaladé les rochers, côté sud, et nous avons longé le rivage.

Un court instant, ce fut comme si j'avais malgré tout récupéré une petite fille. Louise voulait tout savoir, sur les plantes, les algues, les îlots qu'on distinguait à peine dans la brume, les poissons dans les profondeurs qu'elle ne pouvait pas voir. Mes compétences ne me permettaient de répondre qu'à une question sur deux. Mais cela lui était égal ; le plus important, apparemment, c'était que je l'écoute.

Il y avait, à la pointe nord de l'île, quelques blocs rocheux que la glace avait modelés autrefois en forme de trônes surélevés. Nous nous y sommes assis.

– Qui a eu cette idée ? ai-je demandé à Louise. Harriet ou toi ?

– Je crois qu'on l'a eue en même temps. L'heure était venue de te rendre visite, de rassembler la famille avant qu'il ne soit trop tard.

– Que disent tes amis de la forêt ?

– Ils savent que je reviendrai.

– Pourquoi a-t-il fallu que tu traînes ta caravane jusqu'ici ?

– C'est ma coquille. Je ne la quitte jamais.

Elle m'a dit, pour Harriet, que c'était l'un des boxeurs qui l'avait ramenée chez elle à Stockholm ; un prénommé Sture, qui gagnait sa vie en creusant des puits.

L'état d'Harriet s'était ensuite dégradé rapidement. Louise avait fait le voyage jusqu'à Stockholm pour s'occuper d'elle, car Harriet ne voulait pas entendre parler de l'unité de soins palliatifs. Louise avait gagné, de haute lutte, le droit d'administrer elle-même à Harriet ses médicaments. Des analgésiques, exclusivement. On avait abandonné les dernières tentatives pour freiner la prolifération du cancer. Le décompte final avait commencé. Louise était en contact permanent avec l'unité d'hospitalisation à domicile dont dépendait Harriet.

Du haut de nos trônes, nous regardions la mer.

– Il lui reste tout au plus un mois à vivre, m'a dit Louise. Elle prend déjà de très fortes doses. Elle mourra ici, autant que tu y sois préparé. Tu es médecin, ou du moins tu l'étais, tu es plus habitué à la mort que moi. J'ai quand même compris une chose, c'est qu'on est tout seul avec sa mort. Mais nous pouvons être là et l'aider.

– Est-ce qu'elle souffre beaucoup ?

– Il lui arrive de crier.

Nous avons repris notre promenade le long du rivage. Arrivés à la pointe de l'île qui regarde droit vers le large, nous nous sommes arrêtés une fois de plus. Grand-père avait placé autrefois à cet endroit un banc, fabriqué par lui avec la carcasse d'une faucheuse et quelques planches de chêne épaisses. Quand il arrivait, très rarement, que mes grands-parents se disputent, il allait s'y asseoir jusqu'à ce qu'elle vienne le chercher et lui dise que le dîner était prêt. La rage s'était toujours dissipée entre-temps. À sept ans, j'avais gravé mon nom dans le dossier de ce banc. Cela n'avait certainement pas plu à mon grand-père, mais il n'avait jamais rien dit.

Des eiders, des macreuses et des harles oscillaient sur l'eau au gré de la houle.

– Il y a une faille à cet endroit, ai-je dit. En général, le fond ne dépasse pas quinze ou vingt mètres, mais là, il plonge soudain à cinquante-six mètres. Quand j'étais enfant, j'y allais avec ma barque, je laissais descendre un grappin et je rêvais que le trou se révélerait être sans fond. Des géologues sont venus pour tenter de comprendre les raisons de la présence de cette faille à cet endroit. À ma connaissance, ils n'ont pas trouvé de réponse satisfaisante. Cela me plaît. Je ne crois pas en un monde où toutes les énigmes seraient résolues.

– Moi, je crois en un monde où l'on résiste, a dit Louise.

– Tu penses à tes grottes françaises ?

– Entre autres, oui.

– Tu as écrit des lettres ?

– Les dernières étaient adressées à Tony Blair et à Jacques Chirac.

– Ils t'ont répondu ?

– Bien sûr que non. Mais je prépare d'autres actions.

– Lesquelles ?

Elle a secoué la tête. Elle ne voulait pas répondre sur ce point.

Nous avons fini par revenir vers la remise. Le soleil donnait, fort, contre le mur à l'abri du vent. Louise a repris la parole :

– Tu as tenu la promesse que tu avais faite autrefois à Harriet. Mais elle a encore quelque chose à te demander.

– Je ne retournerai pas au lac.

– Ce qu'elle veut aurait lieu ici même. Une fête d'été.

– Qu'est-ce que c'est que ça ?

Louise a haussé le ton.

– Est-ce que ça peut vouloir dire trente-six choses ? Une fête d'été, c'est une fête. Qu'on donne pendant l'été.

– Je ne donne pas de fêtes sur mon île. Jamais. Ni en été ni en hiver.

– Alors il est temps que ça change. Harriet veut réunir quelques personnes par une belle soirée, dresser la table dehors, sous le ciel, bien manger, bien boire, puis retourner au lit et mourir le plus vite possible.

– On peut le faire, bien sûr. Toi, moi et elle. On installe une table sur l'herbe devant les groseilliers.

– Harriet veut une fête. Avec des invités. Elle veut rencontrer des gens.

– Et qui ce serait ?

– C'est toi qui habites dans le coin, que je sache. Invite quelques-uns de tes amis. Pas la peine qu'on soit très nombreux.

Louise est remontée vers la maison sans attendre ma réponse. J'ai compris que j'allais être obligé de l'organiser, cette fête. Je pouvais inviter Jansson, Hans Lundman et sa femme Romana, qui travaille au rayon charcuterie du supermarché, sur la côte.

Harriet aurait droit à son dernier repas sur mon île. C'était bien le moins que je puisse faire pour elle.

4

Il a plu presque sans interruption jusqu'à la Saint-Jean. Nous avions instauré des habitudes simples, en fonction de l'état d'Harriet. Au début Louise dormait dans sa caravane. Mais après qu'Harriet eut commencé à crier de douleur deux nuits d'affilée, elle avait emménagé dans ma cuisine. Je lui ai proposé de la relayer, pour l'administration des cachets et des injections, mais Louise voulait conserver cette responsabilité. Le soir, elle déroulait un matelas au sol, qu'elle rangeait dans l'entrée le lendemain matin. Elle m'a dit que la chatte venait la voir et dormait à ses pieds.

Harriet était le plus souvent dans un état de léthargie dû aux médicaments. Elle ne voulait rien manger, mais Louise, avec une patience infinie, l'obligeait à absorber les nutriments nécessaires. Elle témoignait à sa mère une tendresse qui me touchait, et que je n'avais pas eu l'occasion de voir auparavant. Moi, j'étais à l'écart ; je ne ferais jamais partie de cette intimité.

Le soir, nous parlions, dans la caravane de Louise ou dans ma cuisine. Elle s'occupait des repas. Je téléphonais au magasin pour réciter les listes rédigées de la main de Louise, et les provisions arrivaient avec le bateau postal. La semaine précédant la Saint-Jean, j'ai compris que la fin était proche. Chaque fois que je la trouvais éveillée, Harriet demandait si le temps s'améliorait ; j'ai compris qu'elle pensait à sa fête. À la visite suivante de Jansson, alors qu'il pleuvait encore tous les jours et que le vent du nord soufflait depuis le lointain océan Arctique, je l'ai invité à venir faire la fête chez moi le vendredi.

– C'est ton anniversaire ?

– Chaque année à Noël, tu te plains parce que je n'accroche pas de guirlandes lumineuses sur ma maison. À chaque Saint-Jean, tu te plains parce que je ne veux même pas boire un coup sur le ponton. Maintenant il se trouve que j'organise une fête et que tu es invité. Est-ce vraiment si difficile à comprendre ? À dix-neuf heures, si le temps le permet.

– Je sens dans mes pouces que la chaleur arrive.

Jansson se prétend à la fois radiesthésiste et sourcier à ses heures. En plus, il sait prédire la météo grâce à ses pouces.

Je n'ai rien répondu. Le jour même j'ai appelé Hans Lundman pour l'inviter, ainsi que sa femme.

– Je suis de service vendredi, a-t-il dit, mais je pourrai sûrement m'arranger avec Edvin. C'est ton anniversaire ?

– C'est toujours mon anniversaire. À dix-neuf heures, si le temps le permet.

J'ai préparé la fête avec Louise. J'ai sorti de la remise quelques meubles de jardin oubliés depuis longtemps, qui avaient appartenu à mes grands-parents. Je les ai repeints et j'ai réparé la table, dont un pied avait pourri.

L'avant-veille de la Saint-Jean, il pleuvait des seaux, un vent violent soufflait du nord-ouest et la température était descendue à douze degrés. Louise et moi avons escaladé le rocher derrière la maison, en luttant contre le vent, et nous avons vu des bateaux échoués dans la baie de l'île de Korsholmen, où vit mon voisin le plus proche.

– Tu crois qu'il va faire le même temps demain ? m'a-t-elle demandé.

– D'après les pouces de Jansson, il va faire beau.

Le lendemain matin, le vent était tombé. La pluie a cessé, les nuages se sont dissipés et la température a commencé à grimper. Harriet venait de vivre deux nuits difficiles, où les médicaments n'avaient été d'aucun secours. À présent, elle profitait d'une accalmie. Nous avons tout préparé. Louise savait exactement ce que voulait Harriet pour sa fête.

– Une surabondance toute simple, a-t-elle dit. Ça paraît impossible à concilier. Mais il faut parfois vouloir ce qui est impossible.

Ce fut au final une fête d'été peu commune, qu'aucune des personnes présentes n'oubliera jamais, je crois, même si nous en gardons, les uns et les autres, des souvenirs très différents. Hans Lundman a appelé le matin pour demander s'il pouvait amener leur petite-fille, qui était arrivée en visite chez eux et qui ne pouvait être laissée seule. La petite avait seize ans et s'appelait Andrea. Je savais qu'elle souffrait d'un handicap mental, qui se manifestait entre autres par la confiance absolue qu'elle accordait aux étrangers. Elle avait aussi, comme d'autres handicapés, de grandes difficultés d'apprentissage. Mais ce qui caractérisait surtout Andrea, c'était cette façon d'aborder les inconnus. Elle pouvait prendre n'importe qui par la main ; enfant, elle s'installait sur les genoux de gens qu'elle n'avait jamais vus de sa vie, et s'y trouvait bien.

Elle était naturellement la bienvenue. Nous avons mis la table pour sept au lieu de six. Harriet, qui ne quittait presque plus son lit, a demandé à être installée dans son fauteuil de jardin dès dix-sept heures. Louise l'avait habillée d'une robe d'été de couleur claire ; elle avait peigné ses cheveux grisonnants et les avait joliment relevés en un chignon sur la nuque. Elle l'avait aussi maquillée, ai-je vu. Le visage décharné d'Harriet semblait avoir récupéré un peu de la force qui avait été la sienne dans la vie. Je me suis assis près d'elle avec un verre de vin. Elle me l'a pris et en a bu plusieurs gorgées.

– Sers-moi un verre, a-t-elle dit. J'ai réduit mes doses pour ne pas m'endormir, alors j'ai mal et ça ne va pas s'arranger. Mais ce que je veux ce soir, ce ne sont pas des cachets blancs, c'est du vin blanc. Du vin !

Je suis allé à la cuisine, où s'alignaient les bouteilles déjà débouchées. Louise s'occupait de quelque chose qui devait manifestement aller au four.

– Harriet veut boire du vin, ai-je dit.

– Mais donne-lui du vin alors ! Cette fête est pour elle. C'est la dernière fois de sa vie qu'elle pourra boire et être gaie. Si ça la rend pompette, nous devrions être contents !

J'ai emporté une bouteille dans le jardin. La table était belle, Louise l'avait décorée avec des fleurs et des rameaux de verdure. Certains hors-d'œuvre étaient déjà servis ; elle les avait protégés à l'aide des torchons usés de ma grand-mère.

Nous avons trinqué. Harriet a pris ma main.

– Ça te fâche que je veuille mourir dans ta maison ?

– Pourquoi cela me fâcherait-il ?

– Tu n'as jamais voulu vivre avec moi. Alors tu ne veux peut-être pas que je meure chez toi…

– Ça ne me surprendrait pas que tu nous survives à tous.

– Je ne serai bientôt plus là. Je sens déjà que ça tire. La terre m'attire à elle. Parfois, la nuit, quand les douleurs me réveillent, juste avant que je ne commence à crier, j'ai le temps de me poser la question : est-ce que j'ai peur de ce qui m'attend ? Oui, j'ai peur. Mais pas vraiment. Ça ressemble plus à une vague inquiétude, comme quand on est sur le point d'ouvrir une porte dont on ne sait pas bien ce qui se cache derrière. Ensuite les douleurs arrivent et alors, il n'y a plus qu'elles que je redoute.

Louise est sortie de la maison. Elle s'est servi un verre de vin et s'est assise avec nous.

– La famille, a-t-elle dit. Je ne sais même pas si je préfère m'appeler Welin ou Hörnfeldt. Peut-être suis-je Louise Hörnfeldt-Welin. Profession : auteure de lettres.

Elle avait apporté un appareil photo. Elle nous a photographiés, Harriet et moi, nos verres à la main. Puis elle a pris une photo de nous trois ensemble.

– C'est un appareil argentique. Il faut apporter la pellicule au labo… N'empêche, j'ai réussi à prendre la photo dont j'avais toujours rêvé.

Nous avons trinqué au soir d'été. Je pensais au fait qu'Harriet était obligée de porter des couches sous sa robe claire et que la belle Louise était ma fille.

Louise est descendue se changer dans sa caravane. La chatte a sauté sur la table et je l'ai chassée. Elle s'est éloignée d'un air hautain. Nous sommes restés assis en silence à écouter la rumeur de la mer.

– Toi et moi, a dit Harriet. Toi et moi. Et voilà que c'est terminé.

À dix-neuf heures, il n'y avait plus un souffle de vent et la température atteignait dix-sept degrés.

Jansson et la famille Lundman sont arrivés en même temps. Leurs bateaux se suivaient tel un petit convoi amical. Tous deux avaient hissé pavillon. Louise rayonnait sur le ponton où nous étions descendus les accueillir. Sa robe était si courte que c'en était gênant, mais elle avait de belles jambes, et j'ai reconnu les escarpins rouges qu'elle portait la première fois que je l'avais vue, devant la porte de sa caravane. Jansson avait enfilé un vieux costume qui le serrait aux entournures, Romana scintillait en rouge et noir, et Hans était tout de blanc vêtu, sa casquette de marin vissée sur le crâne. Andrea portait une robe bleue, avec un ruban jaune dans les cheveux. Nous avons attaché les bateaux ; nous sommes restés un moment serrés tous ensemble sur le ponton, à parler de l'été qui arrivait enfin, et puis nous sommes remontés vers la maison. Jansson avait les yeux brillants et tout le monde a bien vu qu'il faisait parfois un pas de travers. Mais personne ne s'en formalisait, surtout pas Harriet, qui a réussi à se lever de son fauteuil de sa propre initiative pour lui serrer la main.

Nous avions résolu de leur dire la vérité. Harriet était la mère de Louise, j'étais son père, Harriet et moi avions failli nous marier autrefois. À présent Harriet était malade, mais pas au point de nous empêcher de passer cette soirée dehors à manger et à boire sous les chênes.

Après, alors que tout était fini, j'ai pensé que notre fête avait évoqué au départ un orchestre de chambre dont les membres accordaient leurs instruments. À force de bavarder, nous avons atteint peu à peu la bonne vibration. Pendant ce temps, nous mangions, nous trinquions, nous apportions et emportions des plats et laissions nos rires résonner au loin par-dessus les rochers. Harriet était à ce moment-là absolument en forme. Elle parlait fusées de détresse avec Hans, comparait les prix avec Romana, priait instamment Jansson de raconter quels colis étranges il lui était arrivé de livrer, au cours de sa longue carrière de facteur de l'archipel. C'était *sa* soirée, *sa* fête, c'était elle qui dirigeait l'orchestre et donnait une couleur d'ensemble aux notes jouées par les uns et les autres. Andrea, elle, ne disait rien. Sitôt arrivée elle s'était accrochée à Louise, qui la laissait faire. Nous avons fini par être complètement ivres bien sûr, Jansson le premier, mais à aucun moment il n'a perdu le contrôle de ses gestes. Il continuait d'aider Louise à servir et à débarrasser, et rien ne lui tombait des mains. La nuit venue, c'est lui également qui a allumé les bougies et les spirales d'encens achetées par Louise pour éloigner les moustiques. Andrea observait les adultes d'un regard aigu. Harriet, assise en face d'elle, tendait parfois la main et effleurait le bout de ses doigts. J'ai ressenti une grande tristesse en voyant ces doigts qui se touchaient. L'une allait bientôt mourir, l'autre ne comprendrait jamais pleinement ce que signifie le fait de vivre. Harriet a capté mon regard et levé son verre. Nous avons trinqué.

Puis j'ai tenu un discours. Ce n'était en rien prémédité. Je n'avais pas conscience d'avoir déjà formulé intérieurement les paroles que je m'apprêtais à prononcer. J'ai parlé de la surabondance et de la simplicité. De la perfection et de l'accomplissement qui n'existent peut-être pas, mais qui se laissent parfois entrevoir dans la compagnie de bons amis par une belle soirée d'été. L'été suédois était capricieux, certes, et ne durait jamais très longtemps. Mais il pouvait être d'une beauté étourdissante, comme ce soir.

– Vous êtes mes amis et ma famille et j'ai été un prince ingrat, sur cette petite île, en ne vous invitant jamais à venir. Je vous suis reconnaissant pour votre patience, je crains les pensées que vous avez dû nourrir à mon endroit et je souhaite que ce ne soit pas la dernière fois que nous nous trouvons ainsi réunis.

Nous avons levé nos verres. Une brise légère remuait les feuilles des chênes, la flamme des bougies et la fumée des spirales anti-moustiques.

Jansson s'est levé après avoir fait tinter son verre. Il a oscillé une fois, mais pas davantage, et il a ouvert la bouche. Il n'a rien dit. Il s'est mis à chanter. D'une voix de baryton limpide, il a chanté l'*Ave Maria*. J'en avais des frissons dans tout le corps. Je crois que c'était le cas de tout le monde, autour de la table. Hans et Romana paraissaient aussi surpris que moi. Personne n'avait apparemment été informé du fait que Jansson chantait, et de cette façon encore ! J'en avais les larmes aux yeux. Voilà Jansson, avec toutes ses maladies imaginaires, dans son costume trop étroit, qui chantait l'*Ave Maria* comme si un ange était descendu parmi nous dans la nuit d'été. Pour quelle raison avait-il dissimulé sa voix ? Lui seul aurait pu répondre à cette question.

Il a chanté. Les oiseaux se taisaient. Andrea l'écoutait bouche bée. Ce furent quelques instants presque ensorcelants. Puis il s'est tu, il s'est rassis.

Personne n'a rien dit. Enfin Hans a résumé le sentiment général :

– Ben merde alors.

Les questions, dès lors, ont fusé autour de Jansson. Pourquoi n'avait-il jamais chanté avant, comment se faisait-il, etc. Mais Jansson n'a pas répondu. Et il n'a rien voulu chanter d'autre.

– J'ai fait mon discours de remerciement, a-t-il dit. Je voudrais que cette soirée ne finisse jamais.

Nous avons continué à boire et à manger. Harriet avait posé sa baguette de chef d'orchestre, et les conversations bondissaient et cabriolaient à présent comme de petits animaux en liberté entre les touffes d'herbe. Nous étions tous ivres, Louise et Andrea avaient discrètement disparu en direction de la caravane. Hans a eu soudain l'idée de danser avec Romana. Ils se sont lancés à corps perdu dans un duo sautillant qui, d'après Jansson, devait figurer un *Rheinländer*, mais quand ils ont refait leur apparition quelques instants plus tard à l'angle de la maison, ça ressemblait plutôt à un *hambo*.

Harriet jouissait de sa fête. Je crois qu'à certains instants cette nuit-là elle n'a plus ressenti aucune douleur et a complètement oublié qu'elle allait mourir. J'ai resservi du vin et de l'aquavit à tous sauf à Andrea. Jansson s'est éloigné en titubant pour aller pisser dans les buissons, Hans et Romana se défiaient au bras de fer chinois et de ma radio sortait une musique, une composition rêveuse pour piano, de Schumann si j'ai bien compris. Je me suis assis à côté d'Harriet.

– C'est mieux comme ça, a-t-elle dit.

– Quoi donc ?

– Nous n'aurions jamais pu vivre ensemble. J'en aurais eu marre, à la fin, de ta manie d'écouter aux portes et de fouiller dans mes affaires. C'était comme t'avoir sous la peau, tu comprends ? Tu me donnais de l'urticaire. Je t'aimais, alors ça m'était égal. Je pensais que ça passerait. D'ailleurs, ça s'est passé. Mais pour ça, il a fallu que tu disparaisses.

Elle a levé son verre en me regardant droit dans les yeux.

– Tu n'as jamais été quelqu'un de bien. Tu as systématiquement cherché à fuir tes responsabilités. Mais tu peux éventuellement t'améliorer. Ne perds pas Louise. Occupe-toi d'elle, et elle s'occupera de toi.

– Tu aurais dû me le dire. Quand je pense que j'ai eu une fille sans le savoir pendant toutes ces années…

– Bien sûr que j'aurais dû te le dire. Tu as raison quand tu dis que j'aurais pu te retrouver si je l'avais vraiment voulu. Mais j'étais tellement en colère. J'ai gardé ton enfant pour moi. C'était ma vengeance. J'en suis punie maintenant.

– Comment ça ?

– À cause du remords.

Jansson est revenu, la démarche incertaine, et s'est assis lui aussi à côté d'Harriet, sans se soucier du fait que nous étions en pleine conversation.

– Je trouve que tu es une femme extraordinaire, a-t-il dit d'une voix pâteuse. Une femme complètement extraordinaire qui s'installe sans broncher dans mon hydrocoptère pour aller marcher sur la glace.

– C'était une sacrée expérience. Je n'aimerais pas la refaire.

Je me suis levé, j'ai contourné la maison et j'ai grimpé en haut du rocher. Les bruits de la fête m'atteignaient comme des sons fragmentés, des appels. Il me semblait voir ma grand-mère sur son banc, sous le pommier ; mon grand-père remontait peut-être le chemin de la remise.

C'était un soir où les morts et les vivants pouvaient faire la fête ensemble. Un soir pour ceux qui avaient encore longtemps à vivre et pour ceux qui, comme Harriet, se tenaient déjà au bord de la frontière invisible et attendaient le passeur.

Elle avait réussi un premier passage, celui du bac à bestiaux de Jansson qui l'avait conduite jusqu'ici. Ne restait plus à présent que l'ultime traversée.

Je suis descendu vers le ponton. La porte de la caravane était ouverte. J'en ai fait le tour et j'ai épié par la vitre. Andrea était en train d'essayer les affaires de Louise. Perchée en équilibre sur des talons vertigineux – une paire d'escarpins bleu clair –, elle avait revêtu une curieuse robe entièrement recouverte de paillettes scintillantes.

Je suis allé m'asseoir sur le banc. Soudain je me suis rappelé le solstice d'hiver : j'avais été assis dans ma cuisine ce soir-là en pensant que tout était fini en ce qui me concernait. Six mois s'étaient écoulés, et rien n'était plus pareil. Le solstice d'été nous ramenait une fois de plus vers la nuit. J'entendais des voix résonner sur mon île habituellement silencieuse. Le rire aigu de Romana, et puis la voix d'Harriet s'élevant par-dessus la mort et la douleur pour réclamer encore du vin.

Encore du vin ! C'était comme un cri de guerre. Harriet avait mobilisé toutes ses forces pour livrer la dernière bataille. Je suis remonté à la maison et j'ai débouché les bouteilles qui restaient. Quand je suis ressorti, Jansson serrait Romana contre lui dans une danse à demi inconsciente, comme un bercement. Hans était assis à côté d'Harriet. Il lui tenait la main, ou peut-être était-ce le contraire, pendant qu'elle l'écoutait lui expliquer, péniblement et sans succès, la manière dont les phares pouvaient éclairer les chenaux pour assurer la navigation des bateaux même lancés à très grande vitesse. Louise et Andrea se sont détachées des ombres. Personne sauf Harriet n'a remarqué la belle Andrea, illuminée par les créations pleines de fantaisie de Louise. Elle portait encore les escarpins bleu clair. Louise a suivi mon regard.

– Giaconelli les a faits pour moi, a-t-elle chuchoté à mon oreille. Et moi je les donne à cette fille, qui a en elle tant d'amour que personne n'ose recevoir. Il est juste qu'un ange porte des escarpins bleus créés par un maître.

La longue nuit a basculé lentement dans une phase semblable à un rêve ; je ne sais plus ce qui s'y est passé ni ce qui s'y est dit. Mais à un moment, alors que je me levais pour aller pisser, j'ai vu Jansson assis sur les marches de la maison, qui pleurait dans les bras de Romana. Hans dansait une valse avec Andrea, Harriet et Louise se parlaient doucement et le soleil se levait timidement au-dessus de la mer.

Nous formions un cortège oscillant, vers les quatre heures du matin, sur le sentier descendant vers le ponton. Harriet marchait derrière son déambulateur, assistée par Hans. Nous nous sommes attardés longtemps à nous dire au revoir, puis à détacher les bateaux et à les regarder partir.

Je me souviens qu'Andrea, juste avant de descendre dans le bateau de ses grands-parents, ses escarpins bleus à la main, est venue vers moi et m'a serré dans ses bras maigres dévorés par les moustiques.

Longtemps après que les bateaux eurent disparu au coin des rochers, j'ai continué à sentir cette étreinte, comme une seconde peau, qui me tenait chaud au corps.

– Je raccompagne Harriet, a dit Louise. Elle a sans doute besoin d'un bon bain. C'est plus facile quand on est juste toutes les deux, tranquilles. Si tu as sommeil, tu peux t'allonger dans la caravane.

– Je vais commencer le ménage.

– On s'en occupera demain.

Je l'ai suivie du regard pendant qu'elle raccompagnait Harriet vers la maison. Harriet était épuisée. Elle tenait à peine debout, malgré le déambulateur et le soutien de sa fille.

Ma famille, ai-je pensé. Celle qui m'a été donnée alors qu'il était déjà trop tard.

Je me suis endormi sur le banc et ne me suis réveillé qu'en sentant la main de Louise sur mon épaule.

– Elle dort. On devrait aller se coucher aussi.

Le soleil était déjà haut dans le ciel. J'avais la tête douloureuse et la bouche sèche.

– Tu crois qu'elle est contente ? ai-je demandé à Louise.

– Je l'espère.

– Elle ne t'a rien dit ?

– Elle était presque inconsciente quand je l'ai couchée.

Nous sommes remontés vers la maison. La chatte, qui ne s'était pas montrée de la nuit, roupillait sur la banquette de la cuisine. Louise a pris ma main.

– Je me demande qui tu es. Un jour, je comprendrai peut-être. Mais la fête était une réussite. Et tes amis me plaisent.

Elle a déroulé le matelas au sol. Je suis monté dans ma chambre. Je me suis étendu sur le lit après avoir retiré mes chaussures.

Dans mon rêve, soudain, j'entendais des mouettes crier. Elles s'approchaient de plus en plus ; elles plongeaient vers mon visage !

En me réveillant, j'ai compris que ce que j'avais pris pour des mouettes provenait du rez-de-chaussée. C'était Harriet qui criait à nouveau de douleur.

La fête était finie.

5

Une semaine plus tard, la chatte a disparu. Louise et moi avons fouillé la moindre crevasse, la moindre anfractuosité de l'île, peine perdue. Pendant ces jours de recherche, j'ai souvent pensé à ma chienne. Elle l'aurait retrouvée immédiatement. Mais ma chienne était morte et je comprenais bien que la chatte l'était sans doute aussi. J'habitais une île peuplée d'animaux morts, et d'une femme qui vivait ses derniers jours de souffrance en compagnie d'une fourmilière qui avait pris le contrôle de la pièce où était son lit.

La chatte n'est pas revenue. La chaleur du plein été écrasait mon île. Je suis allé à terre avec le hors-bord et j'ai acheté un ventilateur que nous avons installé près d'Harriet. La nuit, les fenêtres restaient ouvertes. Les moustiques dansaient contre les châssis en toile métallique que mon grand-père avait construits autrefois. Il y avait même, sur l'un des cadres, une date inscrite au crayon de menuisier : 1936. Je commençais à croire que cette longue canicule de juillet ferait de cet été, malgré son début peu prometteur, le plus chaud qu'il m'ait été donné de connaître sur l'île.

Louise partait se baigner le soir. C'en était venu au point où nous nous relayions pour rester en permanence à portée de voix de la chambre d'Harriet. L'un ou l'autre devait toujours être près d'elle. Les douleurs revenaient à intervalles de plus en plus brefs. Louise conférait au téléphone avec le service d'hospitalisation à domicile, qui était en dernier recours responsable d'Harriet. La deuxième semaine de juillet, ils ont exigé qu'elle soit examinée par un médecin. Je suivais la conversation téléphonique depuis l'entrée, où j'étais occupé à changer une ampoule. À ma grande surprise, j'ai entendu Louise dire qu'il ne serait pas nécessaire d'en faire venir un, car son père était lui-même médecin.

Je me rendais régulièrement à terre, plus précisément à la pharmacie, pour renouveler le stock d'analgésiques. Un jour, Louise m'a demandé de lui rapporter des cartes postales, peu importe ce qu'elles représentaient. J'ai acheté toute une série de cartes, et des timbres. Plus tard, pendant qu'Harriet dormait, Louise s'est assise pour écrire à ses amis du Norrland. Elle travaillait également à une lettre, ai-je vu, dont il était clair qu'elle allait être très longue. Louise ne m'a pas dit qui était le destinataire. Et elle ne laissait jamais traîner ses papiers, elle les rapportait soigneusement dans la caravane.

Je l'ai mise en garde contre Jansson, en disant qu'il lirait à coup sûr chacune des cartes postales qu'elle lui confierait.

– Et pourquoi ferait-il une chose pareille ?

– Il est curieux.

– Je crois qu'il respectera mes cartes.

Nous n'en avons pas reparlé. Chaque fois que Jansson accostait au ponton, elle lui confiait un nouveau lot de cartes postales, et Jansson les rangeait dans sa sacoche sans les regarder.

Et il ne se plaignait plus de quoi que ce soit. Cet été-là, alors qu'Harriet se mourait dans ma maison, Jansson paraissait avoir été délivré subitement de toutes ses maladies imaginaires.

Dans la mesure où Louise s'occupait d'Harriet, c'était moi qui préparais les repas. Harriet restait au centre du drame, bien sûr, mais Louise dirigeait la maisonnée comme un bateau dont elle aurait été le capitaine. Cela ne me dérangeait pas.

La canicule était difficilement supportable pour Harriet. J'ai acheté un deuxième ventilateur sans que cela améliore vraiment la situation. J'ai appelé Hans Lundman plusieurs fois pour lui demander quelles étaient les prévisions des météorologues de la surveillance côtière.

– C'est une canicule étrange, m'a-t-il dit, elle ne se comporte pas comme d'habitude. D'ordinaire les hautes pressions viennent de quelque part et poursuivent leur route, même si le mouvement est si lent que nous ne le percevons pas. Celle-ci, en revanche, reste immobile. C'est un phénomène unique. Les historiens du climat affirment que c'est le même type de canicule que nous avons eue en Suède pendant l'été 1955.

Je me souvenais de cet été-là. J'avais dix-huit ans et je passais le plus clair de mes journées dans la yole à voile de mon grand-père à me balader entre les îles. Un été inquiet, rempli de tous les pouls battants de l'adolescence. Allongé nu sur les rochers chauffés par le soleil, je rêvais de femmes. Les plus belles de mes professeures défilaient dans mon imagination et y tenaient successivement le rôle d'amante.

Il y avait presque cinquante ans de cela.

– Ils doivent quand même pouvoir dire quelque chose ! Quand la température va-t-elle baisser ?

– Pour l'instant, la pression ne bouge pas. Il y a des incendies spontanés, dans des endroits qui n'ont jamais brûlé avant.

Nous avons continué à vivre avec la chaleur. De temps à autre, des nuages noirs s'accumulaient à l'horizon, côté terre, et un orage éclatait. Il arrivait que le réseau saute, mais mon grand-père avait consacré de longues journées à construire un ingénieux paratonnerre à tiges multiples qui protégeait à la fois la maison et la remise.

La première fois que le tonnerre a grondé, à la fin d'une journée parmi les plus chaudes de cet été-là, Louise m'a raconté que l'orage la terrorisait. De nos réserves d'alcool, entassées en prévision de la grande fête, il ne restait qu'un demi-litre de cognac. Elle s'en est servi un verre.

– Je n'essaie pas de me rendre intéressante, a-t-elle dit. J'ai vraiment peur.

Elle s'est réfugiée avec son verre sous la table de la cuisine. À chaque éclair, et à chaque roulement de tonnerre qui le suivait, je l'entendais gémir. Elle n'est sortie qu'après la fin de l'orage ; son verre était vide et son visage blafard.

– Je ne sais pas pourquoi, a-t-elle dit. Il n'y a rien qui me fasse aussi peur que les zébrures de la foudre et le bruit du tonnerre qui nous tombe dessus.

– Le Caravage a-t-il peint des orages ?

– Il a souvent peint ce qui lui faisait peur… Mais pas la foudre, à ma connaissance. Pourtant il en avait sûrement aussi peur que moi.

Les pluies d'orage rafraîchissaient la terre et nous rafraîchissaient aussi, nous qui vivions là. Après l'orage, c'est moi qui suis allé auprès d'Harriet. Mais avant, je suis sorti pour voir s'il n'y avait pas, par hasard, un arc-en-ciel. Harriet dormait, la tête encore plus surélevée que d'habitude, pour atténuer les douleurs qui irradiaient à partir du dos. Je me suis assis à côté du lit, et j'ai pris sa main maigre et froide dans la mienne.

– Il pleut encore ?

– Non. Il n'y a plus que de petits ruisseaux en colère qui dévalent les rochers.

– Et un arc-en-ciel ?

– Pas ce soir.

Silence.

– Je n'ai pas vu la chatte.

– Elle a disparu. On l'a cherchée. On ne la trouve pas.

– Alors c'est qu'elle est morte. Les chats s'en vont quand ils sentent que l'heure vient. C'est pareil pour les gens de certaines tribus. Chez nous, c'est l'inverse : nous nous accrochons le plus longtemps possible auprès de ceux qui attendent que nous mourions enfin.

– Je n'attends pas ça.

– Bien sûr que si. Quand on veille un malade qui va bientôt mourir, on ne peut rien faire d'autre. Et l'attente, ça rend impatient.

Elle parlait d'une voix entrecoupée, comme si elle grimpait un escalier interminable et qu'elle devait s'arrêter souvent pour reprendre son souffle. Elle a tendu une main précautionneuse à la recherche de son verre d'eau. Je le lui ai donné et j'ai soutenu sa tête pendant qu'elle buvait.

Elle m'a rendu le verre.

– Je te remercie de m'avoir recueillie. J'aurais pu mourir de froid sur la glace. Tu aurais pu faire semblant de ne pas m'avoir vue.

– Je t'ai abandonnée une fois. Ça ne veut pas dire que j'allais le refaire.

Elle a secoué la tête de façon imperceptible.

– Toi qui as tellement menti dans ta vie, tu n'as même pas appris à bien mentir. La plus grande partie de ce qu'on dit doit être vraie. Sinon le mensonge devient incontrôlable. Tu sais aussi bien que moi que tu aurais pu m'abandonner une deuxième fois. Est-ce que tu en as abandonné d'autres ?

J'ai réfléchi avant de répondre. Je voulais que ma réponse soit vraie.

– Oui, ai-je dit. Une personne.

– Comment s'appelle-t-elle ?

– Pas une femme. Moi.

Elle a secoué la tête – le même mouvement imperceptible.

– Ce n'est plus la peine de ruminer tout ça. Nos vies ont tourné comme ça et pas autrement. Je serai bientôt morte. Toi, tu vivras un moment encore, puis tu mourras aussi. Alors la trace sera effacée pour de bon. De cette petite lumière qui aura clignoté, vite, entre deux grandes obscurités.

Elle a tendu la main et saisi mon poignet. Je pouvais sentir son pouls rapide sur ma peau.

– Je veux te dire ce que tu as peut-être déjà deviné. Je n'ai jamais aimé un homme comme je t'ai aimé. C'est pour ça, pour retrouver cet amour-là, que je suis venue te chercher. Et pour que tu retrouves la fille que je t'avais enlevée. Mais surtout, plus que tout le reste, je voulais mourir près de l'homme que j'avais aimé. C'est vrai aussi que je n'ai jamais haï un homme autant que je t'ai haï. Mais la haine fait mal, et la douleur, j'en ai déjà plus qu'il ne m'en faut. L'amour donne une fraîcheur, un calme, peut-être même une sécurité, qui rend la rencontre avec la mort moins effrayante. Ne dis rien après ce que je viens de te raconter. Crois-moi seulement. Et demande à Louise de venir. Je sens que j'ai mouillé les draps.

Je suis parti à la recherche de Louise. Je l'ai trouvée assise sur les marches devant la maison.

– C'est vraiment beau ici, a-t-elle dit en me voyant. Presque aussi beau que la forêt.

– J'ai peur des forêts touffues. Toujours eu peur de me perdre si je m'éloignais trop du sentier.

– Tu as peur de toi, c'est tout. Comme tout le monde. Moi aussi, Harriet aussi, la merveilleuse petite Andrea, le Caravage… Nous avons peur de nous-mêmes et de ce que nous apercevons de nous chez les autres.

Elle est retournée auprès d'Harriet pour lui changer sa couche. Je me suis assis sur le banc sous le pommier, tout à côté de la tombe de la chienne. J'entendais un bruit sourd au loin : le moteur d'un gros bateau – peut-être la marine militaire reprenait-elle déjà ses manœuvres d'automne ?

Harriet avait dit qu'elle n'avait jamais aimé un homme comme elle m'avait aimé. Cela me bouleversait. Je ne m'y attendais pas. J'avais le sentiment de pouvoir *voir* enfin ce qu'avait impliqué, en vrai, ma trahison envers elle – pour elle comme pour moi.

J'avais trahi parce que j'avais peur d'être trahi à mon tour. Cette peur du lien, cette peur de sentiments trop intenses pour pouvoir être contrôlés, m'avait toujours poussé à réagir d'une seule façon : l'esquive, la fuite. Pourquoi ? Je n'aurais pas su répondre à cette question. Mais je savais que je n'étais pas le seul. Je vivais dans un monde où beaucoup d'hommes passaient leur vie à avoir peur de la même façon que moi.

J'avais essayé de me reconnaître dans la figure de mon père. Mais sa peur à lui était différente de la mienne. Il n'avait jamais hésité à montrer son amour pour ma mère et pour moi, même si ma mère n'était pas une femme facile à vivre.

Je dois comprendre ça, ai-je pensé. Avant de mourir, il faut que je sache pourquoi j'ai vécu. Il me reste encore un peu de temps, alors il faut que je l'utilise au mieux.

Je me sentais épuisé. Je suis retourné à l'intérieur. La porte de la chambre d'Harriet était entrouverte. J'ai grimpé l'escalier. Je me suis allongé, j'ai laissé la lampe de chevet allumée. Sur le mur, à côté du lit, il y a toujours eu quelques cartes marines que mon grand-père avait découvertes un jour, autrefois, échouées au bord de l'eau. Elles sont abîmées et difficiles à lire. Mais elles représentent Scapa Flow, dans l'archipel des Orcades – une base navale de l'armée anglaise passée au rang de mythe. Souvent j'ai suivi du regard les passes étroites du détroit de Pentland Firth et je me suis imaginé les navires anglais et leurs guetteurs redoutant d'apercevoir les périscopes des sous-marins allemands à l'entrée de la baie.

Je me suis endormi avec la lampe allumée. J'ai rouvert les yeux sur le coup de deux heures. Harriet criait. Je me suis couvert les oreilles en attendant que les médicaments fassent effet.

Nous vivions dans cette maison avec un silence qui pouvait exploser d'un instant à l'autre en hurlements atroces. De plus en plus souvent, il m'arrivait de formuler le souhait qu'Harriet meure vite. Pour elle, pour qu'elle soit libérée de ses souffrances, mais aussi pour moi et pour Louise.

La vague de chaleur a persisté jusqu'au 24 juillet. Ce jour-là, j'ai noté dans mon journal de bord que le vent soufflait du nord-est et que le mercure commençait à baisser. La longue période de canicule fut remplacée par un temps instable de basses pressions qui arrivaient l'une derrière l'autre par-dessus la mer du Nord. La nuit du 27 juillet, une tempête venue du nord a balayé l'archipel. Quelques tuiles se sont détachées du toit pour aller se fracasser au sol. J'ai réussi à grimper là-haut et à les remplacer par d'autres, qui traînaient depuis des années dans l'une des dépendances restées debout après qu'on avait rasé l'étable, à la fin des années soixante.

L'état d'Harriet empirait constamment. Depuis que le front froid attaquait la côte, elle n'avait que de rares moments de lucidité. Louise et moi nous relayions auprès d'elle. La seule tâche que Louise continuait d'assumer seule était sa toilette ainsi que le changement des couches.

J'étais heureux d'en être exempté. C'était une chose que je ne voulais pas avoir à vivre avec Harriet.

La saison des anguilles approchait. Les nuits rallongeaient, le soleil ne chauffait plus comme il le faisait encore quelques semaines plus tôt. Louise et moi étions prêts à ce qu'Harriet meure d'un jour à l'autre. Son souffle était irrégulier, elle sortait de plus en plus rarement de sa léthargie. Lorsqu'elle était éveillée, nous restions tous deux auprès d'elle. Louise tenait à ce qu'elle nous voie ensemble. Harriet ne disait pas grand-chose dans ces moments-là. Elle pouvait demander quelle heure il était, s'il n'était pas bientôt l'heure de manger. Il devenait de plus en plus clair qu'elle perdait ses repères. Parfois elle se croyait dans la caravane, dans la forêt, ou chez elle à Stockholm. Pour elle il n'y avait pas d'île, ni de chambre avec une fourmilière. Et elle n'avait pas vraiment conscience non plus de l'imminence de sa mort. Quand elle se réveillait, c'était comme la chose la plus naturelle au monde. Elle buvait un peu d'eau, avalait quelques cuillerées de soupe et se rendormait. Son visage était si émacié à présent que je craignais de voir la peau se rompre et l'os apparaître au travers. La mort est laide, ai-je pensé. De la beauté d'Harriet il ne restait quasiment rien. Elle était un squelette cireux sous une couverture, et voilà tout.

Par une de ces soirées, début août, nous nous sommes installés, Louise et moi, sur le banc, sous le pommier. Nous avions enfilé des vestes chaudes et Louise avait enfoncé sur sa tête un de mes vieux bonnets.

– Que ferons-nous quand elle sera morte ? ai-je demandé à Louise. Tu as dû y penser. Tu sais peut-être ce qu'elle veut ?

– Elle veut être incinérée. Il y a quelques mois, elle m'a envoyé le prospectus d'une entreprise de pompes funèbres. Je l'ai peut-être encore, à moins que je ne l'aie jeté. Elle avait entouré au stylo-bille le cercueil le moins cher et une urne soldée.

– A-t-elle une concession funéraire ?

Louise a froncé les sourcils.

– Qu'est-ce que c'est ?

– Existe-t-il un caveau de famille ? Un endroit où sont enterrés ses parents ? Autrefois on parlait de concession funéraire.

– Sa famille est éparpillée à travers tout le pays. Je ne l'ai jamais entendue dire qu'elle fleurissait la tombe de ses parents ou quoi que ce soit de ce genre. Et elle n'a pas formulé de souhait particulier pour son propre compte. Sinon qu'elle ne veut pas de pierre tombale. En fait, je crois qu'elle préférerait que ses cendres soient dispersées au vent. Et ça, rien n'empêche qu'on le fasse.

– Il faut une autorisation. Jansson m'a parlé de vieux pêcheurs qui ont demandé que leurs cendres soient répandues sur les hauts-fonds, là où les gens d'ici pêchent le hareng depuis toujours.

Nous avons songé un moment en silence à ce qu'il allait advenir d'Harriet. Pour ma part, j'avais une concession au cimetière. Rien n'empêchait sans doute qu'on y fasse une petite place pour Harriet, à côté de moi.

Soudain Louise a posé la main sur mon bras.

– Au fait, ce n'est peut-être pas la peine de demander la permission. Harriet pourrait simplement devenir l'une des nombreuses personnes de ce pays qui n'existent pas.

– De quoi parles-tu ? Tout le monde a un numéro de sécurité sociale, qui nous suit jusqu'à la mort. On n'a pas le droit de disparaître comme on veut.

– On peut contourner le problème. Elle meurt dans ta maison. Nous la brûlons, comme ça se fait en Inde. Puis nous la répandons sur l'eau. Je résilie le bail de son appartement à Stockholm, je le vide. Je ne fais pas suivre le courrier. Elle ne va plus chercher l'argent de sa pension. J'informe le service d'hospitalisation à domicile de son décès. C'est tout ce qui les intéresse. Quelqu'un se posera peut-être des questions, mais je pourrai toujours dire que je n'ai pas été en contact avec ma mère depuis plusieurs mois. Et toi, tu pourras dire qu'elle est repartie d'ici après une courte visite.

– Ah bon ?

– Qui, à ton avis, ira voir Jansson ou Hans Lundman pour leur demander où elle a bien pu aller ?

– Précisément. Où est-elle allée ? Qui l'a conduite à terre ?

– Toi. Il y a une semaine. Personne ne sait qu'elle est encore ici.

J'ai compris peu à peu qu'elle parlait sérieusement. Nous allions laisser Harriet mourir ici et nous occuper nous-mêmes des funérailles. Était-ce vraiment possible ? Nous n'en avons plus reparlé ce soir-là. La nuit, j'ai eu du mal à trouver le sommeil. Je commençais à croire que ce serait possible.

Deux jours plus tard, pendant le dîner, Louise a soudain posé sa fourchette.

– Le feu ! Maintenant, je sais comment nous pourrons l'allumer sans éveiller les soupçons.

J'ai écouté sa suggestion. J'ai résisté au début. Puis j'ai compris que c'était une belle idée.

La lune a disparu. L'obscurité d'août, celle qu'on appelle *la nuit des anguilles*, recouvrait l'archipel. Les derniers voiliers de l'été regagnaient leur port d'attache. La marine royale manœuvrait dans l'archipel sud. Le souffle des coups de canon tirés au loin nous atteignait de temps à autre. Harriet dormait presque vingt-quatre heures sur vingt-quatre désormais. Nous la veillions tour à tour. Pour gagner ma vie pendant mes études de médecine, je faisais entre autres des gardes de nuit à l'hôpital. Je me rappelais encore la première fois où quelqu'un était mort sous mes yeux. Ça s'était fait sans un geste, sans un bruit. Le grand saut était si infiniment petit… Une unité de temps à peine quantifiable, et la personne vivante passait chez les morts.

Je me souviens d'avoir pensé : cet homme qui vient de mourir, en fait, n'a jamais existé. Avec la mort, tout ce qui a été s'efface. La mort ne laisse aucune trace, sauf ce que j'ai toujours eu tant de mal à supporter : l'amour, les sentiments. J'ai fui Harriet parce qu'elle m'approchait de trop près. Et maintenant elle s'en va.

Louise était souvent triste, au cours de ces derniers jours de la vie d'Harriet. De mon côté je ressentais une peur grandissante à l'idée que je n'étais pas loin, moi non plus, de ce qu'Harriet subissait sous mes yeux. Je redoutais l'humiliation, l'indignité, et j'espérais que me serait accordée une mort douce, qui m'éviterait de devoir rester longtemps alité à attendre avant de pouvoir rejoindre le dernier rivage.

Harriet est morte à l'aube, peu après six heures, le 22 août. La nuit avait été agitée, les médicaments ne semblaient plus faire effet. Je préparais du café quand Louise est entrée dans la cuisine. Elle s'est placée à côté de moi et elle a attendu que je finisse de compter mes dix-sept secondes.

– Maman est morte.

Nous sommes allés dans la chambre d'Harriet. J'ai tâté son pouls du bout des doigts et j'ai écouté son cœur avec le stéthoscope. Elle était vraiment morte. Nous nous sommes assis sur le bord du lit. Louise pleurait doucement, presque sans bruit. De mon côté, je n'éprouvais qu'un soulagement coupable parce que la personne qui venait de mourir n'était pas moi.

Nous sommes restés silencieux une dizaine de minutes peut-être. J'ai écouté encore une fois son cœur, mais je n'ai rien entendu. Alors je suis allé chercher une serviette brodée de ma grand-mère et je l'ai posée sur le visage d'Harriet.

Nous avons bu le café, qui était encore chaud. À sept heures, j'ai appelé les gardes-côtes et je suis tombé sur Hans Lundman qui a décroché.

– Merci pour la fête, au fait ! J'aurais dû t'appeler…

– Merci d'être venu.

– Comment va ta fille ?

– Elle va bien.

– Et Harriet ?

– Elle est repartie.

– Andrea ne quitte pas ses escarpins bleus, même si elle a du mal à garder l'équilibre. Tu transmettras à Louise ?

– D'accord. Je voulais juste te prévenir que je comptais brûler un tas de vieilleries aujourd'hui. Au cas où quelqu'un t'appellerait en croyant qu'il y a le feu sur l'île.

– La sécheresse est finie pour cette année.

– Quelqu'un pourrait croire que c'est ma maison qui brûle.

– Tu as raison, tu as bien fait de me prévenir.

Je suis sorti dans la cour. Il n'y avait pas un souffle de vent, et les nuages masquaient le ciel. Je suis descendu jusqu'à la remise prendre la bâche que j'avais préparée en guise de linceul et que j'avais entièrement imprégnée de goudron. Je l'ai étalée sur le sol. Louise avait passé à Harriet la robe claire qu'elle portait la nuit de la fête ; elle avait peigné ses cheveux et maquillé ses lèvres. Elle pleurait encore, sans bruit, comme avant. Nous sommes restés un moment enlacés.

– Elle va me manquer, a dit Louise. J'ai été tellement en colère contre elle pendant tant d'années. Maintenant je m'aperçois qu'elle ouvre comme un trou à l'intérieur de moi qui va rester ouvert et me souffler du chagrin aussi longtemps que je vivrai.

J'ai écouté le cœur d'Harriet une dernière fois. Sa peau avait déjà pris la couleur jaunâtre qui suit la mort.

Nous avons attendu une heure encore. Puis nous l'avons portée dehors et l'avons enroulée dans la bâche. J'avais préparé le bûcher et posé à côté un bidon d'essence, parmi ceux que je garde toujours en réserve.

Nous l'avons soulevée et déposée dans mon vieux bateau. J'ai tout inondé d'essence, le corps et la coque.

– Il vaut mieux garder ses distances. L'essence va s'enflammer brutalement, tu peux te brûler si tu restes trop près.

Nous avons reculé. J'ai regardé Louise. Elle ne pleurait plus. Elle a fait oui de la tête. J'ai enflammé un petit tampon de bourre préalablement trempé dans le goudron et je l'ai lancé vers le bateau.

Le feu a pris avec un rugissement. La bâche goudronnée crépitait et grésillait. Louise a saisi ma main. Mon vieux bateau trouvait enfin l'occasion de servir. À son bord, j'ai pu envoyer Harriet vers un autre monde auquel elle ne croyait pas plus que moi, mais dont nous portions sans doute l'espoir, l'un comme l'autre, tout au fond de nous.

Pendant que le bateau brûlait je suis descendu à la remise, j'ai pris une vieille scie à métaux et j'ai entrepris de scier le déambulateur. Au bout d'un moment, j'ai compris que je n'arriverais à rien. Alors je l'ai chargé dans la barque avec deux grosses pierres et deux chaînes. Je suis parti à la rame vers la pointe nord et j'ai envoyé par le fond le déambulateur et ses poids. Personne ne venait jeter l'ancre ni pêcher à cet endroit. Rien ne viendrait accrocher le déambulateur et le ramener à la surface.

La fumée montait haut dans le ciel. Je suis revenu vers l'île à la rame en pensant que Jansson n'allait sans doute pas tarder. J'ai trouvé Louise accroupie, contemplant le bateau en flammes.

– Je regrette de ne pas savoir jouer d'un instrument, m'a-t-elle dit. Tu sais quelle était la musique préférée de maman ?

– Je crois qu'elle aimait le jazz classique. Nous allions en écouter dans la vieille ville, à Stockholm, du temps où nous étions ensemble.

– Tu te trompes. C'était *Sail Along Silvery Moon.* Un air sentimental des années cinquante. Elle voulait tout le temps l'écouter. Je le lui aurais joué maintenant. Un psaume d'adieu…

– Je ne sais même pas à quoi ça ressemble.

Elle a fredonné une vague mélodie. Je l'avais peut-être entendue autrefois – mais jamais interprétée par un orchestre de jazz.

Je me suis levé.

– Je vais dire à Jansson, quand il arrivera, qu'Harriet est repartie hier. Je l'ai emmenée jusqu'au port. Une voiture est venue la chercher, un cousin à elle. Elle devait se rendre à l'hôpital, à Stockholm.

– Dis-lui qu'elle le salue. Comme ça, il ne se demandera jamais pourquoi elle est partie si vite.

Jansson était ponctuel comme à son habitude. Il avait à son bord un arpenteur ayant une mission à accomplir sur l'île de Bredholmen. Nous nous sommes salués. Jansson a débarqué sur le ponton pour contempler le feu de joie.

– J'ai appelé Lundman, a-t-il dit. J'ai cru que c'était ta maison qui brûlait.

– Je brûle mon bateau. Il était irrécupérable, tout compte fait, et je n'avais pas le courage de le voir sous sa bâche un hiver de plus.

– Tu as bien fait. Les vieux bateaux refusent de mourir à moins qu'on ne les taille en pièces ou qu'on n'y mette le feu.

– Harriet est repartie, au fait. Je l'ai raccompagnée jusqu'au port hier. Elle te passe le bonjour.

– C'est gentil à elle. Transmets-lui mes salutations. Elle m'a beaucoup plu, c'est une vieille dame remarquable. Puis-je espérer qu'elle allait un peu mieux ?

– Elle devait retourner à l'hôpital. Elle n'allait pas mieux, j'en ai peur. Mais elle te salue.

Jansson n'avait pas de courrier pour moi. Il est reparti avec l'arpenteur. Quelques gouttes sont tombées du ciel, mais l'averse a vite cessé. Je suis retourné auprès du feu. La poupe s'était effondrée. On ne distinguait plus ce qui était du charbon de bois et ce qui était la bâche avec son contenu. Le brasier ne dégageait aucune odeur de chair brûlée. Louise s'était assise sur une pierre. Soudain j'ai pensé à Sima et je me suis demandé si mon île attirait la mort. C'est ici qu'elle s'était tailladée, ici qu'Harriet était venue pour mourir. Ma chienne était morte et ma chatte n'avait pas reparu.

J'ai éprouvé un découragement subit en pensant à ma personne. Y avait-il quoi que ce soit, en moi, que je puisse vraiment appeler mien ? Je n'étais sûrement pas un homme mauvais. Je n'étais pas violent, ni enclin à commettre des crimes. Mais j'avais trahi Harriet. Elle n'était pas la seule. Quand ma mère est restée dix-neuf ans dans une maison de retraite après la mort de mon père, je ne lui ai rendu visite qu'une seule fois. Il s'était déjà passé tant de temps à ce moment-là qu'elle ne m'a pas reconnu. Elle m'a pris pour son frère, qui était mort cinquante ans plus tôt. Je n'ai pas cherché à dissiper sa confusion. Je suis resté assis sur ma chaise, j'ai abondé dans son sens. Bien sûr, je suis ton frère qui est mort il y a tant d'années. Puis je l'ai abandonnée. Je ne suis jamais retourné là-bas. Je n'ai même pas assisté à son enterrement. J'ai laissé une entreprise de pompes funèbres s'occuper de tout, et le jour où la facture est arrivée, je l'ai payée. En dehors du prêtre et de l'organiste, n'était venu aux obsèques qu'un représentant de ladite entreprise.

Je n'y suis pas allé pour la simple raison que personne n'était en mesure de m'y contraindre. Je comprenais à présent que j'avais méprisé ma mère. D'une certaine manière, j'avais aussi méprisé Harriet.

Peut-être avais-je éprouvé du mépris pour tout un chacun. Mais surtout pour moi-même.

Je ne savais même plus si j'avais été un bon chirurgien orthopédiste. J'étais un petit être effrayé qui avait vu, en la personne de mon père, l'enfer brutal qui pouvait nous guetter une fois qu'on devenait adulte.

La journée est passée aussi lentement que les nuages dans le ciel. Quand le feu a commencé à faiblir, je l'ai nourri avec des bûches inondées d'essence. Ça prend du temps d'incinérer un être humain, surtout quand ce n'est pas dans un crématorium où la chaleur monte jusqu'à mille degrés pour détruire même les os.

Le feu brûlait encore au crépuscule. J'ajoutais de nouvelles bûches, je remuais les cendres. Louise a apporté un plateau de nourriture. Nous avons bu ce qui restait du cognac et nous avons vite été ivres. Nous pleurions et riions de chagrin, mais aussi de soulagement parce que les tourments d'Harriet étaient enfin terminés. Louise était plus proche de moi maintenant que sa mère n'était plus là entre nous pour me rappeler mon abandon. Nous étions assis dans l'herbe, appuyés l'un contre l'autre à regarder la fumée du bûcher funéraire s'élever et disparaître dans le noir.

– Je reste sur cette île pour toujours, a dit Louise.

– Tu peux déjà rester jusqu'à demain.

À l'aube, j'ai enfin laissé le feu se consumer en braises.

Louise s'était endormie, recroquevillée dans l'herbe. Je l'ai recouverte avec ma veste. Elle s'est réveillée quand j'ai entrepris d'arroser les braises avec des seaux d'eau de mer. D'Harriet et du vieux bateau, il ne restait plus rien. Louise m'a regardé ratisser les cendres.

– Rien du tout, a-t-elle dit. Hier encore elle était une femme vivante. Il ne reste rien.

– J'ai pensé que nous pourrions emporter la cendre dans la barque et la répandre sur l'eau.

– Non. Ça, je ne peux pas. Il faut au moins que ses cendres restent.

– Je n'ai pas d'urne.

– Un bocal fera l'affaire. Je veux que ses cendres demeurent. On peut les enterrer à côté de la chienne.

Louise est partie vers la remise. J'étais mal à l'aise à l'idée que le carré d'herbe sous le pommier se transforme en cimetière. J'ai entendu du bruit du côté de la remise. Louise est revenue avec un bocal qui contenait autrefois la graisse à moteur que mon grand-père réservait à son bateau, et que j'avais pour ma part nettoyé pour le remplir de clous et de vis. Il était vide maintenant. Louise a soufflé la poussière qui le recouvrait et l'a déposé à côté du tas de cendres. Elle a commencé à le remplir à mains nues. À mon tour je suis allé à la remise et j'ai rapporté une pelle. J'ai creusé un trou à côté de celui de la chienne. Nous avons déposé le bocal au fond du trou et nous l'avons comblé. Louise a disparu du côté des rochers. Elle est revenue au bout d'un moment avec une grosse pierre, où les sédiments avaient gravé comme l'esquisse d'une croix. Elle l'a posée sur la tombe.

Ç'avait été une journée et une nuit éprouvantes. Nous étions épuisés. Nous avons mangé en silence. Louise est partie dormir dans sa caravane. J'ai cherché longtemps dans l'armoire de la salle de bains avant de trouver un somnifère. Je me suis assoupi presque aussitôt et j'ai dormi neuf heures d'affilée. Je ne sais pas quand cela m'était arrivé pour la dernière fois.

Louise était assise à la table de la cuisine quand je suis redescendu. La porte du salon était ouverte. Elle y avait fait le ménage, effacé toute trace de la lutte à mort qui s'était déroulée là pas plus tard que la veille.

– Je m'en vais, a-t-elle dit. Je pars aujourd'hui. La mer est calme. Tu peux me conduire jusqu'au port ?

Je me suis assis. Je n'étais pas du tout préparé à son départ.

– Où vas-tu ?

– J'ai plusieurs choses urgentes à faire.

– L'appartement d'Harriet peut bien attendre quelques jours.

– Ce n'est pas ça. Tu te souviens des grottes dont les peintures sont attaquées par les moisissures ?

– Je croyais que tu allais écrire aux chefs d'État…

– Non. Les lettres ne suffisent pas. Je dois faire autre chose.

– Quoi ?

– Je ne sais pas encore. Ensuite je dois aller voir quelques tableaux du Caravage. J'ai de l'argent maintenant. Harriet a laissé pas loin de deux cent mille couronnes. Déjà avant, elle me donnait de l'argent de temps à autre, et j'ai toujours été économe. Tu t'es sûrement interrogé sur les billets de banque que tu as trouvés en fouillant dans ma caravane. Le sens de l'économie, c'est tout. Je n'ai pas fait qu'écrire des lettres dans ma vie, il m'est arrivé de travailler comme tout le monde. Et je n'ai jamais gaspillé.

– Combien de temps comptes-tu être partie ? Si tu ne reviens pas, je veux que tu embarques ta caravane. Elle n'a rien à faire sur mon île.

– Pourquoi te mets-tu en colère ?

– Je suis triste parce que tu t'en vas et que tu ne vas sans doute pas revenir.

Elle s'est levée brutalement.

– Moi, a-t-elle dit, je ne suis pas comme toi. Moi, je reviens. Et en plus, je te préviens avant de m'en aller. Si ma caravane ne peut pas rester ici, je propose que tu la brûles, elle aussi. Je vais faire mes bagages. Je serai prête à partir dans une heure. Tu m'emmènes, oui ou non ?

Il n'y avait pas un souffle de vent, la mer était lisse comme un miroir quand je suis parti avec Louise. Le hors-bord a eu un crachotement funeste au moment du départ mais il a fini par démarrer. Louise était à l'avant, elle souriait. Je regrettais mon éclat.

À l'arrivée, un taxi l'attendait. Elle n'avait qu'un sac à dos.

– Je t'appelle, a-t-elle dit. Je t'enverrai des cartes postales.

– Où puis-je te joindre ?

– Tu as mon numéro. Je ne te garantis pas que j'aurai toujours le portable allumé, mais je promets d'envoyer une carte à Andrea.

– Envoies-en une aussi à Jansson. Il sera fou de joie.

Elle s'est accroupie pour se retrouver à ma hauteur.

– Arrange ma caravane d'ici à mon retour. Fais le ménage à l'intérieur. Cire les souliers rouges que j'ai laissés.

Elle a passé la main sur mon front et elle est montée dans le taxi, qui a démarré. J'ai attrapé mon jerrican et je suis allé le faire remplir sur le port. Il n'y avait presque personne. Les estivants avaient plié bagage.

À mon retour, j'ai fait encore une fois le tour de l'île à la recherche de ma chatte. Je ne l'ai pas trouvée. J'étais maintenant plus seul à cet endroit que je ne l'avais jamais été.

Quelques semaines sont passées. Tout était redevenu comme avant. Jansson venait avec son bateau, parfois il m'apportait une lettre d'Agnes, mais aucune de Louise. Je l'appelais, elle ne répondait pas. Mes messages, adressés à sa boîte vocale, ressemblaient à de petites notes lamentables sur l'état de la météo et la disparition énigmatique de la chatte.

Elle avait sans doute été prise par un renard. Qui avait ensuite quitté l'île à la nage.

Mon inquiétude allait croissant. J'ai pensé que je ne supporterais bientôt plus d'être là. Il fallait que je parte. Mais je ne savais pas où aller.

Septembre a débuté par une tempête du nord-est. Aucun signe de vie de Louise. Agnes s'était tue, elle aussi. Je traînais à la table de la cuisine, je regardais par la fenêtre. Le paysage, dehors, se figeait. J'avais la sensation que ma maison tout entière était incluse peu à peu dans une fourmilière géante qui grandissait sans bruit de jour en jour.

L'automne s'annonçait rude. J'attendais.

Solstice d'hiver

1

Il a gelé pour la première fois la nuit du 3 octobre.

En consultant mes vieux journaux de bord, j'ai constaté que depuis que j'habitais sur l'île la température n'était jamais descendue au-dessous de zéro aussi tôt dans l'année. J'attendais encore des nouvelles de Louise. Je n'avais rien reçu, pas même une carte postale.

Ce soir-là, le téléphone a sonné et une voix de femme m'a demandé si j'étais Fredrik Welin. Il m'a semblé reconnaître son accent, mais quand elle s'est présentée, Anna Ledin, ça ne me disait rien du tout.

– Je suis de la police. Nous nous sommes déjà rencontrés.

Alors je me suis souvenu de la vieille dame que j'avais trouvée morte sur le sol de sa cuisine. Anna Ledin était la jeune policière à la queue-de-cheval blonde sous sa casquette.

– Je t'appelle à propos du chien, a-t-elle dit, l'épagneul de Sara Larsson. Au fait, c'est une chienne. Personne ne l'a réclamée, on aurait donc dû la faire piquer ; j'ai préféré la prendre chez moi. Maintenant j'ai rencontré un homme qui est allergique aux chiens, mais je ne veux pas qu'elle meure pour autant. Alors j'ai pensé à toi. J'avais noté ton nom et ton adresse, je les ai retrouvés. Je me demandais donc si tu pourrais envisager de t'en occuper. Tu dois aimer les animaux puisque tu t'es arrêté en la voyant sur la route.

J'ai répondu sans la moindre hésitation.

– J'avais une chienne, qui est morte il y a peu de temps. Je veux bien la prendre, mais comment arrivera-t-elle jusqu'ici ?

– Je peux te l'amener. Je me suis renseignée, Sara Larsson l'appelait Rubis ; c'est un nom inhabituel, mais je ne l'ai pas changé. Elle a cinq ans.

– Quand peux-tu venir ?

– Le week-end prochain.

Je n'osais pas prendre la chienne à bord de mon propre bateau, qui est vraiment petit ; je me suis donc arrangé avec Jansson. Il a posé plein de questions, qu'est-ce que c'était comme chien, etc., mais j'ai juste répondu que c'était un héritage. Il n'a pas insisté.

Le 12 octobre, à quinze heures, Anna Ledin est arrivée au volant de sa voiture. Elle avait une allure complètement différente sans son uniforme. La chienne était avec elle.

– Je vis sur une île, ai-je dit. Elle y régnera en reine.

Anna Ledin m'a tendu la laisse. Rubis s'est assise à côté de moi.

– Je m'en vais tout de suite, a dit Anna Ledin, sinon je vais me mettre à pleurer. Je pourrai t'appeler pour prendre des nouvelles ?

– Bien sûr.

Elle est retournée à sa voiture et elle a démarré. Rubis n'a pas tiré sur sa laisse pour courir après elle. Et elle n'a pas hésité à sauter dans le bateau de Jansson.

Nous sommes rentrés par-dessus les eaux sombres. Un vent froid soufflait du golfe de Finlande.

À notre arrivée, et après le départ de Jansson, je l'ai lâchée. Elle a disparu entre les rochers. Après une demi-heure, elle est revenue. La solitude me paraissait moins lourde.

L'automne était là.

Je me demandais encore ce qui était en train de m'arriver. Et pourquoi Louise ne donnait pas de ses nouvelles.

2

Le nom de la chienne ne me plaisait pas.

À elle non plus d'ailleurs, apparemment, vu qu'elle ne venait presque jamais quand je l'appelais.

Aucun chien ne s'appelle Rubis. Pourquoi Sara Larsson lui avait-elle choisi ce nom absurde ? Quand Anna Ledin a appelé pour savoir comment nous allions, je lui ai posé la question. La réponse m'a surpris.

– D'après ce que j'ai entendu dire, Sara Larsson travaillait dans sa jeunesse comme femme de ménage sur un cargo qui faisait souvent escale à Anvers. Un jour elle a débarqué là-bas, et elle est devenue femme de ménage chez un diamantaire. C'est peut-être ça qui lui a donné l'idée.

– « Diamant » aurait été mieux dans ce cas.

Soudain j'ai entendu un grand fracas à l'autre bout du fil ; des voix qui criaient, des rugissements, et un autre bruit, comme si quelqu'un cognait sur de la tôle.

– Désolée, faut que je raccroche.

– Où es-tu ?

– On est en train d'interpeller un gars qui se déchaîne dans un chantier de ferraille.

La communication a été coupée. J'essayais d'imaginer la petite Anna Ledin, arme au poing et queue-de-cheval rebondissant sous la casquette. Il n'était sûrement pas agréable d'avoir affaire à elle dans ce type de circonstance.

J'ai rebaptisé la chienne. Je l'ai appelée Carra. Que ce soit en partie lié à ma fille qui ne me téléphonait jamais et qui s'intéressait au Caravage, c'est assez transparent. Mais pourquoi donne-t-on tel ou tel nom à un animal ? Je n'en sais rien.

Il a fallu quelques semaines d'entraînement intense pour qu'elle accepte de devenir une Carra accourant à contrecœur quand je l'appelais.

Le mois d'octobre a passé, avec un temps variable : une semaine de grande chaleur, comme un été indien, puis des jours balayés par un vent mordant du nord-est. Parfois, en regardant vers le large, je pouvais suivre les groupes d'oiseaux qui se rassemblaient, inquiets, avant d'entamer soudain, comme sur un signal, leur migration vers le sud.

Il y a une mélancolie particulière qui accompagne le départ des oiseaux migrateurs. L'envers exact de la joie qu'on éprouve à leur retour au printemps. L'automne refermait son livre, l'hiver approchait de jour en jour.

Chaque matin au réveil, j'essayais de sentir dans mon corps si les maux de la vieillesse approchaient. Parfois je m'inquiétais de constater que mon jet d'urine devenait moins puissant. Il y avait une humiliation particulière dans l'idée de mourir à cause d'un système urinaire détraqué. Difficile d'imaginer les philosophes grecs ou les empereurs romains morts des suites d'un cancer de la prostate – mais ç'avait bien évidemment été le cas de certains d'entre eux.

J'ai pensé à ma vie. De temps à autre je notais une phrase insignifiante dans mon journal. J'ai cessé d'écrire de quelle direction soufflait le vent et quelle température il faisait. À la place, je notais des vents et des températures imaginaires. Le 27 octobre, j'ai ainsi signalé à la postérité que mon île avait été balayée par un typhon et que la température au soir était de trente-sept degrés.

J'allais m'asseoir dans mes différents lieux de méditation. Mon île était si merveilleusement agencée qu'on trouvait toujours un endroit abrité où se mettre. On ne pouvait jamais prendre prétexte de la force du vent pour ne pas sortir. Je cherchais donc l'endroit qui, pour l'heure, était calme, et j'y restais assis, à me demander pourquoi j'avais choisi de devenir celui que j'étais. Certaines données de base étaient faciles à identifier, bien sûr. Je m'étais extrait de mon milieu d'origine ; le rappel quotidien des conditions de vie précaires de mon père m'avait donné la force nécessaire pour m'en sortir. Mais je pouvais tout aussi bien remercier le hasard de m'avoir fait naître à une époque où ce genre d'ascension sociale était possible. Une époque où le fils d'un humble serveur pouvait passer le bac et même mener à terme des études de médecine. Mais pourquoi étais-je devenu cet homme perpétuellement en quête de nouvelles cachettes plutôt que d'intimité ? Pourquoi avais-je toujours vécu comme un renard avec plusieurs issues à son terrier ?

La maudite amputation dont je n'avais pas voulu assumer la responsabilité n'expliquait pas tout. Je n'étais pas le seul chirurgien orthopédiste au monde à qui ce type de mésaventure était arrivé.

Il y a eu des instants, cet automne-là, où la panique a pris le dessus. Cela se traduisait par des soirées interminables devant une télévision toujours aussi fade et ennuyeuse, et par des nuits sans sommeil où je repensais à ma vie en la pleurant et en la maudissant – les deux ensemble.

Une lettre de Louise a tout de même fini par arriver, telle une bouée de sauvetage pour un naufragé. Elle écrivait qu'elle avait consacré un grand nombre de jours à vider l'appartement de sa mère. Elle joignait à sa lettre des photos qu'elle avait trouvées cachées parmi les papiers d'Harriet, et dont elle avait ignoré jusque-là l'existence. Médusé, j'ai contemplé des photographies qui nous représentaient, Harriet et moi, quarante ans plus tôt. Elle, je la reconnaissais. Mais ma propre image m'était étrangère à un point effrayant. Sur l'une, prise quelque part à Stockholm en 1966, d'après les chiffres inscrits au dos, j'étais barbu. C'était la seule fois de ma vie où je m'étais laissé pousser la barbe, et je l'avais oublié… J'ignorais qui avait pu prendre cette photo. J'étais fasciné par le fait qu'à l'arrière-plan on voyait un homme buvant au goulot d'une bouteille d'aquavit. *Lui*, je m'en souvenais. Mais où allions-nous ce jour-là, Harriet et moi ? Où étions-nous ? Qui avait appuyé sur le déclencheur ?

J'ai regardé les autres photos avec le même étonnement, la même interrogation pensive. J'avais entassé mes souvenirs dans une pièce, puis j'avais fermé la porte et jeté la clé.

Louise m'écrivait qu'elle avait découvert une grande partie de son enfance au cours des jours et des semaines où elle avait fait le ménage dans l'appartement. Elle écrivait :

> *Mais par-dessus tout, j'ai compris que je ne savais rien de ma mère, au fond. J'ai trouvé des lettres, et aussi des journaux intimes (qu'elle laissait tomber assez vite, en général) remplis de pensées et d'expériences*

dont elle ne m'avait jamais parlé. Ainsi, dans sa jeunesse, elle rêvait de devenir aviatrice. À moi, elle avait toujours dit qu'elle était terrifiée chaque fois qu'elle devait prendre l'avion. Elle voulait aussi créer une roseraie sur l'île de Gotland, et elle essayait d'écrire un livre qu'elle n'a jamais terminé. Mais ce qui m'a le plus secouée, c'est de découvrir à quel point elle me mentait. La lecture de ses papiers me rappelle des souvenirs d'enfance, et presque chaque fois je la surprends à m'avoir raconté des bobards. Un jour, par exemple, une de ses amies était tombée malade et elle devait partir de toute urgence pour l'aider. Je m'en souviens parfaitement : je ne voulais pas qu'elle parte, je pleurais, je la suppliais de rester, et elle, pendant ce temps, m'expliquait que son amie était gravement malade et qu'elle devait absolument partir. En réalité – c'est ce que je découvre maintenant – elle partait pour la France avec un homme qu'elle espérait épouser, mais qui a rapidement disparu de sa vie. Je ne veux pas t'ennuyer avec les détails de tout ce que j'ai trouvé ici. Mais ça m'a appris au moins une chose, c'est qu'il faut faire le ménage dans sa vie avant de mourir. Ça me surprend qu'Harriet, qui se savait pourtant condamnée depuis un certain temps, n'ait pas choisi de jeter ou de brûler elle-même certains papiers. Elle devait savoir que je les trouverais. La seule explication qui me vient à l'esprit, c'est qu'elle voulait me faire comprendre que, par bien des côtés, elle n'était pas celle que je croyais. Était-ce important pour elle de me faire connaître la vérité – même s'il était clair que je découvrirais du même coup tous ses mensonges ? Je ne sais toujours pas si je dois l'admirer ou la juger cruelle. Quoi qu'il en soit, l'appartement est vide maintenant ; je vais laisser ses clés dans la boîte aux lettres et m'en aller. Je vais rendre visite aux grottes et j'emmène le Caravage.

Cette dernière phrase m'a laissé pour le moins perplexe. Comment comptait-elle « emmener » le Caravage dans les grottes françaises ? Était-ce un message que j'étais censé déchiffrer ?

Elle ne me laissait pas d'adresse où lui écrire. Pourtant je me suis assis à ma table le soir même pour répondre à sa lettre. Je commentais les photographies, je parlais de ma propre mémoire qui me jouait des tours et je lui racontais mes promenades sur les rochers avec Carra. J'essayais de lui expliquer que je parcourais ma vie à tâtons, comme si j'avais échoué dans un paysage plein de ronces où je ne pouvais presque plus avancer.

Plus que tout, je lui écrivais qu'elle me manquait. Je n'arrêtais pas de répéter cela dans ma lettre.

J'ai fermé l'enveloppe, j'ai collé un timbre et j'ai écrit son nom. Puis je l'ai laissée en attente du jour où Louise m'enverrait peut-être son adresse.

Je venais de me coucher ce soir-là quand le téléphone a sonné. J'ai pris peur. Mon cœur battait à coups précipités pendant que je descendais au rez-de-chaussée pour répondre. Ce ne pouvait pas être une bonne nouvelle à cette heure-ci. Carra, qui dormait par terre dans la cuisine, a levé la tête à mon entrée.

– C'est Agnes. J'espère que je ne te réveille pas.

– Pas grave. Je dors beaucoup trop, de toute façon.

– Je viens chez toi.

– Tu es sur le port ?

– Pas encore. Je pensais passer demain, si ça te va.

– Oui, bien sûr.

– Tu peux venir me chercher ?

J'ai écouté le vent, les vagues qui se brisaient contre les rochers de la pointe nord.

– Ça souffle trop pour mon petit bateau. Je vais m'arranger avec quelqu'un qui te déposera sur l'île. Quand arrives-tu ?

– À midi.

– Entendu. Quelqu'un t'attendra au port.

Elle a raccroché abruptement. J'avais senti l'inquiétude dans sa voix. Elle était pressée de venir, semblait-il.

J'ai commencé à faire le ménage à cinq heures du matin. J'ai changé le sac de mon vieil aspirateur et constaté que la poussière avait une fois de plus envahi toute la maison. Il m'a fallu trois heures de travail pour obtenir une propreté relative. Puis j'ai pris mon bain matinal dans la mer froide. Une fois séché et réchauffé, je me suis assis à la table de la cuisine avec l'intention d'appeler Jansson. Mais en définitive j'ai composé plutôt le numéro des gardes-côtes. Hans Lundman était en mer ; il m'a rappelé un quart d'heure plus tard. Je lui ai demandé s'il pouvait récupérer une personne sur le port et la conduire chez moi.

– Je sais que tu n'as pas le droit de prendre de passagers…

– On peut toujours prévoir une patrouille du côté de ton île. Comment s'appelle le passager ?

– C'est une femme. Tu ne peux pas te tromper, il lui manque un bras.

Nous nous ressemblions, Hans et moi. Contrairement à Jansson, nous avions tendance à dissimuler notre curiosité et à ne pas poser de questions inutiles. En revanche, je ne crois pas que Hans ait eu pour habitude de fouiller dans les affaires de ses collaborateurs.

J'ai emmené Carra faire le tour de l'île. On était le 1er novembre, la mer était de plus en plus grise, les arbres perdaient leurs dernières feuilles. J'étais plein d'attentes par rapport à cette visite d'Agnes. À ma propre surprise, j'ai constaté qu'elle m'excitait. Je l'imaginais debout dans ma cuisine, nue, avec son moignon. Je me suis assis sur le banc près du ponton et j'ai rêvé à une histoire d'amour impossible. Je n'avais aucune idée de ce qu'elle me voulait. Mais il était peu probable qu'elle vienne me déclarer son amour.

Je suis allé chercher l'épée et le sac de Sima dans la remise et j'ai rapporté le tout dans la cuisine. Agnes n'avait pas dit si elle comptait rester. Au cas où, j'ai mis des draps sur le lit de camp du salon.

J'avais plusieurs fois pensé à déménager la fourmilière, avec ma brouette, et à l'installer dans l'ancien pré rendu à l'état sauvage. Mais comme tant d'autres choses, ça ne s'était pas fait, et la fourmilière continuait de manger la nappe et la table.

Sur les coups de onze heures, je me suis rasé, j'ai choisi des vêtements que j'ai enfilés avant de me raviser et d'en mettre d'autres. La perspective de sa visite me rendait nerveux comme un adolescent. Pour finir, j'ai remis mes habits de tous les jours, pantalon sombre, bottes coupées et gros pull avec des fils qui pendent. J'avais sorti un poulet du congélateur dès le matin.

J'ai passé le plumeau là où je l'avais déjà passé. À midi, j'ai enfilé ma veste et je suis descendu au ponton pour attendre. Ce n'était pas jour de courrier, autrement dit Jansson ne nous dérangerait pas. Carra avait pris place au bout du ponton ; elle semblait se douter qu'un événement important se préparait.

Hans Lundman est arrivé à bord du plus grand des bateaux des gardes-côtes. Je l'ai entendu approcher de loin, avec son moteur puissant, et quand il est apparu à l'entrée de la baie, je me suis levé. Hans n'a accosté que de la proue, à cause du faible fond. Agnes est sortie du poste de pilotage ; elle avait un sac à dos jeté sur l'épaule. Hans était en uniforme. Il s'est appuyé au bastingage, et je l'ai remercié.

– Je devais passer par là de toute façon, m'a-t-il dit. On signale un voilier sans maître en direction de Gotland.

Il est retourné à son poste, et nous l'avons regardé manœuvrer le grand bateau. Les cheveux d'Agnes flottaient au vent. J'avais un désir presque irrésistible de l'embrasser.

– C'est beau, ici, m'a-t-elle dit. J'avais essayé de me représenter ton île, mais maintenant je vois que ce n'était pas ça.

– Pourquoi ?

– Les feuillages. Il n'y a pas que des rochers et de l'eau.

Carra est venue vers nous. Agnes a paru surprise.

– Tu ne m'avais pas écrit que ton chien était mort ?

– J'en ai un nouveau. Cadeau d'une femme de la police. C'est une longue histoire. Elle s'appelle Carra.

Nous sommes montés vers la maison. Je voulais porter son sac à dos, mais elle a refusé. En entrant dans la cuisine, elle a tout de suite aperçu l'épée et le sac de Sima. Elle s'est assise sur une chaise.

– C'est ici que ça s'est passé ? Je veux que tu me racontes. Tout de suite. Maintenant.

Je lui ai livré tous les détails affreux dont je garderais le souvenir pour toujours. Les yeux d'Agnes se sont embués. C'était une oraison funèbre que je prononçais, pas le résumé clinique d'un suicide qui avait connu son dénouement dans un lit d'hôpital. Quand je me suis tu, elle n'a posé aucune question. Elle s'est contentée d'ouvrir le sac et de regarder à l'intérieur. J'ai repris la parole :

– Pourquoi a-t-elle fait ça ici ? Quelque chose a dû se produire à son arrivée… Je n'ai pas imaginé un seul instant qu'elle puisse avoir l'intention de faire ça.

– Peut-être a-t-elle trouvé… une sécurité ici. Quelque chose à quoi elle ne s'attendait pas.

– Une sécurité ? Mais alors pourquoi ?

– Peut-être y a-t-il un désespoir qui fait qu'on a besoin de se sentir en sécurité pour oser le grand saut ? Peut-être l'a-t-elle trouvée ici, dans ta maison ? Elle voulait vraiment se tuer. Elle n'avait pas le désir de vivre. Elle ne s'est pas blessée comme on appelle au secours. Elle l'a fait pour ne plus avoir à s'entendre crier à l'intérieur.

J'ai demandé à Agnes combien de temps elle comptait rester chez moi. Jusqu'au lendemain, a-t-elle dit, si c'était possible. Je lui ai montré le lit dans la pièce aux fourmis. Elle a éclaté de rire. Ça ne lui posait pas de problème de dormir là. J'ai dit qu'il y aurait du poulet au dîner. Agnes a disparu dans la salle de bains. À son retour elle s'était changée et elle avait relevé ses cheveux.

Elle m'a demandé de lui faire visiter l'île. Nous sommes partis, Carra sur nos talons. J'ai raconté à Agnes comment un jour elle avait couru après la voiture pour nous conduire auprès du corps de Sara Larsson. J'ai noté que mon bavardage la dérangeait. Elle voulait jouir du paysage. C'était une journée d'automne plutôt froide, le tapis de bruyère ployait sous le vent, la mer était d'un gris de plomb, les algues pourrissantes répandaient leur odeur sur les rochers. Quelques oiseaux, s'envolant des failles, se reposaient sur les courants d'air ascendants qui se forment toujours aux abords des grands rochers. Nous sommes arrivés à la pointe nord où on n'aperçoit plus, avant le large, que ces cailloux arides baptisés les Roches aux harengs, dont le dos affleure tout juste à la surface de la mer. J'observais Agnes à la dérobée ; elle paraissait presque éblouie par ce qu'elle voyait. Puis elle s'est tournée vers moi et elle a crié dans le vent :

– Il y a une chose que je ne te pardonnerai jamais ! C'est de ne plus pouvoir applaudir !

Qu'aurais-je pu répondre ? Rien, bien sûr, elle le savait aussi bien que moi. Elle s'est rapprochée et elle a tourné le dos au vent pour que je puisse l'entendre.

– Je le faisais déjà quand j'étais enfant.

– Quoi donc ?

– Applaudir. Quand je voyais quelque chose de beau dans la nature. Pourquoi les applaudissements seraient-ils réservés aux salles de concert et aux gens qui font des discours ? Pourquoi pas ici, sur ces rochers ? Je crois bien que je n'ai jamais rien vu de plus beau. Je t'envie de vivre ici.

– Je peux applaudir pour toi, si tu veux.

Elle a acquiescé. Elle m'a conduit jusqu'au rocher le plus haut, à l'extrême pointe de l'île. Nous étions perchés là-haut, elle criait « Bravo ! » et j'applaudissais. Ce fut une expérience singulière.

Nous avons continué notre promenade jusqu'à la caravane, de l'autre côté de la remise à bateaux.

– Pas de voiture, a-t-elle dit. Pas de voiture, pas de route, mais une caravane. Et de très beaux escarpins rouges…

La porte était ouverte. J'avais coincé un bout de bois pour l'empêcher de battre. Les souliers de Louise brillaient d'un éclat intense. Nous nous sommes assis à l'abri du vent. Je lui ai parlé de ma fille, et de la mort d'Harriet. J'ai évité de lui raconter ma trahison. À un moment j'ai remarqué qu'Agnes ne m'écoutait pas. Elle était distraite, préoccupée, et je me suis alors rappelé que sa présence avait sans doute une raison autre que le désir de voir ma cuisine et de récupérer l'épée et le sac.

– J'ai froid, a-t-elle dit. Les gens manchots sont peut-être plus frileux que les autres. Le sang est obligé d'emprunter d'autres circuits…

Nous sommes remontés à la maison et nous nous sommes installés à la cuisine. J'ai allumé une bougie que j'ai posée sur la table. Le crépuscule tombait déjà.

– Ils vont me retirer la maison, a-t-elle annoncé tout à coup. Je la loue depuis toujours, je n'ai pas les moyens de l'acheter. À présent, les propriétaires me la reprennent. Sans la maison, je ne peux pas poursuivre mon activité. Je pourrais trouver du travail dans une institution, bien sûr. Mais je ne le veux pas.

– Qui sont les propriétaires ?

– Deux sœurs qui vivent à Lausanne et qui ont fait fortune grâce à des compléments alimentaires factices. On les condamne sans cesse pour publicité mensongère, vu que leur produit ne contient qu'une poudre neutre mélangée à des vitamines. Mais elles le remettent aussitôt sur le marché sous un nouveau nom et un emballage différent. La maison appartenait à leur frère, dont elles sont les uniques héritières. Et maintenant elles ne veulent plus me la louer, car les villageois se sont plaints de mes filles. On me prend la maison et on me prend les filles. Nous vivons dans un pays où les gens veulent que les déviants soient relégués au fond de la forêt. Ou alors peut-être sur une île comme celle-ci. J'avais besoin de partir un peu, pour réfléchir. Peut-être pour pleurer. Peut-être pour rêver que j'ai tout compte fait les moyens d'acheter la maison. Mais ce n'est pas le cas.

– Si je le pouvais, je l'achèterais.

– Je ne suis pas venue te demander de l'argent.

Elle s'est levée.

– Je sors. Je vais faire une fois encore le tour de l'île avant qu'il ne fasse complètement nuit.

– Emmène la chienne. Appelle-la, elle te suivra. C'est une bonne compagne de promenade, elle n'aboie jamais. Pendant ce temps-là, je vais préparer le dîner.

Je les ai vues disparaître par-dessus les rochers. Carra a tourné la tête à quelques reprises pour s'assurer que je ne la rappelais pas. J'ai commencé à cuisiner tout en m'imaginant en train d'embrasser Agnes.

Ça faisait des années que j'avais cessé de rêvasser. Pas de rêveries et pas de vie érotique – voilà que j'en prenais conscience de façon abrupte.

À son retour, Agnes paraissait moins abattue.

– Je dois confesser, a-t-elle dit avant même de retirer sa veste et de s'asseoir, je dois confesser que je n'ai pas résisté à la tentation d'essayer les chaussures de ta fille. Elles me vont à la perfection.

– Même si je le voulais, je ne pourrais pas te les donner, je le regrette.

– Mes filles me tueraient si je me montrais devant elles avec des talons pareils. Elles croiraient que je me suis transformée – en une autre que celle qu'elles croient que je suis.

Elle s'est assise sur la banquette, a replié ses jambes sous elle et m'a regardé mettre la table. Je lui ai posé quelques questions sur la manière dont elle envisageait l'avenir. Elle répondait par oui ou par non et j'ai fini par me taire. Nous avons mangé en silence. L'obscurité était complète de l'autre côté des fenêtres. Ensuite nous avons bu un café. J'avais allumé un feu dans le vieux fourneau à bois que je n'utilise jamais que comme source de chaleur, par les jours d'hiver vraiment froids. Le vin que nous avions bu au repas me faisait de l'effet. Agnes ne paraissait pas bien sobre, elle non plus. J'ai rempli à nouveau nos tasses. C'est alors qu'elle est sortie de son mutisme ; elle a commencé à me raconter sa vie, les années difficiles qu'elle avait traversées.

– Je cherchais une consolation, a-t-elle dit. J'ai essayé l'alcool, mais je vomissais toujours. Alors je suis passée au hasch. Le fait de fumer me rendait malade, m'abrutissait et augmentait mon angoisse. J'ai cherché des amants capables de supporter qu'il me manque un bras, je me suis lancée dans le handisport. Je suis devenue une coureuse de demi-fond passable, mais ça m'ennuyait de plus en plus. J'ai écrit de la poésie, j'ai adressé des courriers aux journaux, j'ai étudié l'histoire de l'amputation. J'ai voulu être présentatrice télé : j'ai postulé auprès de toutes les chaînes suédoises et même de quelques chaînes étrangères. Mais je ne trouvais nulle part la consolation qui aurait été de me réveiller le matin sans penser à la chose insoutenable qui m'était arrivée. Bien sûr, j'ai essayé de m'adapter, j'ai essayé d'utiliser une prothèse, mais ça n'a jamais fonctionné. Pour finir, trois ans après l'opération, je me suis plantée nue devant la glace comme devant un tribunal, et j'ai admis que j'étais manchote. À partir de là, il ne restait plus comme recours que le bon Dieu. J'ai cherché la consolation dans la génuflexion. J'ai lu la Bible, j'ai lu le Coran, j'ai participé aux rencontres sous la tente de l'église pentecôtiste et même aux réunions de cette secte abominable qui se fait appeler Livets Ord. J'ai cherché du côté des autres sectes, j'ai envisagé de prendre le voile. À l'automne, je suis partie pour l'Espagne, et je suis allée à pied jusqu'à Compostelle en suivant les traces des pèlerins. J'avais déposé une pierre dans mon sac à dos, comme on est censé le faire, pour la jeter quand on trouve enfin la solution à ses problèmes. Ma pierre à moi était une roche calcaire de quatre kilos. Je l'ai traînée sur toute la longueur du parcours et je ne l'ai déposée qu'à mon arrivée. J'espérais que Dieu se montrerait et qu'Il me parlerait. Mais Sa voix était trop basse, je ne l'ai jamais entendue. Il y avait toujours quelqu'un, derrière, qui criait plus fort que Lui.

– Qui ?

– Le diable. J'ai appris ceci : Dieu parle en murmurant mais le diable crie. Il n'y avait aucune place pour moi dans la bataille qu'ils se livraient tous les deux. Quand enfin j'ai refermé les portes des églises, il ne me restait plus rien. Plus aucune consolation à espérer. J'ai découvert alors que c'était une consolation en soi. Et c'est ainsi que j'ai décidé de consacrer ma vie à des personnes dont la vie était pire que la mienne. Voilà comment je suis entrée en contact avec ces filles dont personne ne voulait – personne à part moi.

Nous avons bu ce qui restait de vin ; nous étions franchement ivres. J'avais du mal à me concentrer sur ce qu'elle me racontait parce que j'avais envie de la toucher, de lui faire l'amour. Le vin nous donnait aussi envie de rire ; elle m'a raconté toutes les réactions que son moignon avait provoquées au fil des ans.

– Parfois, je racontais que j'avais eu le bras dévoré par un requin en Australie. Ou alors un lion me l'avait arraché dans la savane au Botswana. Je ne me souciais pas des détails, les gens à l'époque croyaient tout ce que je disais. Ceux qui me déplaisaient pour une raison quelconque avaient droit à des histoires vraiment sanglantes. Par exemple, quelqu'un m'avait scié le bras avec une tronçonneuse, ou je m'étais retrouvée coincée sous une machine qui me l'avait grignoté millimètre par millimètre. Une fois, j'ai réussi à faire s'évanouir un grand type costaud. La seule chose que je n'ai jamais osé dire, c'est que mon bras avait été mangé par des cannibales.

Nous sommes sortis pour regarder les étoiles et écouter la mer. J'essayais de la frôler sans en avoir l'air. Elle ne s'est aperçue de rien.

– Il y a une musique qu'on n'entend jamais, a-t-elle dit.

– Le silence chante. Ça, on peut l'entendre.

– Je ne pensais pas à ça, mais à une musique que nous serions incapables de capter avec nos oreilles. Un jour, dans un avenir très lointain, quand notre ouïe se sera affinée et qu'on aura créé de nouveaux instruments, nous pourrons entendre et jouer cette musique-là.

– C'est une belle pensée.

– Je crois savoir à quoi ressemble cette musique. À des voix humaines, quand elles sont vraiment limpides. Quand des êtres humains chantent sans peur.

Nous sommes retournés à l'intérieur. J'étais tellement saoul que j'avais du mal à marcher droit. J'ai voulu nous servir un cognac. Agnes a posé la main sur son verre.

– J'ai besoin de dormir, a-t-elle dit. Ça a été une soirée étonnante. Je suis moins abattue que je ne l'étais à mon arrivée.

– Je veux que tu restes avec moi. Je veux que tu passes la nuit dans ma chambre.

Elle n'a pas résisté quand je l'ai attirée à moi. Ce n'est que quand j'ai voulu l'embrasser sur la bouche qu'elle m'a demandé de cesser. Elle me l'a demandé fermement, mais ce n'était plus possible. Il s'en est suivi une lutte confuse, elle se débattait en me criant des choses, je suis parvenu à la coincer contre le bord de la table, nous avons glissé à terre. Elle a réussi à dégager sa main ; elle m'a griffé au visage en même temps qu'elle me balançait un coup de pied dans le ventre qui m'a coupé la respiration. Je ne pouvais plus rien dire, je cherchais une issue qui n'existait pas et elle, entre-temps, s'était redressée et brandissait un de mes couteaux de cuisine.

Je me suis relevé péniblement et me suis assis à la table.

– Pourquoi as-tu fait ça ?

– Je suis désolé. Ce n'était pas mon intention. Cette solitude me rend fou.

– Je ne te crois pas. Tu es peut-être seul, ça je n'en sais rien. Mais ce n'est pas pour ça que tu m'as agressée.

– J'aimerais que tu puisses oublier ce qui s'est passé. Pardonne-moi. Je ne devrais pas boire.

Elle a posé le couteau. Elle s'est plantée devant moi. Je voyais toute l'ampleur de sa colère et de sa déception. Je ne pouvais rien dire. Alors je me suis mis à pleurer. À ma propre surprise, j'ai senti que ce n'était pas pour échapper à la situation. Ma honte était sincère.

Agnes s'est assise à l'autre bout de la banquette. Le visage détourné, elle regardait par la fenêtre, vers l'obscurité. Je me suis essuyé la figure avec du papier absorbant, je me suis mouché.

– Je sais que c'est impardonnable. Je le regrette, je voudrais ne l'avoir jamais fait.

– Je ne sais pas ce que tu fabriques ni ce que tu t'imagines. Si j'avais pu, je serais partie tout de suite. Mais c'est impossible sur cette île en pleine nuit.

Elle s'est levée et est allée dans la pièce aux fourmis. Je l'ai entendue traîner une chaise et la coincer sous la poignée de la porte. Je suis sorti de la maison pour essayer de l'épier par la fenêtre. Elle avait déjà éteint la lumière. Peut-être soupçonnait-elle que je l'espionnerais. La chienne a surgi des ombres. Je l'ai repoussée d'un coup de pied. Je n'avais pas la force de la supporter en cet instant.

Je suis resté éveillé toute la nuit dans ma chambre. À six heures, je suis descendu à la cuisine et j'ai écouté à la porte d'Agnes. Impossible de savoir si elle dormait ou non. Je me suis assis pour attendre. À sept heures moins le quart, elle a ouvert sa porte. Elle tenait son sac à dos à la main.

– Comment est-ce que je fais pour repartir d'ici ?

– Il n'y a pas de vent. Alors si tu veux bien attendre qu'il fasse jour, je t'emmène.

Elle a commencé à enfiler ses bottes. J'ai pris mon élan :

– Je veux te dire une chose à propos de ce qui s'est passé cette nuit.

Elle a levé la main.

– Il n'y a rien à dire. Tu n'es pas celui que je croyais. Je veux m'en aller le plus vite possible. Je sors, je vais attendre sur le ponton.

– Ne peux-tu pas au moins écouter ce que j'ai à te dire ?

Elle n'a pas répondu. Elle a jeté le sac à dos sur son épaule, a ramassé l'épée et le sac de Sima, et est sortie dans la nuit.

L'aube n'allait pas tarder. Je comprenais qu'elle ne m'écouterait pas si je descendais au ponton pour tenter de lui parler. Alors je me suis rassis à la table et j'ai écrit une lettre :

> *Nous pourrions faire venir tes filles ici sur l'île. Laisser les deux sœurs et les villageois tranquilles chez eux. J'ai la permission de construire une maison sur les fondations de la vieille grange. La remise à bateaux possède une pièce qu'on peut isoler et aménager. Dans la maison il y a des chambres vides. J'ai déjà une caravane, je peux en installer une deuxième. Il y a de la place.*

Je suis sorti. En me voyant arriver, elle s'est levée pour monter dans le bateau. Je lui ai tendu la lettre sans un mot. Elle a hésité à la prendre. Puis elle l'a rangée dans son sac.

La mer était comme un miroir. Le bruit du moteur a déchiré le silence et effrayé quelques canards, qui ont disparu vers le large. Agnes était assise à l'avant ; elle détournait le visage.

J'ai accosté à la partie basse du quai et j'ai coupé le moteur.

– Il y a un bus, lui ai-je dit. Les horaires sont affichés sur le mur là-bas.

Elle a grimpé sur le quai sans un mot.

Je suis rentré et j'ai dormi. L'après-midi, j'ai sorti mon vieux puzzle de Rembrandt. J'ai versé tous les morceaux sur la table et je l'ai recommencé depuis le début en sachant que je ne le terminerais jamais.

Une tempête du nord-est s'est levée le lendemain du départ d'Agnes. J'ai été réveillé par le battement d'une fenêtre ouverte. Le vent a atteint force d'ouragan. Je me suis habillé et suis descendu vérifier l'amarrage du bateau. C'était marée haute. Les vagues escaladaient le ponton et éclaboussaient le mur de la remise. Quand le vent souffle fort du nord-est, les vagues entrent carrément à l'intérieur. J'ai amarré la poupe avec une corde supplémentaire, puis je suis allé me réfugier dans la remise. Le vent gémissait dans les murs. Enfant, cela me faisait peur. La remise à bateaux sous la tempête était comme un repaire de voix appartenant à des personnes qui criaient et se bagarraient. À présent, la remise m'apportait la sécurité. Debout entre ses murs, je me sentais invulnérable.

La tempête a continué pendant deux jours encore. Le deuxième jour, Jansson est arrivé avec le courrier, en retard pour une fois. Après avoir débarqué, il m'a raconté que son moteur avait calé entre Röholmen et Höga Skärsnäset.

– Il ne m'avait jamais causé de problème jusqu'ici. Comme par hasard, il faut qu'il commence à faire des siennes par un temps pareil. J'ai dû mettre à l'eau une ancre flottante, près de Röholmen, et j'ai quand même failli dériver jusqu'aux écueils. Si je n'avais pas réussi à le redémarrer, je serais une épave à l'heure qu'il est.

Je ne l'avais jamais vu aussi secoué. De ma propre initiative, je lui ai proposé de s'asseoir sur le banc et de me laisser prendre sa tension. Elle était un peu élevée, mais quoi de plus normal après ce qui venait de se produire.

Jansson est redescendu dans son bateau, qui tanguait contre le ponton.

– Je n'ai pas de courrier pour toi, mais Hans Lundman m'a dit de te passer ce journal.

– Pourquoi donc ?

– Il ne me l'a pas dit. Il est daté d'hier.

Il m'a tendu un des journaux de la capitale.

– Il n'a rien dit ?

– Juste que je devais te le donner. Il ne parle jamais plus que nécessaire, tu le connais.

J'ai repoussé l'avant du bateau pendant que Jansson manœuvrait. Il était face au vent. Il a failli s'échouer, mais a réussi à mettre les gaz in extremis et à sortir de la baie.

En quittant le ponton, j'ai découvert un objet blanc qui flottait au bord du rivage, en contrebas de la caravane. Je me suis approché. C'était un cygne mort. Son long cou ressemblait à un serpent dans les algues. Je suis retourné à la remise, j'ai posé le journal sur l'établi et j'ai enfilé des gants de travail. Puis j'ai tiré le cygne hors de l'eau. Un fil de nylon lui avait profondément entaillé le corps en s'entortillant à ses plumes. Il était mort de faim car dans son état il n'avait plus été capable de chercher sa nourriture. Je l'ai déposé sur un rocher, où les corneilles et les goélands auraient tôt fait de le dévorer. Carra, qui me suivait, a reniflé l'oiseau.

– Il n'est pas pour toi, lui ai-je dit. Il est pour les autres.

J'avais eu l'intention de continuer mon puzzle, mais soudain je n'en avais plus envie. Je suis redescendu à la remise chercher un de mes filets à flets et j'ai commencé à le réparer, dans la cuisine. Mon père m'avait patiemment appris à épisser les cordages et à réparer les filets. La technique m'en était restée dans les doigts. J'ai rattrapé des mailles jusqu'à la tombée de la nuit. En pensée je menais une conversation avec Agnes au sujet de ce qui s'était passé. Dans le monde imaginaire nous nous réconciliions.

Le soir, j'ai mangé les restes du poulet. Puis je me suis étendu sur la banquette et j'ai écouté le bruit du vent. J'allais allumer la radio pour écouter les nouvelles quand je me suis subitement rappelé le journal apporté par Jansson. J'ai pris la lampe torche et je suis parti le chercher dans la remise.

Hans Lundman faisait rarement quelque chose sans une intention précise. Je me suis rassis à la table et j'ai commencé à parcourir attentivement le journal. S'il me l'avait fait passer par Jansson, c'est que ce journal contenait quelque chose qu'il voulait que je voie.

Je l'ai trouvé à la page quatre, à la rubrique des actualités internationales. C'était la photo d'une réunion au sommet rassemblant présidents et Premiers ministres européens ; ils s'étaient mis en rang d'oignons pour être immortalisés. Au premier plan, on voyait une femme nue portant un écriteau brandi au-dessus de sa tête. La photo était assortie d'une légende résumant en peu de mots cet intermède pénible. Une femme vêtue d'un imperméable noir s'était introduite, grâce à une fausse carte de journaliste, dans la salle où se tenait la conférence de presse. Une fois dans la place, elle avait bondi, laissant tomber son imperméable, et avait levé son écriteau, avant d'être neutralisée par deux agents de sécurité. En examinant la photo de plus près, j'ai senti une morsure à l'estomac. Je suis allé prendre la loupe que je conserve dans un tiroir de la cuisine. J'ai réexaminé la photo. Mon pressentiment se confirmait en même temps que mon angoisse. C'était bien Louise. Je la reconnaissais, même si on ne voyait pas nettement son visage. Aucun doute, c'était bien Louise, avec son écriteau brandi au-dessus de la tête dans un geste de défi triomphal.

Le texte de l'écriteau évoquait les grottes où les moisissures menaçaient de détruire les peintures ancestrales.

Hans Lundman avait décidément un regard aigu. Il l'avait reconnue. Peut-être lui avait-elle parlé, la nuit de la fête d'été, de ces grottes qu'il fallait à tout prix sauver de la destruction.

J'ai pris un torchon de cuisine pour essuyer la sueur sous ma chemise. Mes mains tremblaient.

Je suis sorti dans le vent, j'ai rappelé la chienne et je suis allé m'asseoir dans l'obscurité sur le banc de ma grand-mère.

Je souriais. Louise était là, dans le noir, et me rendait mon sourire. En vérité, j'avais une fille dont je pouvais être fier.

3

La lettre que j'attendais est enfin arrivée, à la mi-novembre. L'archipel entier était à présent informé du fait que la fille de Fredrik Welin avait provoqué un scandale devant les chefs d'État européens réunis. Ma gratitude allait à Hans Lundman, qui avait eu la présence d'esprit de s'arranger pour que j'en sois informé le premier. Son habitude de guetter des objets flous à l'horizon le rendait sans doute capable de voir ce qui échappait à d'autres lorsqu'ils feuilletaient le journal.

Quoi qu'il en soit, tout le monde était au courant. Jansson avait sûrement contribué à propager la rumeur et à amplifier le scandale. Hans Lundman m'a raconté ce qui lui était revenu aux oreilles : Louise aurait accompli un strip-tease sophistiqué devant un parterre de chefs d'État médusés, puis, une fois nue, elle se serait livrée à des déhanchements lascifs avant d'être enfin emportée par les agents de sécurité. Elle s'en serait alors prise à eux et en aurait mordu un jusqu'au sang – le sang du type avait même rejailli sur les chaussures de Tony Blair. Elle aurait également été condamnée à une lourde peine de prison.

Dans le sillage de l'événement, j'avais reçu une lettre anonyme. L'expéditeur, qui signait « Un honnête chrétien », y exprimait l'opinion que ma fille et moi étions des gens *superflus*. Sur le moment, j'ai éprouvé un sérieux malaise à l'idée qu'un groupe de ces honnêtes chrétiens puisse concevoir le dessein d'aborder sur l'île pour s'en prendre à Louise et à moi.

Louise m'écrivait qu'elle était à Amsterdam. Elle logeait près de la gare et du quartier des prostituées, dans un petit hôtel où elle se reposait tout en visitant chaque jour une exposition comparant l'art de Rembrandt et celui du Caravage. Elle avait de l'argent, m'écrivait-elle, plus qu'il ne lui en fallait. De parfaits inconnus lui avaient offert des cadeaux, des journalistes avaient payé cher pour obtenir sa version des faits. En fin de compte, elle n'avait pas été condamnée. Elle terminait sa lettre en disant qu'elle pensait revenir début décembre.

Elle laissait également une adresse postale. J'ai aussitôt rédigé une réponse et, à la visite suivante de Jansson, je lui ai confié cette lettre en même temps que celle que j'avais écrite précédemment sans pouvoir l'expédier faute d'adresse. J'ai bien vu l'énorme curiosité de Jansson quand il a aperçu le nom de Louise sur l'enveloppe, mais il n'a rien dit.

Cette lettre de Louise m'a aussi donné le courage d'écrire à Agnes. Je n'avais aucune nouvelle d'elle depuis son départ précipité. J'avais honte. Pour la première fois de ma vie, je ne trouvais pas d'excuse à ma conduite. Je ne pouvais pas éluder ce qui s'était produit ce soir-là.

Je lui ai donc écrit. Pour lui demander pardon. Rien d'autre. Une lettre de dix-neuf mots, choisis avec soin. Sur les dix-neuf, il n'y en avait pas un seul de factice. Pas le moindre faux-fuyant.

Elle m'a appelé deux jours plus tard. Je m'étais endormi devant le téléviseur et j'ai attrapé le combiné en croyant que ce serait Louise.

– J'ai bien reçu ta lettre, a-t-elle dit. Ma première impulsion a été de la jeter sans la lire. Mais je l'ai lue. J'accepte tes excuses. Si ce que tu écris est sincère.

– Chaque mot.

– Je crois que tu n'as pas compris. Je parle de ce que tu as écrit à propos de ton île et de mes filles.

– Bien sûr. Vous êtes les bienvenues.

– Je n'ose pas croire que ce soit vrai.

– C'est vrai.

Je l'entendais respirer à l'autre bout du fil.

– Venez donc, ai-je dit.

– Pas maintenant. Pas encore. Je dois réfléchir.

Elle a raccroché. La joie m'est revenue, la même qu'en lisant la lettre de Louise. Je suis sorti regarder les étoiles et j'ai pensé que ça ferait bientôt un an qu'Harriet s'était matérialisée sur la glace et que ma vie avait commencé à changer.

Fin novembre, l'archipel a essuyé une nouvelle tempête d'importance. Cette fois elle venait de l'est, et elle a culminé au soir du deuxième jour. En descendant au ponton pour vérifier l'état de mon bateau, j'ai vu que la caravane de Louise oscillait dangereusement. J'ai consolidé sa base à l'aide de vieux plombs de senne et de bois flotté. J'avais déjà déniché un radiateur électrique et un câble en prévision de son retour ; ainsi, elle aurait de quoi se chauffer.

Quand le temps s'est calmé, j'ai fait le tour de l'île. Les tempêtes d'est rejettent parfois du bois en quantité sur les plages. Je n'ai pas vu de rondins ; en revanche j'ai aperçu parmi les rochers la timonerie d'un chalutier.

J'ai cru que c'était un bateau naufragé dont je n'apercevais que le sommet, mais en approchant j'ai constaté que seule la timonerie avait été jetée là. Après une minute de réflexion, je suis rentré et j'ai appelé Hans Lundman. Elle pouvait malgré tout provenir d'un naufrage. Une heure plus tard, Hans accostait au ponton. Nous avons réussi à la ramener jusqu'au rivage et à la caler avec des cordes. Il a constaté qu'elle était ancienne ; et les gardes-côtes n'avaient reçu aucun avis de disparition d'un bateau de pêche.

– Elle devait se trouver sur une île quelconque, le vent l'a attrapée et l'a jetée à l'eau. Elle est pourrie de fond en comble ; je ne pense pas qu'elle provienne d'un bateau. Elle doit avoir dans les trente, quarante ans.

– Qu'est-ce que j'en fais ?

– Si tu avais des enfants, elle ferait une parfaite cabane de jeu. Mais tu peux toujours en faire du bois de chauffe.

Je lui ai dit que Louise allait revenir.

– Je n'ai jamais compris comment tu l'avais reconnue, dans le journal. La photo était mauvaise, elle détournait la tête. Pourtant tu as vu que c'était elle.

– Qui sait comment on voit ce qu'on voit ? En tout cas, elle manque à Andrea. Ses parents nous disent qu'il ne se passe pas un jour sans qu'elle ne mette ses souliers et qu'elle ne demande où est Louise. Je pense souvent à elle.

– Tu as montré à Andrea la photo dans le journal ?

– Bien sûr que oui.

Il ne paraissait pas comprendre le sens de ma question.

– Ce n'est pas une photo pour les enfants. Elle était toute nue, quand même.

– Et alors ? Les enfants ne vont pas bien si on ne leur dit pas la vérité. Les mensonges les tourmentent, de la même manière qu'ils nous tourmentent, nous, les adultes.

Il est remonté dans son bateau et a enclenché la marche arrière. Je suis allé chercher une hache dans la remise, je suis retourné auprès de l'épave et je l'ai taillée en pièces. C'était facile, le bois était pourri.

Je venais de finir ce travail et de me redresser quand j'ai senti une douleur fulgurante à la poitrine. J'ai tout de suite compris ce que c'était, après l'avoir tant de fois diagnostiqué chez les autres. Angor. Angine de poitrine. Je me suis assis sur une pierre, j'ai inspiré profondément, j'ai ouvert ma chemise et j'ai attendu. La douleur a disparu au bout de dix minutes. J'ai attendu encore dix minutes avant de remonter, très lentement, jusqu'à la maison. Il était onze heures du matin. J'ai appelé Jansson. J'avais de la chance, c'était un jour sans courrier. Je ne lui ai rien expliqué ; j'ai juste demandé qu'il vienne me chercher.

– Tu t'es décidé vite, ce coup-ci.

– Que veux-tu dire ?

– D'habitude tu t'y prends une semaine à l'avance.

– Tu peux venir me chercher, oui ou non ?

– Je serai là dans une demi-heure.

Une fois au port, je lui ai dit que je reviendrais probablement le jour même, mais je ne savais pas encore à quelle heure. Jansson était au bord d'exploser de curiosité, mais je ne lui ai rien dit de plus.

Au centre médical, j'ai expliqué ce qui s'était produit. Après une attente, on m'a fait passer les examens habituels, plus un électrocardiogramme, et j'ai parlé à un médecin – sans doute l'un de ces innombrables intérimaires qui font la navette entre plusieurs centres, vu que ceux-ci ne parviennent pas à attirer un praticien de façon durable. Il m'a prescrit les médicaments habituels et m'a renvoyé vers l'hôpital pour des examens approfondis.

J'ai appelé Jansson de la réception. Puis j'ai acheté deux bouteilles de cognac et j'ai repris le chemin du port.

Ce n'est qu'après coup, de retour sur l'île, que j'ai ressenti la peur. La mort m'avait empoigné, histoire de tester ma résistance. J'ai bu un verre de cognac. Puis je suis sorti sur les rochers et j'ai crié droit vers la mer. J'ai crié ma peur, déguisée en rage.

La chienne me contemplait à distance.

Je ne voulais plus être seul. Je ne voulais pas devenir un de ces rochers qui observent en silence le passage imperturbable des jours, du temps.

Le 3 décembre, je suis allé à l'hôpital pour le bilan prescrit. Mon cœur n'était pas dans un état alarmant, m'a-t-on dit. Les médicaments, l'exercice et une alimentation équilibrée suffiraient à me maintenir en vie de longues années encore. Le médecin était un homme de mon âge. Je lui ai dit que j'avais été médecin, moi aussi, mais que j'avais choisi depuis quelques années de m'occuper d'un domaine de pêche dans l'archipel. Il m'a écouté avec une indifférence aimable et m'a dit, en guise d'adieu, que mon angor était vraiment bénin.

Louise est revenue le 7 décembre. La température avait chuté, l'automne cédait enfin la place à l'hiver. L'eau de pluie dans les failles des rochers gelait à présent la nuit. Louise avait appelé de Copenhague en demandant que Jansson passe la prendre sur le port. Elle a coupé la communication avant que j'aie pu l'interroger davantage. J'ai allumé le radiateur dans sa caravane, j'ai brossé ses chaussures, j'ai passé le balai et j'ai fait son lit avec des draps propres.

Les douleurs cardiaques n'étaient pas revenues. J'ai écrit à Agnes pour savoir si elle avait fini de réfléchir. En retour, j'ai reçu une carte postale représentant une toile de Van Gogh et un texte qui se réduisait à deux mots : « Pas encore. »

Je me suis demandé ce que Jansson avait bien pu penser en lisant cela.

Louise a débarqué sur le ponton sans autre bagage que le sac à dos qu'elle avait en partant. J'avais imaginé qu'elle reviendrait avec des coffres pleins de tout ce qu'elle aurait collectionné au cours de son expédition. Le sac à dos paraissait si possible encore plus vide que lorsqu'elle était partie.

Jansson, lui, paraissait avoir très envie de ne pas repartir. Je lui ai remis une enveloppe contenant la somme qu'il demande d'ordinaire pour ses courses et je l'ai remercié. Louise a salué la chienne ; elles se sont tout de suite plu. J'ai ouvert la porte de la caravane, où il faisait bon à présent. Elle a rangé son sac à dos et m'a suivi dans la maison. Avant d'entrer, elle s'est attardée devant le monticule funéraire, sous le pommier.

J'avais prévu du cabillaud pour le dîner. Elle a mangé comme une affamée. Elle m'a paru plus pâle et peut-être aussi plus maigre que dans mon souvenir. Elle m'a dit que le projet de s'introduire dans l'enceinte d'une de ces rituelles rencontres au sommet lui était venu juste avant son départ.

– J'ai tout prémédité sur le banc à côté de la remise, m'a-t-elle raconté. J'avais le sentiment que mes lettres n'avaient plus aucune importance – ou peut-être qu'elles n'en avaient jamais eu, sinon pour moi. J'ai décidé de m'y prendre autrement.

– Pourquoi ne m'en as-tu rien dit ?

– Je ne te connais pas assez. Tu aurais peut-être cherché à m'empêcher de passer à l'action.

– Pourquoi donc ?

– Harriet essayait toujours de me plier à sa volonté. Pourquoi aurais-tu été différent ?

J'ai essayé de l'interroger sur son voyage, mais elle a fait non de la tête. Elle était fatiguée, elle avait besoin de se reposer.

Vers minuit, je l'ai raccompagnée jusqu'à sa caravane. Le thermomètre extérieur indiquait un degré au-dessus de zéro. Le froid, dehors, l'a fait frissonner. Elle m'a pris par le bras. C'était la première fois qu'elle faisait ça.

– La forêt me manque, a-t-elle dit, et mes amis aussi. Mais maintenant ma caravane est ici. C'est gentil à toi de l'avoir chauffée. Je vais bien dormir et rêver de tous les tableaux que j'ai vus ces derniers mois.

– J'ai brossé tes chaussures rouges.

Elle m'a embrassé sur la joue avant de disparaître.

Je n'ai pas beaucoup vu Louise au cours des premiers jours qui ont suivi son retour. Elle venait manger quand je l'appelais, mais répondait à mes questions par monosyllabes et s'irritait quand elles devenaient trop insistantes à son goût. Un soir je suis descendu jusqu'à la caravane et j'ai jeté un coup d'œil à l'intérieur. Elle était assise à sa table et écrivait dans un cahier. Soudain, elle s'est tournée vers la vitre. Je me suis baissé vivement en retenant mon souffle. Elle n'a pas ouvert la porte. J'espérais qu'elle ne m'avait pas vu.

En attendant que Louise redevienne accessible, je me promenais chaque jour avec la chienne, histoire de rester en forme. L'eau était d'un gris de plomb, les oiseaux marins de plus en plus rares. L'archipel rentrait dans sa carapace d'hiver.

Un soir, j'ai rédigé ce qui allait devenir mon nouveau testament. Tout ce que je possédais reviendrait naturellement à Louise. J'étais taraudé par la pensée de la promesse faite à Agnes. Mais j'ai agi comme toujours : j'ai repoussé l'échéance en pensant qu'une solution se présenterait sûrement le moment venu.

Au matin du huitième jour, quand je suis descendu à la cuisine sur le coup de sept heures, Louise m'attendait à la table.

– Ça y est, a-t-elle annoncé, je ne suis plus fatiguée et je peux à nouveau fréquenter les gens.

– Agnes, ai-je dit. Je voudrais l'inviter à venir ici. Tu pourrais peut-être la convaincre d'emménager sur l'île avec ses filles.

Louise m'a regardé comme si elle n'avait rien entendu. Je n'ai pas vu venir le danger. Je lui ai raconté la visite d'Agnes – sans piper mot, naturellement, de ce qui s'était passé entre nous.

– Je pensais donc laisser Agnes et ses filles venir habiter ici quand elles n'auront plus de maison.

– Tu es en train de donner l'île ?

– Il n'y a que la chienne et moi ici. Pourquoi cette île ne reprendrait-elle pas du service ?

De rage, elle a balancé sa tasse de café et sa soucoupe contre le mur.

– Tu veux donner mon héritage à quelqu'un d'autre ? Même *ça*, tu n'es pas capable de me l'accorder ? Moi qui n'ai rien reçu de toi, jamais ?

J'ai répondu dans un bégaiement :

– Je ne lui donne rien du tout, je la laisse simplement venir ici.

Louise m'a toisé, longuement. J'avais l'impression d'être face à un serpent. Puis elle s'est levée. Avec une telle brusquerie qu'elle a renversé sa chaise. Elle a pris sa veste et elle est sortie, en laissant la porte ouverte. J'ai attendu très longtemps qu'elle revienne.

Puis je suis allé refermer la porte. J'avais enfin compris ce que cela avait signifié pour elle, le jour où elle m'avait trouvé devant la porte de sa caravane dans la forêt. Je lui avais donné une appartenance. Elle était allée jusqu'à renoncer à la forêt, pour moi, pour venir sur mon île. Voilà qu'elle croyait à présent que je voulais tout lui retirer.

J'avais refoulé toute pensée par rapport à ce qu'il adviendrait de mon île quand je ne serais plus là. En dehors de Louise, personne ne pouvait prétendre à l'héritage. J'avais déjà envisagé de la léguer à une fondation pour la sauvegarde de l'archipel. Mais cela aurait eu pour seul résultat que de futurs politiciens avides viennent profiter de la mer, assis sur mon ponton. Tout était transformé à présent. Si je venais à mourir cette nuit, Louise hériterait de tout. Ce qu'elle ferait de l'île relèverait alors de sa seule liberté et de sa seule responsabilité.

Elle ne s'est pas montrée de la journée. Le soir venu, je suis descendu à la caravane. J'ai vu par la fenêtre qu'elle était allongée sur son lit. Elle avait les yeux ouverts. J'ai hésité avant de frapper.

– Va-t'en !

Sa voix était aiguë, tendue.

– Il faut qu'on parle.

– Je m'en vais. Je pars.

– Personne ne va jamais te prendre cette île. Ne t'inquiète pas.

– Va-t'en !

– Ouvre la porte !

J'ai tâté la poignée. Elle n'était pas fermée à clé. Mais je n'ai pas eu le temps de l'ouvrir – Louise l'a poussée, de toutes ses forces, de l'intérieur, et je me suis pris la porte sur la bouche, violemment. Elle m'a fendu les lèvres, je suis tombé à la renverse, ma tête a heurté une pierre. Je n'ai pas eu le temps de me relever que Louise était sur moi, à me gifler avec les débris d'une vieille bouée de liège qui traînait là.

– Arrête. Je saigne.

– Tu ne saignes pas assez fort !

J'ai réussi à lui arracher la ceinture. Alors elle m'a attaqué à coups de poing. J'ai fini par lui échapper et par me relever.

Elle s'est mise debout aussi. Nous étions face à face, haletants.

– Viens avec moi à la maison, lui ai-je dit. Il faut qu'on parle.

– Tu as une tête épouvantable. Je ne voulais pas te faire mal à ce point.

Une fois rentré, j'ai sursauté en voyant mon visage dans la glace. J'étais barbouillé de sang. Il n'y avait pas que les lèvres : l'arcade sourcilière droite était fendue. J'ai pensé : elle m'a battu à plate couture. Ce n'est pas pour rien qu'elle a appris à boxer, même si, pour le coup, la porte de la caravane a été plus efficace.

Je me suis rincé et essuyé la figure, puis j'ai enveloppé des glaçons dans un torchon que j'ai maintenu appliqué contre ma bouche et mon œil. J'ai attendu un long moment encore avant d'entendre les pas de Louise dehors. En me voyant, elle a pris peur.

– Ça va aller ?

– Je pense que je survivrai. Mais je peux déjà te raconter la dernière rumeur en date dans l'archipel. La fille de Welin ne se contente pas de se déshabiller devant les grands de ce monde : à peine rentrée, voilà qu'elle s'en prend à son vieux père et le tabasse comme une forcenée. Toi qui as appris la boxe, tu devrais savoir ce qui arrive quand on cogne sur un visage.

– Ce n'était pas mon intention.

– Bien sûr que si. Je crois que tu voulais me tuer pour ne pas me laisser le temps de rédiger le testament qui te déshériterait.

– J'étais en colère.

– Tu n'as pas besoin de te justifier. Mais tu te trompes. Mon intention est juste d'aider Agnes et ses filles. Pendant un certain temps, qu'on ne peut pas encore évaluer, ni elle ni moi. C'est tout. Pas de promesse, pas de cadeau.

– J'ai cru que tu voulais m'abandonner une fois de plus.

– Je ne t'ai jamais abandonnée. J'ai abandonné Harriet. Je ne savais pas que tu existais. Si je l'avais su, tout aurait été différent.

J'ai essoré le torchon et je l'ai rempli de nouveaux glaçons. Ma paupière était si tuméfiée que je pouvais à peine ouvrir l'œil.

Le calme revenait tout doucement. Nous nous étions installés à la table de la cuisine. Tout mon visage me faisait souffrir. J'ai tendu la main et je l'ai posée sur le bras de Louise.

– Je ne t'enlève rien. Cette île t'appartient. Si tu ne veux pas qu'Agnes vienne ici avec ses filles le temps qu'elles trouvent une autre maison, je leur dirai que ce n'est pas possible.

– Je suis désolée que tu aies cette tête abominable. Mais tout à l'heure, j'étais pareille au-dedans.

– On dort, ai-je proposé. On dort et demain matin, je me réveillerai avec des bleus magnifiques.

Je suis monté dans ma chambre. J'ai entendu Louise fermer la porte en sortant.

Nous avions failli essuyer une tempête. Elle nous avait frôlés, mais ne nous avait pas engloutis.

Ça bouge, ai-je pensé presque gaiement. Rien d'extraordinaire, mais tout de même. Nous sommes en route vers quelque chose de neuf et d'inconnu.

Les journées de décembre étaient lourdes, sombres et froides. Le 12, j'ai noté qu'il avait neigé un peu l'après-midi, des flocons clairsemés qui n'ont pas persévéré longtemps. Des nuages immobiles bouchaient le ciel.

Mon visage enflé me faisait mal et guérissait très lentement. Le lendemain de notre bagarre, quand j'ai accueilli Jansson au ponton, il a écarquillé les yeux en me voyant. Louise est descendue le saluer. Elle souriait. J'ai essayé de sourire aussi, sans succès. Jansson n'a pas pu s'empêcher de demander ce qui s'était passé.

– Une météorite, ai-je dit. Un caillou en chute libre.

Louise continuait de sourire. Jansson n'a pas insisté.

J'ai écrit une lettre à Agnes, où je l'invitais à venir rencontrer ma fille. Elle a répondu après quelques jours ; il était encore trop tôt, écrivait-elle. Et elle n'avait pas décidé si elle allait, oui ou non, accepter ma proposition. Elle savait qu'elle devait se décider vite, mais ce n'était pas encore fait. J'ai cru percevoir entre les lignes qu'elle était encore blessée et déçue. Peut-être aussi étais-je soulagé qu'elle ne vienne pas. Je ne pouvais être sûr à cent pour cent que Louise n'aurait pas une nouvelle crise.

Chaque jour je faisais le tour de l'île avec la chienne. J'écoutais mon cœur. J'avais pris pour habitude de mesurer quotidiennement mon pouls et ma tension. Au repos, et en mouvement, un jour sur deux. Mon cœur battait à coups réguliers sous mes côtes – randonneur étonnant, compagnon fidèle entre tous, auquel je n'avais pas accordé beaucoup de pensées au cours de ma vie. Je faisais le tour de l'île, avec des incursions d'équilibriste sur les rochers glissants, en m'arrêtant de temps à autre pour contempler l'horizon. Si je devais quitter cette île, ce serait l'horizon, et aussi les rochers, qui me manquerait le plus. Cette mer intérieure qui se transformait lentement en marécage ne dispensait pas toujours des odeurs très agréables. C'était une mer mal élevée, qui sentait la cuite rance. Mais l'horizon était propre, comme les rochers.

Pendant ces promenades quotidiennes en bottes coupées, j'avais la sensation de porter mon cœur dans ma main. Les résultats des examens avaient beau être satisfaisants, il m'arrivait d'avoir des accès de panique. Je meurs, dans quelques secondes mon cœur aura cessé de battre. Tout est fini, la mort a frappé, pourtant je n'étais pas prêt.

J'ai pensé que j'allais parler à Louise de ma peur. Mais je n'ai rien dit.

Le solstice d'hiver approchait. Un jour, Louise s'est assise sur une chaise au milieu de la cuisine et m'a demandé de lui tenir un miroir. À l'aide des ciseaux de cuisine, elle a coupé sa longue chevelure. Elle a recouvert ce qu'il lui restait de cheveux avec de la teinture rouge, et elle a ri de plaisir en contemplant le résultat deux heures plus tard. Son visage était devenu plus net.

Comme si elle avait nettoyé un massif en en retirant les mauvaises herbes.

Le lendemain, ça a été mon tour. J'ai bien tenté de résister, mais elle était têtue. Je me suis assis sur la chaise et elle s'est mise à l'œuvre. Ses doigts, contrairement aux lourds ciseaux, étaient légers autour ma tête. Elle a dit que mes cheveux se clairsemaient sur le haut du crâne et qu'à part ça je ne serais pas mal avec une moustache.

– J'adore t'avoir ici, lui ai-je dit. Tout est devenu beaucoup plus clair, d'une certaine façon. Avant, quand je me regardais dans un miroir, je n'étais pas certain de ce que je voyais. Maintenant je sais que c'est moi, et pas un visage entrevu par hasard en passant.

Elle n'a pas répondu, mais j'ai senti une goutte s'écraser sur ma joue. Elle pleurait. J'ai pleuré aussi. Elle n'a pas cessé de me couper les cheveux. Nous pleurions tous deux sans bruit, elle derrière la chaise avec les ciseaux, moi avec ma serviette autour du cou. Après, nous n'avons rien dit, peut-être parce que nous étions gênés, ou parce que ce n'était pas nécessaire.

Ça, c'est une chose que je partage avec ma fille. Nous ne parlons pas pour ne rien dire. Nous sommes plutôt du genre silencieux.

Les gens sur les îles sont rarement bruyants ou expansifs. L'horizon est trop grand pour ça.

Un autre jour, Louise a noué au cou de Carra un ruban de soie rouge. La chienne n'a pas eu l'air d'apprécier, mais elle n'a pas cherché à s'en débarrasser.

Le soir précédant le solstice, je suis resté un moment à la table de la cuisine à feuilleter mon journal de bord. Puis j'ai pris mon stylo et j'ai écrit :

Mer calme, pas de vent, un degré au-dessous de zéro. Carra porte un ruban rouge, Louise et moi sommes proches.

J'ai pensé à Harriet. J'ai eu la sensation qu'elle était tout contre moi, dans mon dos, à lire ce que j'avais écrit.

4

Louise et moi avons décidé de célébrer le fait qu'à partir de cette nuit les jours commenceraient de nouveau à rallonger. Louise s'occuperait du dîner. L'après-midi, j'ai pris mes médicaments, je me suis étendu sur la banquette et me suis reposé.

Six mois s'étaient écoulés depuis notre fête de l'été. Ce soir, Harriet ne serait pas avec nous pour célébrer le solstice d'hiver. Elle m'a manqué soudain d'une manière que je n'avais pas ressentie jusque-là. Elle avait beau être morte, je la sentais plus proche que jamais. Pourquoi cesserait-elle de me manquer sous prétexte qu'elle n'était plus là ?

Je suis resté allongé. Un long moment s'est écoulé avant que je ne m'oblige à me lever, à me raser et à me changer. J'ai choisi un costume que je ne mets presque jamais. J'ai noué une cravate, avec des gestes hésitants dus à la perte de l'habitude. Le visage que je voyais dans le miroir m'a effrayé. J'étais devenu vieux. J'ai adressé une grimace à mon reflet et je suis descendu dans la cuisine. Le crépuscule tombait sur ce qui allait être la nuit la plus longue de l'année. Le thermomètre indiquait moins deux degrés. J'ai pris une couverture et je suis sorti. Je me suis installé sur le banc sous le pommier. L'air était froid, inhabituellement salé. Au loin j'entendais des cris d'oiseaux, de plus en plus espacés, de plus en plus rares.

J'ai dû m'endormir sur le banc. À mon réveil, il faisait nuit. J'avais froid. Il était dix-huit heures : j'avais dormi près de deux heures ! Louise était aux fourneaux quand je suis rentré. Elle m'a souri.

– Tu dormais comme une petite vieille, je n'ai pas voulu te réveiller.

– Je *suis* une petite vieille. Ma grand-mère passait son temps sur ce banc et pourtant elle avait toujours froid – sauf quand elle rêvait de bouleaux et d'un vent léger qui agitait leurs feuilles. Je suis peut-être en train de me transformer en elle.

Il faisait chaud dans la cuisine. Le feu brûlait dans le fourneau à bois, le four était allumé aussi, la buée couvrait les vitres.

De singuliers parfums se répandaient dans l'air. Louise a soulevé le couvercle d'une marmite fumante et m'a fait goûter son contenu.

Ça avait un goût de vieux bois chauffé par le soleil. Acidulé, sucré, légèrement amer, attirant, étranger.

– Je mélange les mondes dans mes marmites, a dit Louise. Des endroits de la planète où je n'ai jamais mis les pieds. Et puis les odeurs réveillent nos souvenirs les plus anciens. Le bois que faisaient brûler nos ancêtres, quand ils se cachaient dans les grottes et qu'ils gravaient et peignaient leurs animaux sanglants sur les parois, avait la même odeur qu'il a aujourd'hui. Nous ne savons pas ce qu'ils pensaient, mais nous savons quelle odeur avait leur bois.

– Il y a toujours quelque chose qui reste, au milieu du changement. Il y a toujours une petite vieille qui a froid sur un banc, sous un pommier.

Louise fredonnait tout en continuant ses préparatifs.

– Quand tu voyages dans le monde, tu es seule, lui ai-je fait remarquer. Là-haut, dans la forêt, tu es entourée d'hommes.

– Des bonshommes valables, il y en a plein. Mais un homme, un vrai, c'est difficile à trouver.

Voyant que j'avais envie de poursuivre sur ce thème, elle a levé la main.

– Non ! Pas maintenant, pas plus tard, jamais. Si j'ai quelque chose à dire, je le dis. Bien sûr qu'il y a des hommes dans ma vie. Mais ce sont les miens, pas les tiens. Je ne crois pas qu'on doive tout partager. Si on fouille trop loin dans le cœur des autres, on risque de détruire l'amitié.

Je lui ai passé les maniques, qui avaient toujours été là, dans cette cuisine. Je m'en souvenais du temps de mon enfance. Elle a ôté le couvercle d'une autre marmite. Ça sentait fort le poivre et le citron.

– Il faut que ça brûle la gorge, a-t-elle dit. Si on ne transpire pas en mangeant, ce n'est pas cuisiné comme il faut. Une nourriture sans secrets remplit l'estomac de déception.

Je l'ai regardée tourner la cuillère dans sa marmite.

– Les femmes remuent, a-t-elle dit. Les hommes cognent et tapent et coupent et scient. Les femmes remuent et remuent et remuent.

Je suis sorti pour une promenade avant le dîner. J'étais près du ponton quand j'ai été terrassé une nouvelle fois par la douleur à la poitrine. J'ai failli tomber, tant elle était intense.

J'ai appelé Louise. Elle est accourue. J'ai cru que j'allais m'évanouir. Elle s'est agenouillée devant moi.

– Qu'y a-t-il ?

– Le cœur. Un angor.

– Tu vas mourir ?

J'ai rugi à travers la douleur :

– Je ne meurs pas ! Il y a un flacon de pilules bleues à côté de mon lit.

Elle est partie en courant, elle est revenue avec le flacon et un verre, elle m'a donné un comprimé que j'ai avalé avec de l'eau. Je tenais sa main. La douleur a lâché peu à peu. J'étais en sueur et je tremblais de la tête aux pieds.

– C'est passé ?

– C'est passé. Ce n'est pas dangereux. Mais ça fait mal.

– Tu ferais peut-être mieux de t'allonger.

– Jamais.

Nous sommes remontés à pas lents vers la maison.

– Va chercher les coussins de la banquette, ai-je ordonné à Louise. On reste un moment dehors.

Elle est revenue avec les coussins. Nous nous sommes assis l'un contre l'autre, sa tête sur mon épaule.

– Je ne veux pas que tu meures, a-t-elle dit. Je ne supporterais pas de voir mes parents disparaître si vite l'un après l'autre.

– Je vais me garder en vie.

– Pense à Agnes et à ses filles.

– Je ne sais pas si ça va se faire.

– Si. Elles vont venir.

J'ai serré sa main, fort. Mon cœur s'était calmé. Mais la douleur rôdait à l'intérieur. J'avais eu mon deuxième avertissement. Je pouvais vivre des années encore, mais il y aurait une fin aussi pour moi.

Notre repas de fête a tourné court. Nous avons dîné, mais sans nous attarder à table plus longtemps que nécessaire. Je suis monté dans ma chambre en emportant le téléphone. Il y a une prise là-haut, que je n'utilise jamais. Mon grand-père l'avait fait installer les dernières années, quand ma grand-mère et lui n'allaient pas très bien. Il voulait pouvoir appeler au cas où l'un des deux se retrouverait dans une situation où il ne pourrait pas descendre l'escalier. J'hésitais terriblement. Quand je me suis enfin décidé, il était une heure du matin, mais cela m'était égal. J'ai composé le numéro. Agnes a décroché presque aussitôt.

– Pardon de t'avoir réveillée.

– Je ne dormais pas.

– Je voulais juste savoir si tu avais pris ta décision.

– Les filles et moi en avons parlé ensemble. Elles hurlent dès qu'elles entendent le mot « île ». Elles ne savent pas ce que c'est de vivre sans routes, sans bitume, sans voitures. Ça leur fait peur.

– Il faudra qu'elles choisissent entre le bitume et toi.

– Je crois que c'est moi qu'elles ont choisie.

– Ça veut dire que vous venez ?

– Je ne réponds pas aux questions en pleine nuit.

– M'est-il permis de croire ce que je crois ?

– Oui. Et maintenant on raccroche. Il est tard.

Il y a eu un déclic. Je me suis remis au lit. Elle ne l'avait pas dit en toutes lettres, mais je commençais malgré tout à croire qu'elle viendrait.

Je suis resté éveillé longtemps. Un an plus tôt, j'étais allongé dans le même lit en pensant que rien ne m'arriverait plus. Aujourd'hui, j'avais une fille et un angor. La vie avait tourné le volant et pris une nouvelle direction.

À mon réveil, j'ai vu qu'il était sept heures. Louise était déjà levée.

– Il faut que je retourne dans la forêt pendant quelque temps, m'a-t-elle annoncé. Est-ce que je peux te laisser ? C'est ça, la question. Est-ce que tu peux me promettre que tu ne vas pas mourir ?

– Si tu ne restes pas absente trop longtemps, je vais me garder en vie. Quand reviens-tu ?

– Au printemps. Mais je ne resterai pas là-haut pendant tout ce temps. Je dois aussi voyager.

– Où ça ?

– Quand la police m'a relâchée, j'ai rencontré un homme. Il voulait parler avec moi des grottes et de l'art rupestre. À la fin on a aussi parlé d'autre chose.

Je brûlais de l'interroger sur cet homme. Mais elle a posé un doigt sur ses lèvres.

– Pas maintenant.

Jansson est venu la chercher le lendemain.

– Je bois beaucoup d'eau ! a-t-il crié juste avant de repartir avec Louise à son bord. Pourtant j'ai toujours soif, c'est normal ?

– On en parlera plus tard.

Je suis remonté à la maison et j'ai pris les jumelles. Je les ai suivis du regard jusqu'à ce que le bateau ait disparu dans la brume derrière Höga Siskäret.

Il ne restait plus que la chienne et moi. Mon amie Carra.

Je lui ai parlé : tu vas voir, pendant quelque temps ça va redevenir aussi silencieux que d'habitude. Puis on va commencer à construire des maisons. Des filles vont écouter de la musique beaucoup trop fort, elles vont crier, elles vont jurer comme des charretiers et par moments elles vont haïr cette île. Mais elles arrivent, c'est comme ça, il va falloir s'y faire. Un certain nombre de chevaux sauvages sont en route.

Carra portait toujours son ruban rouge. Je le lui ai retiré et je l'ai laissé s'envoler au vent.

Tard le soir j'étais devant la télé, le volume réduit au plus bas. J'écoutais mon cœur.

Devant moi, j'avais mon journal de bord. J'ai noté que le solstice d'hiver était passé.

Puis je me suis levé, j'ai rangé mon journal sur le rayonnage et en ai pris un autre, qui était vierge.

Le lendemain, j'écrirais tout autre chose. Peut-être une lettre à Harriet, une lettre qu'il était à présent trop tard pour lui envoyer.

5

La glace n'a pas pris au cours de cet hiver-là. Elle s'amoncelait à terre et dans les criques. Mais les eaux restaient navigables. Fin février, il y a eu une période de grand froid avec un vent du nord opiniâtre. Mais Jansson n'a pas eu l'occasion de sortir son hydrocoptère, ce qui m'a évité d'avoir à me boucher les oreilles les jours de courrier.

Un jour, juste après que le grand froid eut cédé la place à un temps plus doux, il s'est passé une chose que je n'oublierai jamais. Je venais de briser la fine pellicule de glace qui couvrait mon trou et d'y prendre mon bain matinal quand j'ai découvert la chienne allongée sur le ponton, occupée à mâchonner ce qui ressemblait à un os d'oiseau. Sachant que les esquilles peuvent blesser l'arrière-gorge des chiens, je lui ai ôté l'os de la gueule, je l'ai jeté dans les algues gelées du rivage et j'ai ordonné à Carra de me suivre jusqu'à la maison.

Ce n'est qu'après m'être habillé et réchauffé que je me suis rappelé l'os. Je ne sais toujours pas ce qui m'a poussé à enfiler mes bottes et à redescendre jusqu'au ponton. Il était toujours à l'endroit où je l'avais jeté. Cet os, décidément, n'appartenait pas à un oiseau. Je me suis assis sur le ponton et je l'ai retourné dans tous les sens. Pouvait-il appartenir à un vison ? À un lièvre ?

Puis j'ai compris. Ce ne pouvait être rien d'autre. C'était un bout de ma chatte disparue ! Je l'ai posé à mes pieds en me demandant où la chienne avait bien pu le trouver. Je ressentais à l'intérieur comme un chagrin pétrifié à la pensée que ma chatte avait fini par revenir.

J'ai emmené Carra en promenade autour de l'île. Nulle part elle n'a découvert d'autres restes, nulle part je n'ai repéré la moindre trace. Rien que ce petit os unique, comme une salutation envoyée par ma chatte pour me dire que je n'avais plus besoin de la chercher ni de me poser des questions à son sujet. Elle était morte, et cela depuis longtemps.

J'ai écrit quelques mots dans mon journal :

La chienne, l'os, le chagrin.

J'ai enterré l'os près des tombes d'Harriet et de ma chienne. C'était jour de courrier et je suis descendu sur le ponton. Jansson est arrivé, toujours ponctuel. Après avoir accosté, il m'a annoncé qu'il se sentait fatigué et qu'il avait soif en permanence. La nuit, il avait des crampes aux mollets.

– Ça peut être le diabète, lui ai-je dit. Les symptômes coïncident. Je ne peux pas t'examiner ici, mais tu devrais aller au centre médical.

– C'est mortel ?

– Pas forcément. Il y a un traitement.

Je n'ai pu me retenir d'éprouver une certaine satisfaction : Jansson à la santé de fer venait de subir le premier accroc à son armure. Comme tout un chacun.

Il a médité ma réponse, puis il a ramassé un grand paquet qu'il m'a tendu. J'ai protesté aussitôt :

– Je n'ai rien commandé.

– Ça, je n'en sais rien. Mais c'est pour toi. Et tu n'as rien à payer.

J'ai pris le paquet. Mon nom était bel et bien écrit dessus, en belles lettres sinueuses. Aucun expéditeur n'était indiqué.

Jansson a manœuvré. Même s'il souffrait à présent de diabète, il avait encore de longues années devant lui. En tout cas il me survivrait, moi dont le cœur avait envoyé ses premiers messages d'avertissement.

Je me suis installé à la cuisine et j'ai ouvert le paquet. Il contenait une paire de souliers noirs avec une touche de violet sur le dessus. Giaconelli joignait à son envoi une carte où il m'annonçait que c'était « avec une joie profonde » qu'il témoignait son « très grand respect » à mes pieds.

J'ai changé de chaussettes. Puis j'ai enfilé les chaussures et j'ai fait le tour de la cuisine. Elles m'allaient aussi parfaitement qu'il me l'avait promis. La chienne me contemplait depuis le seuil. Je suis allé montrer mes chaussures neuves aux fourmis.

Je ne me rappelais pas quand j'avais ressenti pour la dernière fois une joie pareille.

Le reste de cet hiver-là, j'ai marché tous les jours un petit moment, dans ma cuisine, avec aux pieds les chaussures de Giaconelli. Je ne les mettais jamais dehors et je les replaçais toujours dans leur carton.

Le printemps est arrivé début avril. Ma crique était toujours couverte d'une mince pellicule de glace, mais celle-ci ne tarderait pas à fondre à son tour.

Tôt un matin, j'ai commencé à déménager la fourmilière.

Il était temps. Ça ne pouvait plus attendre.

J'en prélevais des couches successives, pelletée par pelletée, que j'empilais au fur et à mesure dans la brouette.

Soudain la pelle a heurté un objet qui a produit comme un tintement. Après avoir ôté encore un peu d'aiguilles de pin et de fourmis, j'ai vu que c'était une des bouteilles vides d'Harriet. Un papier était roulé à l'intérieur. Je l'ai pris et l'ai déroulé. C'était une photographie de nous deux, prise au cours des derniers temps de notre liaison, quand nous étions jeunes.

Nous nous tenions au bord de l'eau. Peut-être était-ce le bassin de Riddarfjärden, à Stockholm. Le vent avait décoiffé Harriet. Moi, je souriais en regardant l'objectif. Je me suis souvenu que nous avions demandé à un inconnu de nous photographier ensemble.

Je l'ai retournée. Au dos, Harriet avait dessiné une carte représentant mon île. Dessous elle avait écrit : *Nous sommes arrivés jusque-là.*

Je suis retourné m'asseoir dans la cuisine et j'ai longuement regardé la photographie.

Puis j'ai continué à transporter les fourmis vers leur nouvelle vie. Le soir, tout était fini. La fourmilière avait été déplacée.

J'ai fait le tour de mon île. Les oiseaux migrateurs survolaient la mer.

C'était comme l'avait écrit Harriet. Nous étions arrivés jusque-là.

Pas plus loin. Mais jusque-là.

Table

DU MÊME AUTEUR

Meurtriers sans visage
Christian Bourgois, 1994, 2001
et « Points Policier », n° P1122

La Société secrète
Flammarion, 1998
et « Castor Poche », n° 656

Le Secret du feu
Flammarion, 1998
et « Castor Poche », n° 628

Le Guerrier solitaire
prix Mystère de la Critique
Seuil, 1999
et « Points Policier », n° P792

La Cinquième Femme
Seuil, 2000
et « Points Policier », n° P877

Le Chat qui aimait la pluie
Flammarion, 2000
et « Castor Poche », n° 518

Les Morts de la Saint-Jean
Seuil, 2001
et « Points Policier », n° P971

La Muraille invisible
prix Calibre 38
Seuil, 2002
et « Points Policier », n° P1081

Comédia Infantil
Seuil, 2003
et « Points », n° P1324

L'Assassin sans scrupules
L'Arche, 2003

Le Mystère du feu
Flammarion, 2003
et « Castor Poche », n° 910

Les Chiens de Riga
Trophée 813
Seuil, 2003
et « Points Policier », n° P1187

Le Fils du vent
Seuil, 2004
et « Points », n° P1327

La Lionne blanche
Seuil, 2004
et « Points Policier », n° P1306

L'homme qui souriait
Seuil, 2004
et « Points Policier », n° P1451

Avant le gel
Seuil, 2005
et « Points Policier », n° P1539

Ténèbres, Antilopes
L'Arche, 2006

Le Retour du professeur de danse
Seuil, 2006
et « Points Policier », n° P1678

Tea-Bag
Seuil, 2007
et « Points », n° P1887

Profondeurs
Seuil, 2008
et « Points », n° P2068

Le Cerveau de Kennedy
Seuil, 2009
et « Points », n° P2301

L'Homme inquiet
Seuil, 2010
et « Points Policier », n° P2741

Le Roman de Sofia
Flammarion, 2011

Le Chinois
Seuil, 2011
et « Points Policier », n° P2936

L'Œil du léopard
Seuil, 2012
et « Points », n° P3011

La Faille souterraine
Les premières enquêtes de Wallander
Seuil, 2012
et « Points Policier », n° P3161

Le Roman de Sofia
Vol. 2 : Les ombres grandissent au crépuscule
Seuil, 2012

Joel Gustafsson
Le garçon qui dormait sous la neige
Seuil Jeunesse, 2013

Un paradis trompeur
Seuil, 2013
et « Points », n° P3357

Mankell par Mankell
(de Kristen Jacobsen)
Seuil, 2013
et « Points », n° P4209

À l'horizon scintille l'océan
Seuil Jeunesse, 2014

Une main encombrante
Seuil, 2014
et « Points Policier », n° P4159

Daisy Sisters
Seuil, 2015
et « Points », n° P4306

Sable mouvant
Fragments d'une vie
Seuil, 2015
et « Points », n° P4494

Les Bottes suédoises
Seuil, 2016
et « Points », n° P4600

Le Dynamiteur
Seuil, 2018
et « Points », n° P5076

RÉALISATION : NORD COMPO À VILLENEUVE-D'ASCQ
IMPRESSION : CPI FRANCE
DÉPÔT LÉGAL : OCTOBRE 2019. N° 143962-3 (2056701)
IMPRIMÉ EN FRANCE